叶子 著

林语堂

别传

生命中的人与城

中国华侨出版社
·北京·

图书在版编目（CIP）数据

林语堂别传：生命中的人与城 / 叶子著 . —北京：中国华侨出版社，
2020.9
　ISBN 978-7-5113-7998-6

　Ⅰ . ①林… Ⅱ . ①叶… Ⅲ . ①林语堂（1895–1976）—传记
Ⅳ . ① K825.6

　中国版本图书馆 CIP 数据核字（2019）第 189273 号

林语堂别传：生命中的人与城

著　　者：叶　子
责任编辑：刘晓燕
责任校对：孙　丽
经　　销：新华书店
开　　本：670 毫米 × 960 毫米　1/16 开　印张：20　字数：280 千字
印　　刷：河北省三河市天润建兴印务有限公司
版　　次：2020 年 9 月第 1 版
版　　次：2024 年 2 月第 2 次印刷
书　　号：ISBN 978-7-5113-7998-6
定　　价：56.00 元

中国华侨出版社　北京市朝阳区西坝河东里 77 号楼底商 5 号　邮编：100028
发 行 部：（010）64443051　　　传　　真：（010）64439708
网　　址：www.oveaschin.com　　E－m a i l：oveaschin@sina.com

如果发现印装质量问题影响阅读，请与印刷厂联系调换。

序言

　　走近一个人，用心看一个人，才会了解一个人。写作《林语堂别传》，是生命中一场美丽的遇见。2018年3月26日，朋友对我说："春天了，我们去哪里走走吧！"我说："那我们去天宝林语堂纪念馆走走！"于是，朋友载着我到了林语堂纪念馆。我在林语堂父母亲的坟前鞠了三个躬。这对孕育了伟大的世界文学大师的老人家，他们安详地躺在香蕉海里，一定倍感欣慰吧！我和朋友还参观了新建的仿台北的林语堂故居，故居在一片小山坡上，视野非常开阔。走进故居，迎面看见林语堂蜡像的笑脸。在故居里，我还参观了林语堂的手稿。我在阳台林语堂常坐的藤椅上坐了一会儿，拍了一张照片，边上是被风吹得哗哗响的香蕉林。回家后，我从手机微信上读到了纪念林语堂的文章，才知道3月26日是林语堂纪念日。之前知道林语堂先生是1895年10月10日出生，很好记。先生1976年去世，去世的年份也很好记，因为我就是1976年出生的。至于先生逝世的具体日子，之前没记住。这也许是冥冥之中自有安排？是先生把我指引到纪念馆的？今年年初，接到关于林语堂长篇纪传体小说的创作任务，我诚惶诚恐，因为之前虽然零零星星写过几篇关于林语堂的文章，但从没有野心敢写关于林语堂先生的长篇传记。直到3月26日这天，我的心开始有些踏实了。林语堂先生的三观与我很契合。我在42岁创作林语堂传记体小说的时候，先生正是在他 43 岁的年纪创作伟大的作品《京华烟云》的。感谢陈燕松副部长，没有他的敦促和大力支持，就没这部作品的诞生。

林语堂先生常年身处中西方文化的旋涡当中，缺乏定力的人只会被这旋涡吞没。他在圣约翰大学读书的时候，教会学校不允许他接触中国民间传说，但为他的英语学习打下了坚实的基础。到了清华大学任教时，他才恶补中国文化。在哈佛大学攻读硕士学位时，他向西方介绍中国文化；在中国时，他向中国介绍西方文化。他是民国文化输出第一人，《吾国吾民》强有力地颠覆了外国人认为中国人个个是鸦片鬼、留着长辫子、面黄肌瘦的形象。他跳出东西方文化冲撞的旋涡，用自己的力量在东方与西方之间架起一座桥梁，用英语向西方人描述东方，用东方人的思维看待西方。战争、离乱、和平、家庭、人性，人世间的所有一切都化成笔尖底下的四十几部皇皇著作，这是林语堂最大的贡献。

我通读了十几种林语堂传记，通过比较有些事情可以去伪存真，水落石出，这是一种读书的乐趣。先生是一个快乐平和的人，读他的作品越多，越觉其伟大。我的禀性里也向往快乐与平和，也许由于这性格气质相契合，我欣然动笔开始写作关于林语堂的长篇纪传体小说——《林语堂别传》。林语堂的生命中有许多人进进出出：胡适、鲁迅、赛珍珠。人生分分合合，与鲁迅原是至交，却因政见不同而反目；赛珍珠邀请林语堂出国创作，充分利用自己的名人效应，予以力推《吾国吾民》，并请名家为林语堂做大力宣传，取得了巨大成功，短短四个月内便翻了七版，这一年林语堂正好 40 岁，人到中年，林语堂攀登上了人生的巅峰，过后却因版税问题与赛珍珠决裂。他曾经担任国民政府外交部秘书，却发现擅长管理别人的人是肉食者，自己不擅长管理别人；擅长管理自己的是素食者，自己只擅长管理自己，因而辞职。

其实，每个人都是一个矛盾体，矛盾、徘徊、选择、扬弃甚至复归，都是合理的存在。中西方的碰撞，让林语堂陷入极度困惑之中。他有时怯懦有时勇敢，有时锱铢必较有时慷慨大方，有时世人负他有时他负世人，不管如何，他始终热爱着这个尘世，尘世是唯一的天堂。他深深眷恋着这么一个孕育万物的天地，恩怨情仇都是美。林语堂说，人生不过是笑笑别人，再让别人笑笑而已。是的，彼此彼此，每个人都有自己惨痛的人生经历，当林语堂失恋时，他痛哭失声；当林语堂痛失爱女时，他潸然泪下。当他在南洋大学由于意见不同拿了一笔赔偿金辞职远走时，他也许曾发出类似于关羽败走麦城的感慨。

五里沙蕉林里林语堂塑像那么愉悦，那么安详，阳光正好，先生穿着一身中式大衣舒适地坐在靠背椅上太阳，享受着大自然的赠予。他手拿烟斗朝着人们笑，他提倡喝茶的艺术，当下全中国茶楼林立，印证了林语堂所说"只要有一杯茶，中国人就是快乐的"。他还创造了幽默一词，一直沿用到今天。幽默是苦难人生中一杯慰藉人心的咖啡，氤氲的香气中起着自我调节与保护的功能。轻轻一笑，过往恩怨化作一缕青烟。这就是幽默境界。他说：尘世是唯一的天堂，他眷恋、赞赏这美好的尘世，贤惠大方的妻子、片刻不离手的烟斗、传承已久的家乡小食及闽南乡音，接踵而至的四季鲜花……都是美好生活的一部分。他努力工作，享受生活，忠于家庭，醉心自然，凡事平和少动怒，有着积极合理的人生态度，把老式的婚姻经营成美好的爱情。虽然在年轻时候经历了刻骨铭心的失恋，但他还是得到了一个安逸快乐的晚年，他活了81岁，因为内心常怀宽容快乐，他的乐观使他长寿；而鲁迅活了55岁，因为一个战斗者容易耗尽自己的心血。我喜欢林语堂温和的性格、闲适的人生态度，喜欢他广达自喜、独抒性灵的文章。他那张叼着烟斗的著名的照片让人觉得亲切，随时可以接近，这个从山地里走出来的农家孩子，即使他成名之后，也没有那种高高在上的架子。林语堂和鲁迅一开始都是《语丝》社的主将，后来因为观点不同而分道扬镳。我敬仰鲁迅那种爱憎分明的硬汉精神，但我更欣赏林语堂包容的人生态度。鲁迅先生身上有坚硬的棱角，学习鲁迅，很容易陷入一个也不原谅的人生境地，而林语堂先生百炼钢化为绕指柔，学习林语堂轻轻一笑，过往恩怨化作一缕青烟。这几年文坛对林语堂的态度有所转变，正因为林语堂的人生观适合当下闲适的时代潮流。追随林语堂，我们会变得随和而快乐。

文学前辈常说："你的感情是什么，你的文学就是什么。"我喜欢林语堂先生，我的文字便沾染了些林语堂的气息，尽管我一辈子无法像林语堂先生那样著作等身，我无法取得像林语堂先生那样的文学成就，但我发现我像他一样害怕枯燥呆板的事情，一样热爱大自然，热爱尘世。我至今觉得《京华烟云》是其最成功的小说，语言极为流畅，小说里典型的儒家思想和儒家哲学让我惊艳：八国联军入侵北京之时，姚老爷把古玩藏在院子地下，姚木兰担心若有人找到那些东西怎么办？姚老爷说："物各有主。在这个世界上，没有人能永远占有一件物品。拿现在说，我是主人。一百年之后，又轮到谁是主人呢？若不是命定的主人掘起来那些宝物，他只能得到几缸水而已。"我读《京华烟云》的时候，就像读《红楼梦》，一样的博大精深和优雅含蓄。海峡两岸曾把《京华烟云》改编为电视连续剧，引起巨大的轰动。可以说，这部小说为林语堂赢得了极大的殊荣，被提名为诺贝尔文学奖候选作品，可惜与大奖擦肩而过。如果林语堂先生活到今天，他卖版权可以卖到手软。他的文化成就如高山般令人仰止；他的文化视野多元而高屋建瓴；他的文化品格清新脱俗。他爱生活，爱家人，爱家乡，爱祖国，他说，尘世是唯一的天堂，尘世让他眷恋。他旅居美国近三十年，始终不肯加入美国国籍。洋装穿在身，我心依旧是中国心，林语堂先生对国家一直怀有深深的眷恋之情！

每个创作长篇小说的作家，在他创作长篇小说的过程中都是自己的囚徒，小说中的世界就是作者现实中的世界，数个月来阴阳颠倒，晨昏混乱，喃喃自语，灵魂出窍状若癫狂。一部长篇小说是一场马拉松，是长途跋涉，是意志力的考验，是体力的消耗，是布局谋篇人物形象语言技巧的实力大比拼。总之，这是一场一个人的战争。这本纪传体小说的思路是围绕林语堂生命中很重要的几个人——鲁迅、胡适、蔡元培、廖翠凤和生命中很重要的几座城：漳州、厦门、上海、北京、纽约、台湾展开，他的足迹到哪里，他的生命和思想轨迹就到哪里。文坛上有很多林语堂传记，都是男作家写的。随着对林语堂研究的不断深入，我得以拜读越来越多的林语堂研究成果。2018 年 5 月 15 日上午，我有幸参加了"相聚漳州全国文学博物馆主题研讨会暨世界语堂 语堂世界"学术研讨会，倾听了来自全国各位专家对林语堂不同角度的深层次解读。我是第一个写林语堂纪传体小说的女作家，用了相当的笔墨来刻画廖翠凤，以展示家庭生活对林语堂的影响，希望能从女性的角度出发，展示一个女性眼光中不一样的林语堂。

　　人到中年的时候，我遇见了我的先贤林语堂。人这一世，无论我们遇见谁，他都是我们生命中必然出现的人，没有人会无缘无故出现在我们的生命里，他们的出现各有原因，各有使命。林语堂积极快乐的人生观可以解冻任何冰封的心灵，让人从灰色现实的滚滚乌云里挣脱出来，从而身轻如燕跃上云端感受阳光普照，广阔天空任我翱翔。读林语堂，会让自己内心通明，解除束缚，心灵充实，而不再像纸页一般薄脆。直至今日，林语堂又重新走回人们的视野。林语堂是温情的，林语堂是漳州的，中国的，世界的。

目录

引子 ｜ 胡佛总统号上

1936 年 8 月 10 日，盛夏的风吹拂着上海，到处闷热异常，蝉儿声声嘶叫着。老风扇嘎嘎地响，还是挡不住人身上散发出来的汗臭味儿。忆定盘路一户人家人声鼎沸，今天对林语堂一家来说是个意义重大的日子。从上午 10 点开始，送别的人络绎不绝，夫人廖翠凤面对一批批带着礼物前来告别的亲朋好友，她紧握着每一位来客的手连声说："谢谢！谢谢！"在内心里，她有些惆怅和不安。这一别，不知什么时候才能回来。

林语堂表面平静，内心波涛汹涌。远涉重洋，告别给他带来甜酸苦辣的上海，他极力掩饰着自己的内心波澜，故意显出十分轻松的样子。是的，要舍弃在国内已经拥有的地位和名声，到一个陌生的国度去，能行吗？留在国内，他只需要守住原有的阵地；而到了美国，他需要重新开辟一个崭新的天地。但是，人这一辈子总得赌一把。目前国内的空气太让他苦闷了，他所提倡的幽默、性灵的文字大受批判，他越来越承受不了这样的压力。可以说，此番出行，他是个逃跑主义者。每当受到攻击的时候，林语堂的第一反应不是争斗，而是逃跑。他是一个既勇敢又怯懦的人。

吃完午饭，林语堂还像往常一样进入卧室午睡。廖翠凤笑骂道："都这个时候了，怎么还睡得着？你的心也真宽！"她悄悄走到床前，轻轻将丈夫的上下眼皮撑开，果然真睡着了，丈夫还发出了轻轻的鼾声。其实，林语堂内心并不像他外表表现得那样淡定。此番去往异国他乡，等于把一棵树连根拔起，那是要元气大伤的。他年轻的时候去美国留过学，知道那里的物价水平，也不知自己此番能否在美国站住脚跟。他把家里的家具都明码标价卖了，即使是二哥来要了一组沙发，也是付了钱的。二嫂心里很是怪罪，觉得他掉进钱眼里了。殊不知，在美国，钱就是胆，有一分钱就多一分胆，实在是没办法的事。

下午，林语堂全家登上了朋友的汽车，车里放着朋友们送的两只大花篮。在水上饭店左边的码头上，一大群送别的朋友都站在岸边。林语堂一家下车后就被欢送者簇拥着踏上了"伍员"号，小轮船载着林语堂一家向停泊在江心的"胡佛总统号"驶去。黄昏的时候，林语堂踏上了"胡佛总统号"的甲板。

晚上 11 点，海轮在阵阵汽笛声中启航，朝着辽阔而神秘的大海出发了，把一名未来的文学大师送上了新的征途。

三个女儿第一次登上远航的游轮，看什么都新鲜，叽叽喳喳笑闹个不停。廖翠凤则回想起新婚时和丈夫出洋留学阑尾炎发作的痛苦样子，幸亏该死的阑尾已经割掉了。当初只有他们夫妻二人，如今三个女儿已经亭亭玉立，回想起来有恍若隔世之感。

林语堂喜欢在甲板上散步，走到船尾让猛烈的海风吹拂他的脸庞，海风把他的衣襟吹得鼓鼓的，整个人飘飘欲飞。他用力抓着船舷，眯缝着眼睛看着在海面上翻飞的海鸥。此时天是蓝的，海也是蓝的，天地蓝成一片。在水天相接的地方，出现上下起伏的波浪，浪花一卷一卷缓慢地翻动，发出"哗哗哗"的声响，好听极了。浪花一道道的，弯弯曲曲的，像给浩荡的大海镶上光亮的银框，大海看起来像个美丽动人的超脱的舞者。

林语堂坐在一把靠背椅上，背着太阳看起了随身携带的《苏东坡诗文集》。放逸达观的苏东坡是他最崇拜的文学大家，苏东坡一生颠沛流离，几次被贬谪，即使被贬到海南这样瘴疠弥漫、猛兽出没的蛮荒之地，也一直保持着乐观的本色，他的身上洋溢着旺盛的生命力。林语堂之所以作出到美国写作的决定，可以说苏东坡帮他下定了决心：苏东坡喜爱自由，随性，随缘，人生需要不断的出走才能拓宽自己生命的视野。

甲板上有许多上了岁数的金发女人袒胸露背晒太阳，浓妆艳抹配着鸡皮鹤发，也是一道独特的风景，大家也见惯不怪了。此时海天一色，平时到了 5 点左右就开始嚣叫齐唱的海鸥，正在海面上优美地滑翔。

二女儿林太乙喜欢观察那个胖太太。那胖太太长着铜铃大的眼睛，肥硕的面颊、双垂的下巴，谈笑起来声如洪钟。只要是她讲话的时候，别人只能洗耳恭听，她压制着整个场面，别人基本上插不进话。胖太太很自信，她知道身边的每一件事，只是不晓得，谁若爱上她女儿，是会被她这个丈母娘吓跑的。

孩子们正在学习用刀叉。林语堂笑眯眯地看着三个女儿。记得当年自己坐轮船到美国留学开始使用刀叉时，他是那样笨拙，他甚至会拿错别人的酒杯。女儿比自己厉害多了。

黄昏时的景色也很美。一望无际的大海烟波浩渺，月亮刚刚从海平面升起来，和海水相依相偎着。海上白帆点点，深蓝色的海面被微风一吹，只见无数银白色的浪头从远处滚来。那一排排汹涌的浪涛，就像野马扬起的鬃毛，在长风里肆无忌惮地飘扬。林语堂觉得大海像生出了翅膀，它载着激情的航船和蔚蓝的云彩自由地翱翔，没有人可以阻止大海的行动！

船到夏威夷时，岸上站着二十几个华侨领袖和记者。林语堂刚一现身，一群人蜂拥而上，闪光灯闪个不停，一个金发碧眼的美女将一个五颜六色散发着芳香的花环套在林语堂脖子上："林先生，终于把你盼来啦！先到饭店里吃个便饭！"

饭后活动丰富多彩。他们乘着玻璃船底的船只游玩，林太乙惊喜地指着海里的珊瑚大叫："好漂亮啊！"又有一群色彩缤纷的热带鱼游来游去，林太乙又叫又跳，跑得都出汗了，将外套脱下来，只穿一件薄裙子。晚上，全家享受了夏威夷大餐，看了土人表演草裙舞，欢快的鼓点回旋在草地上空，大家快乐极了。所有的宾客用生鱼片蘸料吃，还有一种芋头做的冷冷的浓汤，廖翠凤试图用汤匙舀，林语堂朝她努努嘴，廖翠凤顺着丈夫的视线望去，见别人是用手指蘸起来吃的，不禁皱起了眉头："这吃的是什么呀！还是厦门的东西好吃！"林语堂笑了："你不喜欢吃，可这东西好贵的呀！"

饭后，主人特意派人把一只大螃蟹送到林语堂房间里，足有一尺宽。林语堂一家五口人饥肠辘辘，没有一个吃饱的，看着这螃蟹两眼发光。林语堂用力掰蟹壳，可怎么用力剥都剥不开。全家人眼巴巴地看着他，他灵机一动，把螃蟹竖在衣柜的抽屉中，猛然用脚把抽屉踢进去。螃蟹吱呀一声轧碎了，大家欢呼起来，可是廖翠凤眼尖，懊恼道："堂啊，你把抽屉旋钮也轧碎了！"

"不管它，先吃再说吧！"

大家津津有味地啃起蟹肉来。从房舱窗口望出去，船已经开动了。

周围都是白种人，他们看到林太乙穿着长及脚踝的旗袍，都爱捏捏她的脸蛋问他："Hello,where are you from？"林太乙觉得害羞，她飞奔回爸爸的房间，扑进爸爸怀里："爸爸，咱们周围都是外国人，只有我们是中国人。"

"怎么，你觉得自卑吗？"林语堂捏捏二女儿的小鼻子。

林太乙皱了皱眉头："说不清楚呀！总觉得怪怪的。"

林语堂把女儿抱上自己膝头，严肃地望着林太乙说："孩子，我们在外国，不要忘记自己是中国人。外国人的文化和我们的不同，你可以学他的长处，但绝对不要因为他们笑你与他们不同而感到自卑。我们的文明比他们悠久而优美。无论如何，看见外国人不要怕，有话直说，这样他们才会尊重你。"

吃自助餐的时候，大家坐在无背旋转椅上，侍者送上林语堂点好的热狗、冰淇淋、可乐，孩子们欢呼一声，林太乙抢了一根热狗，林如斯咬了一大口冰淇淋，满嘴都是白色。其他食品摆在小玻璃窗后面的格子里，想吃什么可以在窗边投下硬币，"哐啷"一声，窗子自动打开。边上的音乐厅极为宽阔，放着电影。也有舞台表演，身材火辣的舞女跳着踢踏舞，挥着大腿踢来踢去，充满妩媚的热度。廖翠凤啧啧叹道："穿着那么尖的高跟鞋，跳那么久的舞，不累吗？"

林语堂道："你别看她们的脸蛋那么美，她们的脚趾头都是变形的。没一碗饭是容易吃的。"

一个金发碧眼的小男孩跑到林太乙跟前，从头到脚看了她一遍，仿佛打量动物园里的怪兽似的。他睁大眼睛问林太乙："你抽鸦片吗？你为什么没裹小脚？你的眼睛为什么不是向上翘的？你为什么不留辫子？你坐过汽车吗？"林太乙难过得说不出话来。在外国人的印象当中，中国人就是抽鸦片、留辫子、迷信、好赌、懦弱的动物。小男孩朝着林太乙唱歌："chinkchink, Chinaman, sittingonarail, A long comes a white man and cut offhis tail"林太乙虽然听不懂那英文歌的意思，但从男孩鄙夷蔑视的表情完全可以猜出那是辱骂中国人的歌曲。其实，此时在美国的华人已经不留辫子了。林太乙眼泪汪汪地找父亲哭诉，林语堂递给女儿一本书："小乙，你把这书拿去给那男孩子读一读，他会慢慢消除对中国人的误解的。"

"真的？有这么灵吗？"林太乙接过《吾国与吾民》，半信半疑。

"你相信爸爸。"林语堂很肯定地点点头。

过了几天，男孩兴奋地跑到林太乙跟前，把书还给她，用崇拜的眼神看着她："林太乙，你们中国人太厉害了！你爸爸太厉害了！我爸爸看了这本书非常赞赏，极力推荐朋友们到书店里去买，书店里的书都卖空了呢！"

廖翠凤兴奋地拿了一份《中国时报社论》递给丈夫，只见上面写着："《吾国与吾民》对宣扬中国传统文化有大作用，而若干浅识的西方人则知有林语堂而后知有中国，知有中国而后知有中国灿烂的文化。"

林语堂微微一笑。

船上的一群孩子早就混熟了，但林太乙还是有些害羞，她很少争着议论话题，即使她知道答案。一个西洋女孩嬉笑着对她说："你要多说话，大家才会注意到你！"林太乙闷闷不乐回到船舱，困惑地向父亲请教："到底要不要抢着说话呢？古人不是教育我们要耐心倾听吗？"林语堂哈哈大笑："中国人的美德是静的美德，主宽主柔，西洋人的美德是动的美德，主争主夺。中国人主让，外国人主攘。外国人观前，中国人观后。太乙，下次小朋友一起谈天说地，你不必谦虚，尽管向他们吹牛好了。"

第二天，一群孩子谈天说地，林太乙侃侃而谈，令孩子们对她刮目相看。林太乙兴奋地跑到甲板向父亲禀报："爸爸，我按你说的话去做，他们果然佩服起我来了！中国人和外国人真是不一样！"

林语堂开心地摸了摸女儿的头："你观察得很仔细呀！说说看，你还看见咱们中国人哪些地方和外国人不一样？"

林太乙受了表扬，一口气说下去："外国人太多地方跟我们不一样啦！我们吃饭时最后一道是汤，他们先喝汤。我们中国人爱吃鸡腿，他们喜欢鸡胸。我们写字从上到下，从右到左，他们的字横着写，从左到右。我们说姓名时先姓后名，外国人先名后姓。写信封地址我们先写国家、城市、街道、号码，才写收信人的姓名和称呼。外国人完全相反。我们喜欢晚上洗澡，外国人早上冲凉。对了，我画画画了主题后不加背景，我的西洋老师经常皱着眉头对我说，你要填满纸头呀，不要留这么多空白。可我觉得适当的空白很美呀！"

林语堂赞道："你说得很好。咱们国画讲究留白，而西洋画色彩强烈，中西方文化确实是大不相同呀！"

夜深人静，林语堂思绪万千。十七年前，他初到美国留学时只是个穷小子，十七年后，他再次来到纽约，已经跻身于异国高层次文化艺术界人士之间。回首自己走过的路，他感谢父亲、母亲给了他生命，给了他快乐的童年。没有父亲、母亲，就没有他林语堂今天的一切。

夜深人静，林太乙扑闪着大眼睛问父亲："爸爸，美国好玩吗？我们在美国会过得快乐吗？"

林语堂微笑着鼓励女儿："只要我们努力，我们一定能在美国过上快乐的生活。"

林太乙点了点头，很快进入了香甜的梦乡。

第一章 | 坂仔我要写一本让
全世界都知道的书

　　我将来一定要写一本书，让全世界都知道我。

　　当少年林语堂对着父亲林至诚说完这句话的时候，林语堂骄傲地昂起了头颅。林至诚点了点头："孩子，你要记住你今天说过的这句话。我相信这句话会实现的。你要记得为这句话奋斗终身。"此时正值黄昏，闽南山地的黄昏中树影迷离，远处的坂仔山脉只剩一片墨色的轮廓，村中炊烟袅袅。林语堂吃完饭，点起油灯开始读书。

（一）税务官风波

　　1908 年，闽南的小镇坂仔天降异象，所有的动物都跑出来招摇，蛇在大路上横行，癞蛤蟆成群结队在村巷里乱窜，一时间人心惶惶。遥远的北京城传来消息，光绪皇帝驾崩了，慈禧太后也凤仪归天了，举国同悲，皆穿白孝。坊间传闻很多，说是光绪皇帝因为百日维新触怒了老佛爷，被老佛爷罢黜监禁起来，老佛爷知道自己死期将近，下令将光绪皇帝毒死，以免光绪皇帝鞭挞她的一世英名。大清朝何去何从，茫然锁在历史的一片迷雾之中。很多人心头像坠了一块大石头，不知道今后的日子将怎么过。

牧师林至诚希望这个世道快点好起来。要不是因为世道混乱，他也不会从家乡芗城天宝镇五里沙村跑到平和坂仔来传教。他是一个虔诚的基督教徒，又是一个崇拜儒家同时具有维新思想的人。在他家里，四书五经、圣贤经典和教会的圣经放在一起。《鹿州全集》等线装古籍和美国传教士林乐知介绍西方文化的译著以及油印的各种报纸共同占据了书架的空间。慈禧太后归西了，这对大清朝是好事！这个阴毒的女人，把大清朝害得不浅，去了一大祸害，大清朝才有希望。可惜的是光绪皇帝被毒死了！废科举、建铁路、开矿等大业陷入中断。何时才能有好日子过呢？林至诚刚从墟市上回到家中，他挑了一百多斤竹笋去卖，肩头被勒得红肿。妻子杨顺命正在擦桌子，客厅里，一面挂着一幅彩色石印的光绪皇帝像，一面挂着一幅外国人像画，画上一个年轻美丽的西方姑娘笑盈盈地捧着一顶草帽，里边装满了刚出窝的鸡蛋。这个家虽然破旧，但却被杨顺命收拾得一尘不染。

　　因为林至诚信教，被乡民称为"吃洋饭的"。这个称呼把林至诚和其他普通的乡民区别开来了，他们属于不同的人群，"吃洋饭的"林至诚目光越过乡村，投向了外面更广阔的世界。他平时极力阻止基督教徒赌博，因为赌博恶习导致太多家庭妻离子散，而赌场的主人只好极力阻止赌徒成为基督教徒。

　　林至诚脱下布衫，用茶油揉搓肩膀的疼痛处。嘴里犹自愤愤不平："那个税务官真缺德！"

　　妻子杨顺命一边帮他揉搓一边问："怎么啦？"

　　林至诚嚷嚷道："今天有个卖柴火的，一捆才卖两百文钱，那税务官竟然要抽一百二十文的税金！这不是明目张胆的抢劫吗？砍一捆柴多不容易啊，还得挑到集市，又要交这么重的税金，还让不让人活！"

　　杨顺命道："那税务官有权有势的，谁敢得罪他呀！只能忍气吞声交了！"

　　林至诚眼一瞪："就是像你这样胆小的人太多，所以那税务官越来越张狂！我大骂了那税务官一顿，周围的乡亲都帮我说话，那人见势不妙，才答应少收些税金。"

杨顺命担忧道："这下你算彻底得罪那税务官了!"

林至诚一拍桌子，大声道："怕他做什么! 那税务官太欺负人了，舍得一身剐，敢把皇帝拉下马!"

此时在旁边听父母对谈的和乐双手一拍高声道："爸爸，我觉得你好有勇气! 我佩服你! 要是人人都像阿母那样当缩头乌龟，那么穷人永远受欺负!"

阿母嗔怪地瞪了儿子一眼："小小年纪懂什么? 枪打出头鸟，这样容易惹祸上身!"

杨顺命见丈夫依旧愤愤不平，连忙道："别生气了，不要白白气坏了身体。我给你煮了碗猪肝面线，你赶紧趁热吃吧!"

林至诚拿起筷子，见和乐眼巴巴地站在边上，又拿了一个碗扒拉了半碗猪肝面线到碗里："吃吧! 你正在长身体!"

"谢谢阿爸!" 和乐欢快地叫了一声，三两下就把猪肝面线扒拉到了肚子里。父亲一直是偏爱他的。这个家，虽然穷，虽然一日三餐粗茶淡饭，但父母亲对他有着满满的爱。

吃完面线，和乐帮阿爸捶背，突然惊叫起来："阿爸，你肩膀上有一道红色的凹痕!"

林至诚无奈地笑笑："这凹痕是长年累月扛竹子留下的。以前我住天宝五里沙的时候，经常扛竹子到漳州去卖，五里沙距离漳州十几公里，那时我还是个孩子，天气热得人头昏脑涨，好几次都中暑了，眼冒金星，上吐下泻。路怎么那么远啊，好像永远没有尽头似的，好像越走离漳州越远。肩上的竹子越来越重，好像压着一座大山似的。身上最后的一丝力气都用尽了，我把竹子放到地上想休息一会儿，却再也没有力气扛起来。天慢慢黑了，真的好绝望。孩子，你一定要用功读书，将来上哈佛大学或牛津大学。"

"哈佛大学?" 和乐半喜半忧，那么遥远的美国，他能从太平洋飞过去吗？出洋留学，对一个乡村的孩子来说，简直就像一个遥不可及的梦。

"对，那是世界上最好的大学！"林至诚眼睛里闪烁着兴奋的光芒。偏僻的小山村几乎与外世隔绝，村民整日只知在地里刨食，而林至诚有一扇窗口，这窗口就是教友范礼文送给他的《通口报》。《通口报》由上海教会学院主办，上面登载了美国哈佛大学和德国德森堡大学的资料，林至诚悠然神往。美国那么遥远，远不可及，可是，林至诚一向是敢于做梦的，他迫切地向往外面的世界。他认为，年轻人一定要睁眼看看外面的广阔天地，他自己已经没有希望了，只能寄希望于孩子身上。他已经把二儿子送到厦门读书去了，因为教会学校是免费的，这大大减轻了他作为一个父亲的负担。虽然免学费，毕竟要有一些生活上的花销，想到这些花销，林至诚就感到发愁。他望了望自己住的老屋，墙皮已经剥落不堪，而屋顶由于常年承受雨水的冲刷，青苔处处。这样的居所，能够变戏法般找出一锭银子吗？

林至诚思绪如烟。他想起了被太平天国军抓走的父亲。要是父亲在，家境也许会好一些吧？听他母亲说，那时太平军到了漳州地面，有一队人马就在集市上打砸抢。那天，父亲到市集上卖东西，一队衣衫褴褛、风尘仆仆的太平军看到集市上一大堆好吃的东西就横冲直撞了过来，为首那个骑马的命令小贩把面食、糕点、鸡、鸭等统统拿出来让他们大快朵颐。众人见势一妙，纷纷逃跑。为首的挥了挥手中明晃晃的大刀大声吼道："一个也不许离开！"众人吓得一动都不敢动。

军官道："我们的军队奉命保护你们，现在我们经过这里，你们应该拿出诚意高高兴兴迎接我们才对，你们跑什么跑？我们只在这儿吃一顿饭，吃完马上就开路。谁敢带东西离开，我就拿刀劈他！"

场面上一阵骚乱。所有人都很气愤，但大多数闷不吭声。今天碰到太平军，只能自认倒霉。庄稼汉遇上军队准没好事。

此时军官一声令下，士兵开始搬运集市上的一袋袋白米、鸡蛋、面粉等，甚至连炊具都搬走了。凡是军队用得着的东西，统统搜刮殆尽。

父亲揪着自己的米袋不放，军官用刀戳了戳他的胸口："怎么？想找死吗？看你挺壮的，我们正缺几个挑夫。去，我把这一袋米扛起来，跟着我们走。"

父亲绝望地喊道："长官，我上有老下有小呢。"

军官拿刀在他脸上轻轻一划，立刻有血珠渗出来："废话这么多！老子也是上有老下有小！"

父亲不敢再说话，只好跟着军队走了。和父亲一起被抓的还有二三十人。

林至诚至今庆幸母亲很刚强，带着自己逃到鼓浪屿，自己才有幸接触基督教，成为传教士，孩子们才能读上免费的教会学校。真盼望孩子们能有出息！他把目光投向窗外的和乐。

和乐正在大树底下看一群蚂蚁搬家。它们排成长长的队伍，匆匆忙忙地运着一颗米粒从树下往树上移动，黑褐色的脊背闪着亮光。大概暴雨将近，它们急匆匆地逃亡着，滚滚的乌云让天空显得十分沉重，一阵风掠过，草木摇摆着身体平衡着自己。天空暗了下来，硕大的雨点打在地上，一只蚂蚁猝不及防被打翻在地，又慌忙爬起来前行。林语堂想，人一定要强大，否则只能像这只蚂蚁一样不堪一击。他发誓，他一定要走出这个山村。

父母之间那次关于税务官的谈话在和乐心头留下很深的印象。直至他长大成人后动笔写《中国的国民性》时，字里行间还有父母的影子在晃动：

"忍耐，和平，本来也是美德之一。但是过犹不及；在中国忍辱含垢，唾面自干已变成君子之德。这忍耐之德也就成为国民之专长。所以西人来华传教，别的犹可，若是白种人要教黄种人忍耐和平无抵抗，这简直是太不自量而发热昏了。在中国，逆来顺受已成为至理名言，弱肉强食，也几乎等于天理。贫民遭人欺负，也叫忍耐，四川人民预缴三十年课税，结果还是忍耐。因此忍耐乃成为东亚文明之特征，这也是吴稚晖先生所谓'相安为国'哲学，你忍我，我忍你，国家就太平无事了，然而中国人的苦却越吃越多。"

及至林和乐成人改名林语堂之后，他才明白，中国人这种忍耐的态度，应该是从大家庭生活学来的。一个人要忍耐，必先把脾气练好，脾气好才能忍耐下去。中国的大家庭生活五代同堂，天天有机会练习忍耐，因为在大家庭中，儿子忍耐父亲，弟弟忍耐兄长，妹妹忍耐姐姐，侄子忍耐叔叔，媳妇忍耐小姑，妯娌忍耐妯娌。其原因是人口太多，聚在一处，若不容忍，就无处翻身，据说以前张公艺九代同堂，唐高宗到他家问他有何秘诀，张公艺请了纸笔连写一百个"忍"字。这是张公艺的幽默，是对大家庭制度最深刻的批评。后人没有觉察到其中的意味，反拿百忍当传家宝训。这种日常生活的磨炼对中国人的影响太大了，乃至被外族侵略还幻想着以忍让换和平。

林语堂想，母亲的态度叫作明哲保身。中国人明哲保身莫谈国事绝非天性。魏晋清谈，被骂为误国。那时的文人，不是隐逸，便是浮华，或者对酒赋诗，或者炼丹谈玄，结果是永嘉之乱。这是中国人最消极最漠视国事之一时期，然而何以养成此普遍清谈之风呢？历史的事实，可以为我们的明鉴。东汉之末，士大夫并不是如此的。太学生三万人常常批评时政，然而因为没有法律的保障，清议之权威抵不过宦官的势力，终于有党锢之祸。清议之士，大遭屠杀，或流或刑，或夷其家族，杀了一次又一次。于是清议之风断，而清谈之风成，聪明的人或故为放逸浮夸，或沉湎酒色，才得以苟全性命。

对中西方文化各有认识、研究及有心得后，林语堂在《中国的国民性》一文中写道："所以要中国人民变散漫为团结，化消极为积极，必先改此明哲保身的态度，而要改明哲保身的态度，非几句空言所能济事，必改造使人不得不明哲保身的社会环境，给中国人民以公道法律的保障，但是今日能注意到这一点道理，真正参悟这人权保障与吾人处世态度互相关系的人，真寥若晨星了。"

（二）一张改变命运的船票

坂仔的花溪很美。林美宫在溪边洗完衣服，愣愣地想着心事。自她从鼓浪屿毓德中学毕业以来，一直幻想着能到福州上大学。那些意气风发的女大学生，留着齐耳短发，穿着蓝色阴丹士林学生裙，捧着书本嬉笑打闹着朝教室走去，扑闪着大眼睛听教授讲深奥的学问。那样的生活多美好呀！命运掌握在自己手里。她多次恳求父亲："阿爸，你就让我去读大学吧！我很省的，我不花钱！只要你帮我交了学费，其他一切我自己想办法！"林至诚脸上显出为难的表情，叹道："谁叫你是个女孩子呀！"

"女孩子也可以做学问呀！"美宫热切地说。父亲虽然没有答应她，可也没有明白地拒绝她呀！这就证明至少还有一丝的希望。

美宫的心飞到福州去了。煤油灯下，她幻想着自己在福州美好的大学生活，灯芯红色的火光映在她脸上，她捧着右脸颊，痴痴地笑了。

"爸，我回来了！"林语堂把包袱放在竹椅上，他的包袱里面带了很多书，都是从厦门带回来的。他在坂仔读完小学后，父亲就把10岁的他送到厦门鼓浪屿教会学校读中学了。每年他和二哥都要在美丽的花溪之上往返于学校与家之间。厦门带给和乐崭新的天地。寻源中学附近有外籍军官俱乐部，这些军官不喝茶，只喝酒。他们伴着音乐跳舞，男男女女穿着晚礼服，在大庭广众之下互相拥抱，令人瞠目结舌。林语堂夹杂在学生中从围墙的缝隙向里窥探。

那天，寻源中学的学生应邀前往参观老罗斯福派遣访问中国的船队，当时正是1907年日俄战争结束不久，舰队就停在厦门港。林语堂穿着露出脚趾的破鞋，睁大眼睛看着美国海军的操练，赞赏着那些钢铁怪物的雄伟形象。这舰队是伟大武力最好的展览！林语堂啧啧赞叹着，同时也为自己国家的舰队感到深深的忧虑，刺激着他向西方学习的愿望。知识改变命运，读完中学后，他一定要读大学！厦门满大街都是外国人，有头戴白通帽的外国商人，坐着四人抬的轿子，时不时对中国的赤脚孩子随心所欲拳打脚踢，林语堂满心的憎恨。当然外国人也有好人，那是穿着洗熨干净的白衣的传教士，他们慈祥的目光让人顿生好感。还有一类酗酒的外国水手，喝醉酒后在鼓浪屿街上狂呼乱叫，令林语堂鄙夷。原来外国人跟中国人一模一样，也是形形色色的。喝醉的外国水手呕吐在大街上的秽物和外国商人留在中国孩子身上的皮鞋印让林语堂愤恨至极。

外国人虽有这不好那不好，但林语堂对西洋音乐简直着了迷。寻源中学的校长毕牧师夫人是一位端庄淑雅的女士，林语堂喜欢听她唱歌，连她说话的声音在林语堂听来也温柔悦耳，抑扬顿挫，不逊于音乐之美。传教士女士的女高音合唱，让林语堂如饮琼浆，终生难忘。

外国人的俱乐部开舞会时，寻源书院的学生常常立在窗外，观看里面的男男女女穿着晚礼服翩翩起舞，这令林语堂瞠目结舌。要知道，在坂仔，朱熹所规定的竹帘子还在踏实地执行着"男女大防"的使命。

林语堂心里有一个越来越迫切的声音：一定要上大学！一定要上大学！他要像哥哥一样读大学！大哥三哥就读鼓浪屿救世医院医科，是免费的。而此时二哥已经从上海圣约翰大学毕业了，留在圣大任教。他对弟弟说："语堂，我愿意津贴你在上海读书的费用。但是，到上海读书，路费、学费大概要先筹措一百银元，我实在无能为力，你跟爸爸商量一下，看有没有什么法子。"

一百银元！一层愁雾笼上林语堂心头。当初二哥到圣约翰大学读书时，父亲咬咬牙卖掉了祖屋，父亲泪流满面的样子林语堂记忆犹新。

"和乐回来了！咦，和乐，你怎么有点不高兴？"知子莫若父，林至诚马上发现儿子不对劲。

和乐低声道："爸，我想到上海读圣约翰大学。我的很多同学要到圣约翰大学读书，他们都有出路了，可是学费加上路费起码要一百银元。"和乐替自己犯愁，也替父亲犯愁。父亲月薪只有二十银元，要养活一家老小，每个月都捉襟见肘。生吃都没有了，哪有余粮晒干呢？一百银元，是个天文数字。和乐不敢往深处想，他不知道自己的命运要往何处去。

林至诚东奔西跑去借钱，一个月下来，只筹措到十八银元。离一百银元还差一大截。眼看马上就要开学，和乐每天捧了书看，心里却焦灼不已。怎么办？怎么办？自己从此就失学在家吗？

一阵喧哗声惊动了和乐。和乐抬起头来，原来是有人来给二姐提亲了。是南靖山城的一户简姓人家，来过好七八次了。小伙子有些羞涩，站在旁边憨厚地笑。简父道："林牧师，我儿子是真心喜欢上你家美宫了，每天缠着我来。看在我们诚心的份上，您就答应了吧。"

林至诚将一杯粗茶奉给简父："你们家教好，我是看在眼里的。只是，这婚事还得我女儿点头啊！我女儿要是点了头，就可以马上择日成亲。"

厢房里传出美宫坚决的声音："阿爸，我不嫁，我要到福州读书！"

林至诚尴尬地朝简父笑笑。简父叹口气，招呼儿子道："我们先回去吧！"

林美宫在厢房里流下了委屈而又伤心的泪水。阿爸偏心啊！一听和乐说要去上海读大学，东奔西走四处借钱。想到和乐，美宫的心一阵阵绞痛。这个弟弟是她从小疼爱的。怎么偏偏两人同一年要读大学呢？造化弄人啊！一个人的学费已经筹措不齐了，要凑齐两个人的学费那是痴人说梦吧？可是，可是，说不定会有奇迹出现呢？美宫脸上带着泪珠进入了梦乡。

夜很静。林至诚睁大了眼睛。他在苦苦思索，还有什么地方可以借钱？突然，他眼睛一亮：陈子达！陈子达是他很久以前的一个学生，小时候很穷，却聪明得很，林至诚很喜欢他。那年冬天滴水成冰，冻得人手脚简直失去了知觉。陈子达哆哆嗦嗦来上学，头上顶着霜花，好像变成了一个白头发老爷爷。林至诚心疼极了，不假思索地将头上的瓜皮小帽摘下来，戴到陈子达头上："这顶帽子送你！可别冻坏了聪明脑袋！"陈子达感激地看了老师一眼："老师，您真好！我发誓，我会一辈子戴着这顶帽子的，即使这顶帽子以后破烂到不能再戴，我也永远不再买第二顶。见帽如见人！"

这么多年过去了，陈子达现在在漳州，听说日子过得还不错，前一阵子林至诚还在集市上意外与他见过一面，陈子达热情地请他吃了一碗面。如今向他借一百银元，也不知能不能借到？不管如何，死马当活马医，即使借不到，自己努力过了，也不至于遗憾。想到这个可能性，林至诚激动得翻来覆去睡不着，恨不得马上天亮。

天亮后，林至诚迫不及待搭上船来到漳州，黄昏时候来到了陈子达家。陈子达听他说明来意，诚恳地说："老师，很惭愧，我手头的钱不够啊！心有余而力不足！"

林至诚心一沉。

"可是老师，您的事就是我的事！我手头只有三十个银元，您先拿去。剩下的，容我想想办法。等我筹到钱，我马上送到坂仔去！"陈子达后来的一番话让林至诚长长地透出一口气，一颗心就像坠入了山谷忽又解除了重负气球一样返回了地面，又像鱼儿突然获得了到水面透透气的机会。

林至诚回到坂仔，把银元放到桌子上。和乐数了数，只有三十个。和乐把父亲的包袱仔仔细细再摸了一遍，里面是空的。和乐有些灰心，林至诚把情况一五一十地告诉了儿子，安慰道："再等等吧。"

和乐盼呀盼呀，这几天，他的眼睛永远瞄着大门外。他盼望着陈子达的到来，盼望着天使带来福音。漫长的第一天过去了。没有人来。第二天过去了，还是没有人来。到了第七天，和乐已经绝望了。他看不下书，饭也吃不下去。他在井边遇到二姐，两人眼睛都不敢对视，各自低着头走了。几天不见，二姐的眼睛都凹陷下去了，憔悴了许多。林语堂的心像被刀剜了一样。如果借不到钱，他也读不成大学；可是，如果借到了一个人上大学的钱，谁去上大学呢？自己吗？二姐吗？如果是二姐去，他简直不敢想自己的绝望；如果是自己去，他也不敢想象二姐的绝望。命运女神啊命运女神，你为什么这样残忍呢？

钱还没有凑齐。林语堂急得直祷告上帝："上帝啊！万能的主，求你让阿爸凑齐学费吧！"从小到大，一家大小吃饭前都要祷告，感谢万能的主让他们有饭吃。父亲常说，所有的生活都是主赐予的。林语堂很怀疑，上帝到底在哪里呢？看不见摸不着，他真的无所不在吗？真的就在离他头上几寸的地方吗？难道他们的吃食不是父母辛苦挣来的吗？为什么每餐都要感谢上帝？可惜林语堂祷告了无数遍，阿爸还是没有凑齐学费。也许，上帝是骗人的吧？

苦闷之时，林语堂到山上采摘野果。这座山，留下他童年许多的脚印和笑声。山上到处都有一种叫"杨梅波"的红色浆果，浅红深红的都有。林语堂驻足凝视一个个浆果。它们悬挂在花叶之间，举在高处，那么淳朴，这是一种带给放牛娃很多快乐的果实。它的动人之处就在于一种采摘的期待。采下一枚浆果，就是采摘了快乐。家乡一年到头都是鲜花盛开，就像女孩子明媚的笑容。春天是粉的蔷薇花；夏天是香气馥郁的含笑花；冬天则是漂亮的红茶花或白茶花。所有花的倩影与芬芳都让人愉悦，让人飘飘欲仙。墨绿色的山棱曲线，清爽静谧的荔枝树林是孩子们的乐园。

在山上坐了许久，林语堂去找青梅竹马的赖柏英玩耍。两人在花溪边坐了一会儿，林语堂百无聊赖地将石头扔向花溪里，荡起一层层涟漪。赖柏英在溪水里走，一只黄色的蝴蝶停在她肩膀上，她觉察到了，静静地站了一会儿，继续缓缓前行，蝴蝶竟然不害怕也不动，就那样一动不动地停在她的肩膀上。"真美！"林语堂痴痴地看着。赖柏英玩累了，走上岸边和林语堂坐在一起："和乐，其实说心里话，凑不齐学费并不是一件坏事。"

"什么？"林语堂瞪大了眼睛，仿佛不认识赖伯英似的。

"你不觉得咱们坂仔很美吗？红红的荔枝挂满枝头，土黄色的龙眼果实累累，山上竹林萧萧，稻田像绿色的棋盘，花溪像一条银带子，一切都这么美！我是不会离开坂仔的！我和爷爷相依为命，爷爷现在老了，眼睛看不清东西，需要我的照顾。你要是去上了大学，肯定是要娶外面的小姐的。而我，我是要留在坂仔照顾爷爷的。到那时……"赖伯英咬了咬嘴唇，红了眼圈。

林语堂难以置信地看着眼前这个两小无猜的女孩子："柏英，尽孝的方式有很多种啊！不一定捆在爷爷身边才是尽孝！你日子过得好，也是对爷爷的孝！你这是愚孝！"

面对突如其来的指责，赖柏英有些恼火了："对，我就是愚孝！我只知道人不能忘本！"

林语堂继续苦口婆心地劝说："坂仔虽美，但外面的世界更精彩呀，哪天我带你出去看看，你开了眼界后，保准再也不想回坂仔了，这里的天地太狭小了！"

赖柏英后退了一步："和乐，我知道，我是说服不了你的，你也说服不了我。人各有志，不能强求。其实，这一点我早就想明白了，只是我自己一直欺骗自己，一直不敢往深处想，一直盼望着有奇迹。但今天我知道一切都不可能了。我清楚得很，你是一只鹰，注定是属于外面的；我只是一只家雀，只能守在坂仔。和乐，我这里有两块大洋，你拿去吧，虽然只是你学费的零头，但总算是我的一点心意。和乐，祝你幸福！"说到这里，赖柏英眼泪汪汪了。

林语堂固执地不接那两个银元："你再好好想想吧，但愿你能改变主意！"

赖柏英一跺脚，扔下那两块银元，转身朝家里狂奔而去。林语堂拾起那两块银元，银元上还带有少女的体温。林语堂的眼眶红了。他回想起赖柏英的点点滴滴，当赖柏英赤着脚在山间精灵一样奔走的时候，柏英美得就像《圣经》里的那句赞美诗："她的脚在群山间，是多么美丽！"可惜，他失去她了。

到了第八天，和乐整个人已经没有了知觉，浑浑噩噩的。门外突然响起了不同寻常的喧闹声。竟然来了两拨人。一拨是陈子达，另一拨是南靖山城来提亲的简家。陈子达递给林至诚一个蓝布包，轻轻打开，赫然是一百个亮晶晶的银元。在场所有人的眼睛顿时一齐亮了起来！和乐快乐得几乎要跳起来，他冲上去抱着陈子达转了三圈："叔叔，你真好！"

阿爸阿母这几个月的奔波林美宫一直看在眼里。直到陈子达叔叔送来一百个银元的时候，林美宫的心情复杂极了，她一会儿哭一会儿笑。哭的是她知道父亲无论如何再也凑不齐第二份学费了。她哭自己为什么是女孩子，哭上帝为什么这样捉弄人。她是和乐的姐姐，作为姐姐，好意思张口跟和乐争吗？难道对阿爸说，不要让和乐去上大学，让她去上大学吧！这样的话她张不开嘴。即使她张了嘴，阿爸也不会答应的。林美宫彻底绝望了。喜的是，和乐的学费终于凑齐了！这样和乐就可以上大学去了！

第二天，林美宫红肿着眼睛对阿爸说："阿爸，不然就答应山城那边的婚事吧！"她的声音颤抖着，泪水再一次夺眶而出。

"真的？你想通了？好孩子！"林至诚喜出望外，惊喜过后，一阵愧疚涌上林至诚心头："美宫，阿爸对不起你啊！阿爸知道你想去上大学，可是阿爸无能……"林至诚心头沉重起来，他恨不得扇自己几巴掌。

林美宫强颜欢笑："阿爸，你别这么说，我知道，你已经尽力了。谁叫我没福气呢！和乐能去读大学我高兴得很，他可以替我去读书啊！"回想起和二弟两人一起编故事的快乐场景，林美宫泫然欲泣。

山城那边听说答应了婚事，大喜过望，马上着手办婚事。婚期定下来了，就在和乐去读大学的前一天，和乐去漳州的路上，正好可以参加二姐的婚礼。美宫从新娘衣裳口袋里掏出四毛钱，含着眼泪对林语堂说："和乐，你到上海去，要好好念书，做个好人，做个名人，我是没有希望了。"

从西溪上船前往厦门的时候，林语堂的眼睛湿润了，他的心里有千钧重负。他幸运地得到了一张改变命运的船票。船这边是留守山村窄小天地的寂寞，船那边是广阔的前程。他的二姐，被留在了山村窄小的天地里，这是他一生亏欠二姐的。他，要替二姐努力读书！

　　小船在溪水中缓缓前进。溪水又清又浅，林语堂坐在船上，两岸山上的荔枝树、龙眼树一一映入眼帘，还有胡须从树枝上垂到水里的老榕树。到了水浅的地方，船夫就跳入水中，将小船拉着走几步才能继续航行。在水面稍宽的地方，山脚下有成片的竹林，翠绿的颜色映入水中，溪水显得更加清澈了。天上一丝云彩也没有，但阳光已经不像七月那样灼热了，风从空旷的山那边吹来，略带凉意。秋天快来了。林语堂贪婪地望着两岸的青山绿树、农田村舍，再见了，这些既熟悉又陌生的美景，他要把这些美景刻在心底！

第二章 | 上海

（一）林语堂的红玫瑰

上海！上海！我来了！林语堂兴奋极了。从前，到了厦门就以为开阔了眼界，现在，他将要看到一个更广阔的世界。他浑身躁动，辗转难眠，犹如一个渴望春游的孩子痛恨天为什么还不亮，好让他及早登上前往上海的列车。

到了圣约翰大学，林语堂依照父亲的意思在神学院注了册。这是一所基督教办的大学，学生被培养成基督徒。成为一个基督教徒，基本等于成为一个进步的、认同西方文化、对新学表示赞同的人，也就是意味着赞赏西方的显微镜及西方的外科手术，意味着赞成女子受教育、反对立妾制度及缠足，等等。所有的一切都是新鲜的，林语堂仿佛鱼儿游入海里。圣约翰校长卜舫济博士对新生发表了热情洋溢的讲话。台下的林语堂目不转睛地看着西装革履的校长大人，心中欣羡极了："这就是西洋的风度！我要学习西洋生活礼仪，了解西洋文明！"

校园里的环境让人愉快。新鲜的空气，茂盛的树木，碧绿的草地，让林语堂流连忘返。林语堂最喜欢那块草地，他经常带了英文书坐在草地上看，屁股下有些扎，却扎得舒服，这草地既让他感受到大自然的美，又让他感受到都市的诗意。在乡村，杂草一直是农民的天敌，杂草与稻谷争抢土地的营养，人们欲把它除之而后快；然而草儿到了都市里，它竟然能变成美丽的风景，看来不同的事物在不同的环境里有不同的境遇。草地松软膨胀，天上的云朵像弹过了几遍的棉絮在蔚蓝的天空中飘荡。林语堂仰面躺着，他微合双眼，让阳光从睫毛的空隙进入眼帘，他看见一个个七彩的光圈在眼前闪动。青草味儿让林语堂特别愉快，他的记忆有如神助，看几遍就能记住。陌生的人种，新鲜的学问，让林语堂如饥似渴。熄灯了，他还在路灯下看《牛津字典》。同学喊他："休息了！"他朝同学摆摆手："我再看一会儿，马上回宿舍！"

最让林语堂陶醉的是西洋音乐。校长夫人是唱诗班的成员，传教士女高音合唱的声音是那样纯洁，不带一丝世俗之气，那是赞美上帝、献给上帝的圣歌，使他的心一下子从烦闷和骚动中平静下来，随着那音乐进入美丽、宁静、纯洁而又肃穆的天国，仿佛让人可以看见天使们舞动的翅膀，以及清澈见底的溪水边盛开的鲜花。校长夫人是一位端庄淑雅的英国女士，她的头发高高地盘成髻，眼中发出凝视和蔼的目光。她的声音温柔悦耳，林语堂想，以后自己找女朋友就找像校长夫人这样端庄淑雅的人！

上海的外国人比厦门的外国人更多。有一次，林语堂和同学到公园里玩耍，草地边上有一块"勿走草地"的警示牌，林语堂的同学嘻嘻哈哈地从草地上鱼贯而过，对那"勿走草地"四字视若无睹。而边上两个英国人，见了那警示牌，规规矩矩地绕道而行，还朝着他们喊："Stop！"一帮同学大笑，两个英国人脸上露出鄙夷的表情。林语堂悲哀地发现，大家都抱着"管他妈的"主义，无视社章无视国法。于是上行下效，无视法章成为恶习。国家衰弱，没有心思雍容礼让，人心不乐，所以三教九流都丧失了自尊心，遇到外国人便一味逢迎，满口"Yes Sir"。自己都以被殖民者自居了，外国人当然以殖民视之。所以在上海公共场所，经常看到嚣张不可一世的外国人。

林语堂为现状深感痛心！他希望中国强大！中国向来称为老大帝国，

一个国家能混过上下五千年，无论如何是值得敬仰的。国家和人一样，总是贪生怕死，与其聪明而早死，不如糊涂而长寿。中国向来提倡敬老之道，长寿便是胜利。然而年纪一大便容易故步自封，故而被甩在列强之后，被列强轰开了国门，故而须重新拥有青春之朝气！

　　林语堂疯狂地阅读。在知识面前，他永远是一个饥饿的孩子，他差不多把英语学通了。他的好朋友陈希佐喜欢赛马，喜欢歌舞。林语堂读书之余，喜欢用垂钓来放松身心。同学之中也有陷身于声色犬马之中的，每个人追求不同。一个向量，是正是负，要看你追求什么；一个砝码，是重是轻，要看你怎样追求。而林语堂身上，永远带着一本英文字典。

　　上海的苏州河清淤底，是鱼虾藏身的好地方。圣约翰大学的学生们常来此垂钓为乐，捕捉到鳗鱼、鲫鱼和其他小鱼便快乐得手舞足蹈。但到考试前夕，平时热闹的河湾顿时显得冷冷清清，因为分数是学生的命根，哪还顾得上钓鱼？然而，就在河湾最冷清的那几天里，林语堂经常一个人逍遥自在地悠然垂竿，每天满载而归，大大小小的鱼儿在水桶里活蹦乱跳，有时甚至会钓到螃蟹！陈希佐一看，大叫起来："哇，你钓了这么多鱼！那鱼好傻！明天我也要去钓！"第二天晚上，陈希佐兴奋地检点着自己的战利品："三条鲫鱼！一条鳗鱼！"他兴奋得手舞足蹈。结果考完英语的时候，陈希佐垂头丧气："完了，我这次要考不及格了，好多题目不会。语堂，你考得怎样？"林语堂淡淡道："还不错。"考卷发下来那天，林语堂得了全班第一。陈希佐拿着林语堂的卷子叹气："哎，我这是东施效颦呀！"

　　陈希佐嚷嚷着让林语堂请客。林语堂道："改天吧，我要去打垒球！"陈希佐道："我也要去！我要打赢你，我就不信了，学习比不上你也就算了，居然连垒球也打不过你！"林语堂道："欢迎你来挑战！"他几乎精通所有的球类，打网球、踢足球，还从夏威夷留学生那里学会了打棒球的技术，谁都知道他是一名精于投上弯球和下坠球的垒手。陈希佐道："你怎么可以这样呢？既是圣约翰大学划船队的队长，又是一英里赛跑纪录的创造者。太过分了吧？"

林语堂已经换好运动服："不服来战！"他是好动的。《易经》说万物生生不息，无一不动，无时不动。由动可以见性，喜怒哀乐，喜有喜容，怒有怒容，这才是青春本相。

圣约翰的校园有美丽的草坪，芳草如茵；高大的乔木绿荫如盖。操场上常看到林语堂大汗淋漓运动的身影。他运动是为了更好地学习。他知道，自己是当不了运动员的，他想当一名英文教员或物理教员，他对创造发明机器有深厚的兴趣。在学校刚学到虹吸管的原理，林语堂就想发明一个汲水装置，让井水自动地流进厨房的缸里。家里打水太费劲了，以前二姐打完十几桶水，手上都要起泡。要是有机器代劳岂不美妙？看到水轮船，他目不转睛地盯着船上的机器装置，构思着自己的小发明，后来在学校见到活塞引擎图，他的好奇心随着活塞的每一次推动起伏。他呆呆地看着这些轰鸣的机器，就像看一头怪兽一样，惊奇中带有一丝恐惧。他实在想不通这些钢铁铸成的东西是哪里来的力气推动船只行走，外国人有这样的庞然大物，难怪能打胜仗！他想当一名机械师，让机械推动中国进步！

快乐之余，林语堂也有自己的苦闷。学校教学有的课程太呆板了，一本三天就可以自学完的书，要讲一学期，实在浪费时间。只有个别课有趣一些。

学校里的牧师戴着一副眼镜，身材清瘦。他兴致勃勃地讲述古犹太国的约书亚将军是如何吹倒耶利哥城的。林语堂听得心醉神驰，哇，一口气吹倒一座城池，那该有多大的力气！牧师还模仿耶和华的口吻："太阳！你停住！"太阳果真停住了，约书亚趁机杀完了迦南人。

在牧师的影响下，林语堂熟读《圣经》，所有的圣经故事他都滚瓜烂熟。课余同学一起讨论，林语堂滔滔不绝宣讲圣经故事，陈希佐忍不住打断他："语堂，我看你在教会学校的影响下对西方文化烂熟于胸，不知你对咱们中国的文化了解多少？我问你，传说以前天破了一个洞，是谁炼五彩石补的天？传说天上有九个太阳，是谁射掉了八个太阳？"

林语堂一时语塞，他不好意思地挠挠头。

陈希佐得意扬扬地说："我告诉你吧，女娲补天、后羿射日、嫦娥奔月、精卫填海等民间故事是妇孺皆知，连三岁小孩都知道，怎么你这大才子不知道？你真是太可笑了！"

在场的所有同学哄然大笑。林语堂在期末典礼上出尽了风头，现在终于找到了他的弱点，大家能不快活吗？

林语堂涨红了脸，他沉默了，羞愧地起身离开。他一个人躺在草地上发呆。为什么自己对本国文化如此无知呢？源头在于学校。教会学校不准中国学生接触中国文化，特别是民间文化，导致了今天林语堂对中国文化如此无知。这是教会学校的极大坏处。虽然，林语堂一直非常感激教会学校，如果没有教会学校免费提供教育，他一个穷困的农家子弟是没办法享受到这样的教育的，这一点林语堂一直铭感在心。圣约翰大学在全国被公认为学习英文的理想天地。林语堂花费了一年半掌握英文的基本功，还在大学一年级的时候，他就因为优异的英语成绩被 echo 编辑部看中，入选为 echo 刊物的编辑。这些成绩是圣约翰大学给予的。但是，教会学校让他与中国文化隔绝，这种有意的隔绝是不可饶恕与无法忍受的！在教会学校里，中国学生不仅与中国哲学绝缘，同时也与中国的民间传说绝缘！学校明令规定不准去听那些盲人游吟歌手用月琴伴奏演唱的古代传说。不懂中国哲学尚可，但不懂中国的民间故事就太可悲了，哪里称得上中国人！

阳光刺眼，林语堂用一张报纸遮住了眼睛。被嘲笑是其次，关键是他警醒到这样下去万万不行！他被教会学校剥夺了最宝贵的民族遗产！不行，他要把这民族遗产夺回来！林语堂霍地坐起来。他决心反抗。从明天起，不能一味沉浸在西方文化里了，他要沉入东方意识的巨流里！到书店去！抱它个十几本中国文化书回来读！

他一边看中国文化书，一边想："这些神学太荒诞不经了！我实在是无法履行。"他发现身边充斥了太多伪善的基督徒。那些伪善、下流的基督徒，有的是因为害怕地狱之火，妄图逃脱末日审判；有的只是为了进入天堂喝茶与天使们共唱圣诗；甚至有很大一部分基督徒，他们自己都不大相信天堂、天使及地狱之火，但出于惯性却想让别人相信这些东西。他对基督教的兴趣慢慢丧失了，他的神学课得了一个极低的分数，这在他的学习成绩单上是前所未有的。监督老师看着卷子摇摇头："林语堂，你不适合做牧师！"老师一番话说到林语堂心坎里去了。

暑假回到坂仔，林至诚一心想让儿子在乡亲们面前大显身手。神学院的高才生，布道肯定与众不同！林至诚让儿子代替他讲道。站在布道台前，林语堂高大的身材穿上背心和熨烫得笔挺的西裤显得特别帅气。

他侃侃而谈："乡亲们，你们要把《圣经》当作文学来读。《约伯记》是犹太戏剧，《列王记》是犹太历史，《雅歌》是情歌，《创世纪》和《出埃及记》是有趣的犹太神话和传说……"

下面的乡亲如鸭子听雷，他们交头接耳议论着今年的收成。

林至诚目瞪口呆："这简直是离经叛道！"哎，儿子虽然才智出众，但真不适宜当神职人员。他自己本身曾经为了传教，流了很多汗，得了严重的肺炎，差点死去。不知为什么竟会养出这样一个儿子来？

林至诚终于同意儿子离开神学院。林语堂兴奋地将父亲抱起来转了一圈："爸爸，你真是太好了！"

林至诚苦笑。

大二期末那天，林语堂注定迎来了那场美丽而苍凉的邂逅。

学校礼堂张灯结彩，校长穿着他最庄重的黑色燕尾服在台上表彰一批优秀学生。"3月，林语堂份率队与同济大学演讲比赛荣获第一名，请登台领奖！"

台下一片欢呼。林语堂快步跑上台去，看着台下同学们羡慕的眼神，他心里充满了快乐。不一会儿，校长又念到了他的名字："6月，林语堂率队与厦门大学演讲竞赛，荣登榜首，请上台领取奖牌和奖杯！"林语堂把奖杯举得高高的，朝台下师生们晃了晃。那奖杯是水晶做的，亮闪闪的。台下同学们欢呼起来，夹杂着口哨声与雷鸣般的掌声。

　　这次典礼，林语堂一共登台了四次！林语堂最后一次领了奖牌回到座位上，坐在他身边的陈希佐热切地对他说："兄弟，你太牛啦！全校的风头全被你占啦！晚上，全校的女生都要睡不着觉啦！"他一股脑儿将林语堂刚才上台前寄在他手里的奖牌塞回林语堂手里："兄弟，我要是你，晚上我就抱着这些奖牌睡觉！"他猛地在林语堂肩上拍了一巴掌，优越的家境让他整天快快活活的，林语堂永远学不会像富家子弟那样潇洒地在一个家伙的背上猛烈一拍的动作。他来自福建的山村，福建在中国历史上出产诗人、学者及美人，但没有高等的官吏，不像那些来自北京、上海的学生，他们的出身注定他们的前途无可怀疑的是官场。

　　林语堂不好意思地挠挠头："希佐，你太夸张啦，你这么一说，我都轻飘飘得不知自己姓啥了！"其实，林语堂知道陈希佐并没有夸张，他在台上看到了许多女生热辣辣的眼神。不单单是本校的女生，连隔壁圣玛丽女校的女生都集体过来观礼了。林语堂注意到有一个温婉的女生，她正目不转睛地看着林语堂，眼睛满是崇拜，迎面撞见林语堂的目光，女孩像一只受惊的小鹿马上将眼睛移开了，假装看往别处，而她脸上却涌起一片潮红。

　　会散了。林语堂和陈希佐一同往宿舍走去，他正在琢磨着那个女孩子不知是本校的女生还是隔壁圣玛丽女校的女生？要是本校的女生，说不定还有机会在校园里遇见；要是隔壁圣玛丽女校的女生，说不定再也无缘一见了。想到这里，林语堂内心一阵惆怅。这时，身后传来一个脆生生的女音："哥哥！"林语堂和陈希佐同时回头，林语堂一看，正是刚才那个目光如惊鹿的女孩！林语堂心中一阵狂喜。只听陈希佐亲热地跑到女孩身边拍了拍女孩的脸:"小妹! 你也来观礼!"

女孩道:"是呀! 不然咱们兄妹还难得一见呢!"

陈希佐拖着女孩的手来到林语堂面前:"来，介绍一下，这是我妹妹陈锦端，在圣玛丽女校读书。这是我的同学林语堂，大才子，想必你刚才已经在台上见过他了。牛人呀!"

林语堂忙道:"今天我请客!"

陈希佐嚷道:"是该请客! 领了这么多奖牌奖杯，你不请客，难以平息我的妒忌之火! 今天一定要你大出血!"

林语堂拍了拍胸脯:"由你点!"

"不然我们去吃牛排?"陈希佐促狭道。林语堂瞬间脸憋得通红，那牛排店只有有钱的老爷太太才进得去，他一个穷学生，哪里请得起呢? 可是面对美丽的陈锦端，他哪里说得出口?

陈锦端善解人意，她娇嗔地捶了哥哥一下:"哥，你就爱开玩笑! 咱们到学生街那里吃炒米粉吧，我知道那里有一家米粉可好吃了!"

吃完米粉，陈锦端和林语堂已经宛若认识多年的好友。陈希佐吃得饱饱的，连连打嗝。林语堂故意落在后面，他悄声问陈锦端:"以后我可以去圣玛丽女校找你吗?"

陈锦端羞涩地点了点头。此后，林语堂时常拉着陈希佐一起到圣玛丽女校去玩。到了后来，林语堂就撇下陈希佐单独一人去找陈锦端了。陈锦端爱慕林语堂的口才与文才，林语堂爱慕陈锦端的温柔贤淑，两人一交谈就是数个小时，快乐极了。眼前的陈锦端，就像林语堂写文章时用到的美丽的形容词，看着她，就觉得满心欢喜。

晚上，两人坐在圣约翰大学的草地上聊天。清风习习，四周是悦耳的虫鸣，陈锦端抬头看天，一轮圆月挂在天上，仿佛刚刚出浴的少女，离她那么近，近得几乎可以伸手摘下。这是她见过的最大最圆最亮的月亮，陈锦端想，这个有月亮的夜晚将会使她终生难忘。

在陈锦端抬头看月亮的时候，林语堂在看着陈锦端。她是那样洁净，那样明亮，那样神圣。她沐浴在满月的光辉之下，就像一尊月光菩萨。林语堂冲动起来，他想吻一吻眼前的少女，可是他不敢。她是那样纯洁，令人不敢侵犯。

林语堂的呼吸渐渐急促起来。陈锦端回头撞见林语堂的眼神，不禁羞红了脸，无意识地扯了一根草儿在手上把玩。林语堂鼓起勇气道："锦端，我想握握你的手，可以吗？"

陈锦端无言地把手递过来，林语堂轻轻握住。那修长的小手柔弱无骨。林语堂觉得自己幸福得简直要窒息了。他温柔地将她的头发拢一拢，把玩着她的发丝，闻着她身上散发出来的阵阵幽香，简直有眩晕之感。他忍不住吻了吻她的额头，就像蝴蝶轻轻触了一下花瓣。此时的月光既照在她身上，也照在他身上，在月色里相拥，看着月亮说话，这轮圆月见证了他们的缘分、宿命与定数。

这天两人见面时，陈锦端递给了林语堂一幅西洋画。林语堂接过来一看，画上的青年男子不就是自己吗？英姿飒爽，两眼炯炯有神。林语堂由衷地赞道："谢谢你，你把我画得太好了！"

陈锦端快乐道："以后我们一起去留学，你主攻文学，我主攻西洋画，多好呀！"

两人吃了蚵子煎，说说笑笑从学生街出来，恰好一头撞见陈希佐。陈希佐大叫："哇，你们两个太不够意思了！背着我来吃好吃的，也不叫上我！"陈锦端和林语堂两人都窘得满脸通红。陈希佐看林语堂手中拿着画，一把抢过去一看，再看看两人的神情，什么都明白了。

这天晚自习后，陈希佐约林语堂到草地上聊天。林语堂看着满天繁星，不由由衷地赞叹："多美呀！"

陈希佐满脸严肃，单刀直入："语堂，你是不是和我妹妹恋爱了？"

林语堂坦然道："是的，我们恋爱了。希佐，你不知道，恋爱有多快乐。

找到一个志同道合的人，一起说话，一起学习，上帝对我真是太仁慈了！"年纪尚小时，他与乡里的赖柏英两小无猜，和陈锦端在一起时，林语堂简直把赖柏英忘了。柏英说得没错，走出大山，他是会和见过世面的小姐结婚的！

看着老同学还沉浸在美好的憧憬里，陈希佐有些不忍心泼林语堂的冷水，但长痛不如短痛，他觉得还是有义务把自己所知告诉老同学："语堂，你有所不知，家父是很看重门第观念的。"

林语堂还是很自信："我知道你家有钱。你们是鼓浪屿上大户人家，而我只是深山里走出来的一个穷小子。但是，我有一个聪明的脑袋，我相信以后凭我的双手，我会让锦端过上好日子的。你看，我不是年年拿一等奖学金吗？"

陈希佐摇摇头："语堂，你不知道，家父已经给锦端介绍了一个门户相当的人家，双方大人都同意这门婚事了，只是觉得锦端还小，还没跟她谈罢了。"陈希佐叹了口气，语堂太天真了，他的那些奖学金，在父亲眼里，还买不上一双皮鞋。只是，陈希佐不忍心太打击老同学，有些话还是没办法说出口。

这下子，林语堂心情开始沉重起来。没想到现实这么残酷。但是，一想到锦端是爱他的，林语堂就快乐起来。只要锦端跟她父亲撒撒娇，说不定他父亲就会同意这桩婚事。

借着暑假的机会，林语堂到陈家做客，表面上是找同学陈希佐玩要，但林语堂看着陈锦端的眼神让陈天恩明白了一切。陈锦端刚睡醒，她的长发还没有梳整起来，随意披在脑后，一撮乌黑的卷发散落在脸颊上。脸上还是蒙眬的睡意，趿着金色的拖鞋轻轻朝他走过来。皮肤柔嫩细腻，生就一副姣好的面孔。

陈锦端和林语堂打了个招呼，出于害羞，便躲回了闺房里。陈锦端的房间恰如其人。里面一尘不染，书桌上整整齐齐放着笔墨纸砚，水钵是精致的莲叶型细玉做的，还有一块金黄色的铜制文镇。床上的枕头和被单，叠得像豆腐块那样整齐。墙上挂着一幅米勒的《拾稻穗的人》。西南角摆着一张梳妆台，上面放着雪花膏，一切简洁而亲切，窗外射进淡淡的黄色光线，给房间带来一片光明。房间里弥漫着女孩子特有的芬芳，在这样静逸、整洁的房间里，你根本不敢有任何粗鲁的举动，不敢高声大气的说话，否则你就会显得那样低下，无法匹配这里的一切。

这样的女孩，不结婚也好，如果她嫁给一个的橡胶大王，必定会悲哀一辈子，因为她是一位极易受伤害的女性，就像一朵脆弱的水莲花，轻轻一碰就容易夭折。

陈天恩问林语堂："听说你不信基督教？"

林语堂据实回答："是的。"林语堂有些手足无措，不敢找一把椅子坐，手足无措，连呼吸都不敢随意，唯恐亵渎了这神圣的一切。

陈天恩一脸冷峻："我们家是虔诚的基督教徒，我希望我的女婿也能够沐浴上帝的恩泽。"

林语堂尴尬地沉默了。没想到自己从神学院转系出来，竟成了自己婚恋问题上的一大障碍。

陈天恩叼着烟斗故意高谈阔论："希佐，你这小子太不像话，我事情实在太多了，分身无术，你也不来帮帮我。既然儿子靠不住，我希望我的女婿能够帮我管理保险、股票、租赁等事宜，让我好好歇一歇。锦端是我最疼爱的女儿，她结婚的时候，可以任选一辆劳斯莱斯或凯迪拉克牌的轿车，随她喜欢什么颜色——黑的、红的、栗色的、金色的都可以……"他的手上戴着一枚起码十克拉以上的钻戒，闪烁着耀眼的光芒。在他眼里，这个穷小子和宝贝女儿根本就是两个世界的人，就像油和水，永远没有相融的可能性。

林语堂越听越绝望，劳斯莱斯！凯迪拉克！可是，按他目前的财力，他顶多租上一辆黄包车来接他的新娘子！他黯然神伤，一颗心在流血。他就像一个纵马疾驰的骑手，只顾骑着爱情的骏马义无反顾地往前奔驰，从来没有考虑过马儿会不会冲进深渊？船儿会不会触礁？在甜蜜爱情的诱惑下，他完全忘记了自己和心上人之间横亘着一条又深又宽的鸿沟。

看着林语堂那张年轻的面孔，陈天恩若有所思。他所有的旁敲侧击与弦外之音就是要让这个穷小子知难而退，虽然他有才华，可是一个穷牧师的儿子，怎么有资格做他陈天恩的候选驸马？！

陈天恩话锋一转："语堂，我看你是个好青年，我为你做个媒如何？我的邻居廖悦发先生是鼓浪屿巨富，拥有钱庄和码头，他的女儿廖翠凤与你年纪相当，家教很好。我看你们般配得很！"

林语堂只觉得血往上涌，赌气道："谢谢伯父！伯父相中的人断然不会错，我也见过翠凤，确实很好，我谨遵伯父嘱咐！"话刚出口，他就后悔了，可是又不好马上改口，他不能让陈天恩看不起他。他要报复！既然廖家也是巨富，等他成为廖家的乘龙快婿后，他一定要做出一番事业，让陈天恩后悔莫及！廖家是他报复的阶梯，否则，他一个山村穷小子要是再娶一个穷姑娘，这辈子永远在陈天恩的蔑视之下！

陈天恩大喜，没想到这件棘手的事情竟然如此顺利地解决！他吩咐林语堂："那好，你请令尊择日到廖府提亲吧！"

林语堂无力地点了点头。他的爱情幻想遭到了致命的打击，垂头丧气地回到坂仔，悲痛欲绝，那痛苦全部凝固在脸上，他一动也不动，犹如一尊木雕一声不吭呆呆地坐着。家里人见他愁容满面，不知道究竟发生了什么事。林语堂走进房里，拉出在床褥下面的蚊帐，把它卷起甩到顶上。他头痛得要命，嘴里也苦涩异常，一切都显得那样虚无缥缈、不真实。

夜深人静，蟋蟀高一声浅一声长一声短一声地叫着，母亲提着灯笼来到林语堂房间里，想安慰他几句。这时，林语堂再也克制不住了，那滚动了许久的泪水，冲决了理智的闸门，急骤地喷涌了出来。失控的感情像脱缰的野马，像爆发的山洪决堤而下。回想起锦端那温柔的眼神，那飞扬的神采，那拂在他脸上温柔的发丝，他再也无法亲近了，一切都如梦幻泡影。林语堂痛哭不止，一直哭到瘫软在地上。假如眼泪可以填平世俗的鸿沟，他愿意这么一直哭下去。一场美丽的邂逅就这样戛然而止了，往事就像一只风干的蝴蝶。林语堂僵尸一般躺在夜的深处，感受到命运无边无际的苍凉。

第二天，天色大亮，刺痛了林语堂的眼睛。原来是昨天忘了放竹帘子。林语堂揉了揉眼睛，唉，一个人再怎么痛苦，太阳照样升起，日子照样要过下去。他起身打水洗脸，锦端在脸盆中朝着他笑。他走到花溪边，花溪里的睡莲中也有锦端的笑脸；花溪边的芦苇丛中好像有锦端的歌声。林语堂再次捂住脸，哭了。

（二）林语堂的白玫瑰

大姐瑞珠回娘家，听说了弟弟的失恋，不但没有安慰，反而在弟弟的伤口上撒了一大把盐："你怎么这么笨，偏偏爱上陈天恩的女儿？你打算养她？陈天恩是厦门的巨富，你难道想吃天鹅肉？"

林语堂脸上充满了屈辱："陈天恩不仅反对我爱慕他的女儿，他竟然把邻居的女儿廖翠凤介绍给我，他以为这样就可以弥补他对我的伤害！"心目中岳父变成现实中的媒人，命运啊，你也未免太荒唐可笑！

大姐林瑞珠在毓德女校与廖翠凤是同学，听说陈天恩把廖翠凤介绍给弟弟，她高兴得直拍手："翠凤很合适！她是个端正大方的姑娘，眼睛又大又亮，人中很长，耳垂厚厚的。堂啊，你不知道，耳垂厚的人最有福气！"瑞珠两眼发光，恨不得廖翠凤马上成为她弟媳似的："堂啊，那翠凤鼻梁高高的，是个有福之人！"她神秘地凑近弟弟："你可想好了，翠凤绝对是旺夫相！"

林至诚听了女儿的话，得知廖家愿意同林家结亲，语重心长对儿子道：

"和乐，爱情是美好的，但爱情不能当饭吃。你自己说，陈天恩会把女儿嫁给你吗？"

林语堂颓然道："不会。"

"你看，明知道这条路走不通，坚持走下去不是撞得头破血流吗？君子要审时度势。咱们是穷人家，这辈子要和廖家这样的大户结亲的机会简直没有。现在好不容易有了这样一个机会，过了这个村没了这个店，我劝你好好考虑，好好珍惜。咱们家的光景你也看到了，贫贱夫妻百事哀，一个人吃不饱饭，他是无法专心做学问的。有了稳固的经济基础，你就可以好好做你的学问。你好好想想。如果你同意，我赶紧到廖家去提亲，免得错过了这段好姻缘。"

林语堂哭笑不得。他的心还在滴血，现在暂时装不进另外一个人了。这几天他内心苦闷至极，便又回厦门找陈希佐玩耍。当然，他希望能够见到心爱的锦端，可是锦端被她父亲严格禁锢起来，仿佛从人间消失了。陈希佐对老同学感到很抱歉，父亲这样无情地伤害林语堂，让陈希佐感到很难过。他正想着带林语堂到哪里散散心，恰巧邻居发小廖超兴来了，三个人便到廖超兴家玩。午饭时间，林语堂一口气吃了三碗米饭。林语堂不知道，廖翠凤正躲在后面偷看他。看到这个一表人才的圣约翰高才生胃口这么好，廖翠凤喜上眉梢。林语堂的行李放在客厅一角，里面有几件脏衣服。廖翠凤拿起来闻闻，有轻微的汗酸味。她悄悄地把那脏衣服洗了。要是能嫁给林语堂多好啊！相貌堂堂又有学问。而且，廖翠凤渴望早点离开这个家，父亲重男轻女，把几个哥哥宠得不成样子。除了大舅子到上海圣约翰大学读书，其他几个哥哥吸烟喝酒父亲统统不管，整日对女儿大呼小叫。所幸她跟所有的鼓浪屿小姐一样，在毓德女校读完小学以后，又到上海读了圣玛丽女中，在女子无才便是德的社会中算是有学问的佼佼者了。

吃完饭，林语堂三人到后院散步消食。林语堂看见在风中飘扬的衬衣，忽然觉得十分眼熟。他不敢造次，悄悄回去看自己的行李，呀，脏衣服不见了！正疑惑间，只见廖翠凤不好意思地冲他一笑，羞涩地跑了。

林语堂的内心涌起一股暖流。他的心刚刚被陈天恩割了深深的一个口子，如今有人送上温暖，即使不是他的心上人，但此时即便是一个陌生人的善意也是他的救命稻草。他的心为了两个原因而流血，一个是失去恋人的痛苦，一个是被陈天恩羞辱的痛苦。他想报复。他想证明给陈天恩看："穷小子也是会有出息的！"

为了报复陈天恩，林语堂默许了父亲到廖家提亲。廖悦发无可无不可，反正女儿是赔钱货，早早嫁出去拉倒。廖翠凤满心欢喜，她母亲却有些担心地问她："可是林语堂是个穷小子！"

廖翠凤答："穷又有什么关系！"这句话让林语堂大感安慰。亲事就这样定下来了。短短几天，林语堂仿佛经历了人生一场大梦。他后悔冲动之下默许父亲到廖家提亲，可惜开弓没有回头箭，要去哪里找后悔药呀！这事必定传到陈锦端耳朵里了。陈锦端怎么看他！必定把他看作薄情负义之人！

林语堂，你是个混蛋！他痛苦地抽了自己一个耳光。

厦门码头人来人往，来去匆匆。陈锦端站在前往美国的船头上，泪流满面。她将要去美国留学学习油画。她是一个柔顺的女孩子，父亲对她有养育之恩，她不敢公然违逆父亲的意愿强行与林语堂在一起，但是，她并没有完全屈服。父亲对她说："锦端，穿上你最漂亮的衣服，明天到林伯伯家做客！"

"我不去！"陈锦端很坚决。她知道，父亲醉翁之意不在酒，父亲很满意林伯伯的儿子，到林伯伯家去，其实是变相的相亲。

"为什么不去？"

"你自己心里很清楚！"

陈天恩也不敢太过于逼迫女儿，他知道，要让女儿忘掉林语堂，需要一段时间。他提出一个缓兵之计："你不去相亲可以，我送你到美国留学，总之你不能和林语堂在一起！"

陈锦端哽咽了："爸爸，我不去美国学西洋画，我要和语堂在一起！我就是死，也不会和别人结婚的！"

陈天恩严肃地拍拍女儿的肩膀："锦端，林语堂那小子不能给你幸福！他就是一个穷小子！况且他父亲都到廖翠凤家提亲了！"

"真的吗？"陈锦端简直不敢相信自己的耳朵。

陈天恩点点头："真的。我什么时候骗过你？"

陈锦端惊呆了，泪流满面："我不信！我不信！"

陈天恩冷冷道："不信你去问你大哥！你大哥也知道这件事！"

陈锦端疯了一般跑到大哥房里，大哥不在，陈希佐又出去喝酒了。等到陈希佐回来，陈锦端的心差不多已经烧焦了。陈锦端急切地问道："哥，听说语堂的爸爸到廖家提亲了，是真的吗？"

陈希佐躲躲闪闪不敢看妹妹的眼睛。陈锦端催促道："我只需要你如实回答我，真的？还是假的？"陈希佐低声道："真的。"

"啊……"陈锦端低低呻吟了一声，面色惨白。

陈希佐见妹妹花容变色，急忙上前扶住妹妹。陈锦端被哥哥搀扶着回到房间，定了定神道："哥，我还是不相信。语堂是爱我的，这一点我能感觉得到。我要写封信问问他为什么？到底是为什么？等我写好信，麻烦你帮我转交给他。我要见他一面，我要亲口听他说说这到底是怎么回事。"

陈锦端在信中约定晚上7点在码头与林语堂见面。陈锦端6点多就到码头等待了，海风吹得她长发散乱，她整个人晕晕沉沉的，仿佛发热病一般。到了7点，一个黑影从暗处走来。陈锦端热切地迎上前去："语堂！"哪知跑到近前，陈锦端才看清来人竟然是父亲！陈锦端失声道："爸，你怎么会在这里。"

陈天恩扬了扬手中那封陈锦端的亲笔信，冷冷道："林语堂永远不会来了！他已经和别的姑娘定了亲。"

陈锦端脸色变得煞白。语堂定亲了！她一直不愿意相信这残酷的事实，到了现在她不得不信。不然，他为什么不来？她失去他了！回想那些和他曾经刹那交会的眼神，那些一起偎依在海边听过的风声、浪声与歌声。曾经一起翻过的书，曾经一起看过的电影，一起看过的日出……陈锦端肝肠寸断。说过的誓言，怎么会说变就变？

家中，陈希佐焦急地踱步着。怪只怪自己做事太大意，他急匆匆出门，父亲喊住他："你要去哪里？"

"出去玩。"陈希佐支支吾吾。

陈天恩眼尖，看到儿子裤子口袋中露出信封一角，眼疾手快将信封抽出，不由分说就拆开查阅。陈希佐暗暗叫苦。晚上陈天恩出门了，陈希佐心里七上八下："妹妹在码头见不到林语堂大概要心碎了吧！她盼的是林语堂，结果来的却是爸爸，妹妹心里一定恨死他了。"

陈锦端木头人一样跟着父亲回到家里。陈天恩气呼呼的："你怎么还不死心？是不是我把廖悦发伯伯请到咱家里，亲口告诉你林语堂已经和他女儿订了婚你才会死心？"陈锦端悲痛欲绝，两行泪水潸然而下："爸爸，我要去美国留学，越快越好。"她现在心中充满了恨，恨林语堂如此绝情，如此轻易就放下了他们两个人之间的感情。她不明白，林语堂怎么会变得这么快！难道世间的男子都是如此薄情吗？

她还是不死心，一直痴痴地守在电话旁，希望能等来林语堂的电话。只要电话铃一响，就喊："找我的！找我的！"然而，她没有等到林语堂的任何音讯。

载着陈锦端的船只慢慢开远。林语堂飞奔到码头，满头大汗，对着茫茫海水大喊："锦端，我错了！赌气到廖家提亲是我的错！你给我改正的机会呀！锦端，你去哪里了，你好狠心，为什么不等我！"

海风吹乱了林语堂的头发，他痛苦地捶打自己的头。

1915 年 9 月,《青年杂志》在上海创刊了。新思想如同千军万马,摧枯拉朽地扫荡着前进道路上的一切障碍。1916 年 9 月 5 日,《青年杂志》改名为《新青年》,随着时间的推移,《新青年》的影响越来越大,年底时《新青年》编辑部由上海迁到北京。《新青年》像一把火点燃了中国文人的思想。

林语堂是和《新青年》一起到达北京的。这一年,他以第二名的成绩从圣约翰大学毕业,由校方推荐到北京清华学校任英文教员。清华学校外垂柳依依,柳丝飘飘,风景幽绝。大门上"清华园"三个字是大学士那桐题写的,门内左边是棵老松。校园里绿草如茵,西园是一片芦蒿,登上小山坡,可以看见圆明园的断垣残石。

初到北京,十字街头让林语堂眼花缭乱。在这里,有着最现代化的汽车,也有马车、人力车,还有轿子和杂七杂八的行人,大家都横冲直撞不守规矩,混乱地交织在一起。一般人会感到烦躁不安无法接受,林语堂却觉得这是一个很壮观的场面,乱中不乱,矛盾而和谐,各走各的路,相安无事。

博大精深的北京让林语堂应接不暇,所有的一切给他的都是触电般的感受。虽然清王朝已被推翻多年,但是溥仪仍然生活在故宫里,一切起居如常,照旧当着自己的"皇帝"。故宫外面,还有大批皇亲国戚和各式各样的前朝遗老。令林语堂惊奇的是,这些前朝遗老并不是想象中的酒囊饭袋,他们有洪亮的声音,雍容的体态,又有一口音韵铿锵的官话,出口成章的谈吐,让林语堂甚为着迷。听他们讲官话,如听一出好戏。他们的声音从喉管深处发出来,到了嘴里,又有一段抑扬顿挫的功夫,中间时而停顿下来咳嗽一声,或者拈须沉吟后再继续,措辞温文尔雅且井井有条,夹杂着"国计民生""未可厚非""不无小补"的文言词句。发表不同意见时,常以"高明以为何如?"等自谦语,听起来让人心中十分熨帖。不过,林语堂很快发现,这些人风雅的态度下掩藏了无数贪污受贿等肮脏的勾当,其内外差别之大令人瞠目结舌！

　　林语堂还在大街上看到了南方少见的马车。那匹拉着车的枣红色老马，它的眼睛就像一首忧伤的民歌，里面有很多内容：沧桑的世事、莫测的命运、忧伤的别离……让林语堂不忍直视。一匹马，从一个人手里又被卖到另一个人手里，它一生永远在艰难的行走当中。也许它想挣脱缰绳，逃脱自己劳作的命运？那匹马与林语堂对视着，眼睛里竟然涌出了泪水。林语堂远远地看着它，在心里对它说：你跑起来吧！跑吧！跑成一朵红色的云，向遥远的地平线飘去，飘向你的故乡北方的大草原，找到你的马群部落！

　　北京的厚重让林语堂深深地震撼。他很幸运地结识了胡适、蔡元培、陈独秀等一批新文化运动的倡导者。这些精英熟读四书五经，痛感传统文化的毒害，都是旧文化的叛徒。然而，他们又都有着深厚的国学根底。陈独秀高举文学革命大旗，胡适提倡白话文，两人风头正健，在文化界引起了极大的震动，成为当之无愧的文学革命主将和急先锋，林语堂仰慕着这两个引领中国觉醒怒潮的人。

　　林语堂的《汉字索引制说明》发表在1918年2月《新青年》4卷2期，胡适看着看着不断微笑点头："很好，很好，有自己的见解。这小子是谁？头脑聪明，我喜欢。"紧接着，林语堂在《新青年》4卷4期登出了一组与钱玄同的通信《论"汉字索引制"及西洋文学》让胡适眼前一亮："好极了！这个林语堂我要会会他！文学革命提出了许多问题，唯有一个问题没有得到充分的注意，也没有多大的进展，那就是废汉字改用音标文字的问题，这个问题恰恰被林语堂敏锐地注意到了。他认为，如果因为白话文学的奠定和古文学的权威的崩溃，音标文字在将来必定替代那方块的汉字做中国四万万人的教育工具，那才可以说是中国文学革命的更大的收获。林语堂填补了音标文字改革方面的空白！"

　　教育部已经规定小学课本必须使用白话文了，这是胡适提倡白话文运动取得的最大胜利！而林语堂正大力提倡简化汉字，两人不谋而合志趣相投，又都是温和的人，很快成了好朋友。胡适说："废除文言，不是革命，而是文学自然演化的结果。"冥顽不化的古文派攻击他："无天无地无父无君的不法猴狲！"但胡适依旧乐呵呵的，他是一个温和但很有主见的人："社会上公认的行为与信仰就不会错了吗？人家这样做，我也该这样做吗？难道没有别的做法比这个更好，更有理，更有益的吗？"

林语堂经常到胡适家去，他家里每星期六永远高朋满座，除了教员学生，还有商人、小贩。对穷人，胡适接济金钱；对狂热分子，胡适侃侃而谈晓以大义。跟他相熟的人，都称他为大哥。胡适自小在山乡长大，自幼由母亲严加管束，形成少年老成、温文尔雅的君子风度，成年以后四平八稳，处世稳妥，不露锋芒。无论是对待持不同学术态度的异己，还是对待持不同政治态度的朋友，他始终保持一种和而不同的君子之风，不站队，不妄议，不迎合，不谩骂。林语堂很向往胡大哥这种四平八稳的个性，但他学不来。他也是在山乡长大，却是天不怕地不怕的野孩子，有话就要说出来。在大雪纷飞的日子，能在大哥家里喝上一杯烧酒，是一件温暖而又快乐的事。

与国学大师几番交谈下来，林语堂为自己可怜的国学知识深感耻辱。他又不敢发问，唯恐别人看出破绽，决心发奋雪洗前耻。于是，林语堂几乎天天往北京琉璃厂跑。琉璃厂是书铺汇集之地，学者、行家们常常从这里找到物美价廉的古旧书籍。南新华街自和平门至琉璃厂中间一段，东西路旁是一眼望不到头的书摊，西边土地祠中的书摊较整齐，东边是海王村公署。厂东门内有火神庙，是高级的古玩摊、书摊荟萃之地。林语堂逛累了，喜欢到中间东首的信远斋买些吃食，这里专卖蜜饯糖和远近闻名的酸梅汤，都是林语堂喜欢的，他还尤爱买上一串酸甜可口的糖葫芦，边吃边看。整条大街熙熙攘攘，算命的，卖旧书的，卖老鼠药的，耍把戏的，卖小吃的，有着浓浓的人间烟火味。

琉璃厂、隆福寺的书肆主人，早先大多是南方人，大部分是进京会试名落孙山的前清举子，因为无颜回去见家乡父老，便流落在京师厮混。身无一技之长为了混口饭吃只好卖书，虽是半路出家，也算接近本行。他们对各类书籍了如指掌，起初只知内容，后来连目录学、版本学都烂熟于胸。他们都是林语堂免费的老师。在清华校园里，出于自尊的本能，林语堂羞于向同事求教对于诸如"杜诗评注"之类的问题，当他来到琉璃厂和隆福寺街时，他大喜过望，发现这里所有人都可以当他的老师，在与老板和伙计的闲谈中，他慢慢填补了自己的文化空白。

充实的生活冲淡了林语堂失恋的悲痛。时光慢慢减轻了林语堂对陈锦端的思念。他写过几封信到美国，可惜他不知道陈锦端的具体地址，只是胡乱写了几个美国有名的艺术大学地址，表达自己的悔恨与思念。然而奇迹并没有出现，信件原封不动地被退回来了。其实有一封信真的寄到了陈锦端所在的大学，只是陈锦端已经用了英文名字，以致茫茫人海中擦肩而过。

林语堂还把自己有个未婚妻的事情忘了个一干二净。他结交了一大堆朋友，与英文日报《北京新闻》的陈友仁主编特别投缘。陈友仁温文尔雅，跟胡适的性格有些相似，和这些朋友在一起，林语堂如沐春风。此时陈友仁正与辜鸿铭在《北京新闻》上大开笔战。陈友仁认为辜鸿铭是江湖术士，不过是一个抄经文士而已；而辜鸿铭则称陈友仁是走狗和一知半解的印度绅士，因为陈友仁生于千里达岛，说中国话像外国人。辜鸿铭是一个民族自大狂，认为中国不需要法治，只需守礼，他的文字有一种特别刺激人灵魂的特质，而林语堂初次见到陈友仁的时候就喜欢上他的彬彬有礼。林语堂突然发现，自己两个要好的朋友往往是死对头，这真是一种有趣的现象。辜鸿铭在北大任教，留着一根细细瘦瘦的长辫子，常常在校道上踽踽独行，成为北大校园里一道独特的风景。这个文笔尖刻、语气凶恶的"保皇党"，其实是个其貌不扬的老头儿，瘦高的身材，眼睑下有很重的眼袋，大概经常熬夜的缘故。变了颜色的牙齿残缺不全，双手瘦得像干枯的鸡爪，穿着一袭灰色长衫，戴着小帽，脑后的细辫子已变成灰色的了。辜鸿铭是受北大校长蔡元培之聘来任教的，蔡元培甚是包容，只要有才华，我并不干涉你留不留辫子。

这个辜鸿铭最了不起的功绩是翻译了儒家四书其中的三部，不只是忠实的翻译，而且是一种创作性的翻译，古代经典的光透过深层的理解注入哲学之中，这位怪杰还精通马太、安诺德、罗斯金、爱默生、歌德及席勒。这样的深度和卓识足以让人宽恕他的顽固守旧。总之，辜鸿铭是一块硬肉，软弱的胃是吸收不了的。

初三那天，胡适招呼了六个朋友一起去真光电影院看电影。辜鸿铭的前排坐着一个苏格兰人，时不时随着剧情的发展哈哈大笑。辜鸿铭起初忍耐着，后来越看越不顺眼，他用旱烟杆轻轻地敲击了一下那个苏格兰人的秃顶，笑道："先生，请你帮我点个火！"那苏格兰人起先莫名其妙，刚想发作，后来环顾一看，周遭都是中国人，况且，平日里中国人对他们白种人毕恭毕敬，这怪老头儿竟然敢让他帮忙点烟，说不定来头不小。多一事不如少一事，他慌忙替辜鸿铭点着烟杆，辜鸿铭满意地吸了一口，喷出一阵烟雾，那烟雾就在那英格兰人的秃顶上缭绕，辜鸿铭得意地哈哈大笑。那英格兰人越坐越不自在，心里越来越不舒服，电影看到一半，最终落荒而逃。

林语堂看在眼里，眼见辜大师一副悠然自得的模样，他佩服辜鸿铭的胆量，别人都崇洋媚外，辜大师偏偏敢戏弄这位倒霉的外国人，如果每个中国人有辜大师一半的自信就好了，这样外国人也就不会在中国领土上耀武扬威！

一年又一年时间飞逝，廖翠凤已经痴痴等了四年。她已经24岁了，她的女伴都已经结婚生子。她再也顾不得女孩子的矜持，常在家人面前哀叹道："语堂怎么还不来娶我呢？"

廖悦发很是不悦："这小子已经高攀了，他还不知道自己的福气！他以为赚钱容易！就让他到热带丛林里去采上一天的橡胶，让他尝尝那种苦头！我年轻的时候，多么希望能够娶上一个有钱人家的千金！林语堂真是不知好歹！他再这样固执下去，会和他父亲一样穷困潦倒终生的！"廖悦发外表矮小精瘦，留着两撇八字胡，看起来非常精干。他打理着多桩生意，除了码头之外，他全心经营着豫丰钱庄。家里的三层洋楼让鼓浪屿人羡慕不已。之所以答应这门婚事，因为是陈天恩做媒，这是天大的面子，陈天恩一再强调林语堂满腹才华。再者，廖悦发重男轻女得很，既然女儿愿意，把女儿嫁出去也算完成了一桩任务。

廖太太白了丈夫一眼。她第一次听到丈夫的心里话，原来丈夫是想着攀高枝的，攀不上高枝，才娶了她这个小户人家的女儿。哼！

面对廖家的催促，林语堂很苦恼。他一直下定不了决心娶廖翠凤。他学会了抽烟，暑假这天，林语堂和哥们儿陈希佐在一起闲聊，林语堂把廖家的催促和准备结婚的计划，都告诉了陈希佐。陈希佐划了根火柴，点燃了一根香烟，猛吸一口吐出一口烟圈，一股烟雾升腾而起。

陈希佐笑嘻嘻道："你真笨，换了我，立马结婚。要是被别人抢走了，哭都来不及。"

林语堂懊恼地捶了陈希佐一下。要是陈天恩答应他和陈锦端的婚事，他的这位好兄弟会成为他的大舅子。可惜造化弄人。不知陈希佐这样说话是在挖苦他还是在讽刺他，难道陈希佐在试探自己对他妹妹是否真心？试探他是不是已经忘了陈锦端？

陈希佐正色道："我父亲是很固执的，我看你是没指望成为我的妹夫了。你就死心吧。翠凤是个很理想的妻子，天哪，遇上这种好事，我真是求之不得呢！"

"要是你受不了她那爱钱如命的父亲，你怎么办？你应该听说过，她父亲眼里只有两种人，一种是有钱人，一种是穷人。"

陈希佐满不在乎道："你娶的是他女儿，又不是娶廖悦发！况且人家廖翠凤话已经放在那边了，穷没有关系！"

林语堂点点头，说实话，廖翠凤的这句话让他深感安慰。

路过陈家，管家朝少爷招手："少爷，刚才廖翠凤打电话来找你。"

"她找我有什么事？"陈希佐问。

"她没有说。"

"没说什么事，那她打电话来干吗？真叫人搞不懂。"陈希佐嘀咕了一句。只有站在一边的林语堂知道，廖翠凤的电话是冲着他来的。她知道他和陈希佐是好朋友，她希望从陈希佐的口中了解他的行踪。想到这里，林语堂心中又是一暖。

眼见 1918 年就要过去，廖翠凤悄悄对妈妈说："阿母，语堂怎么还不来娶我？北京是个花花世界，他会不会喜欢上别人？"看见女儿满脸忧愁，阿母说："这个语堂也太不像话了，我叫你阿爸去催催他。"

面对岳丈的催促，林语堂低下头说出了心事："我想去美国留学。清华大学规定任教满三年的教员可以获得奖学金到美国留学。"林语堂最近满腹心事，清华大学是培养赴美留学生的基地，每年把毕业生送往美国留学，除供给学费外，每月另有八十美元津贴。清华大学还有一条让林语堂大喜过望的规定，任教满三年的在职教师，可以由校方资助出国留学。他今年已任职满三年。今年他顺利地获得了留美的机会，美中不足的是，他只得到了半额奖学金，每月四十美元，也不知到了美国能不能支撑生活。不过，林语堂有一张王牌，与胡适博士有关：自从他在《新青年》杂志上发表了《汉字索引制说明》和《论"汉字索引制"及西洋文学》两篇文章后，胡适非常欣赏他，认定他是一个人才。胡适正在为北京大学四处招兵买马，很想把林语堂挖过来。听说林语堂只得到半额奖学金，胡适喜上眉梢："机会来了！"胡适刚从美国回来，对美国的生活水准、中国留学生所需要的最低生活开支等情况了如指掌，林语堂的半额奖学金根本没办法维持在美国的生活。胡适给林语堂送了一份大礼：北京大学每月资助林语堂四十美元，不过林语堂学成回国后要脱离清华到北大来任教。林语堂当然求之不得，北京大学是中国新文化运动的大本营，文化精英的荟萃之地。林语堂对中国的最高学府已经向往多时，如今既然有胡适博士的牵线，又有物质上的帮助，何乐而不为？林语堂一口答应了胡适的提议。

现在剩下一个问题：要拿翠凤怎么办？翠凤是个好女孩，与翠凤订了婚，就要对人负责。可是他似乎又还没有做好结婚的准备，陈锦端的窈窕身影时时掠过他的心头。锦端，不知你西洋画学得怎样？一定比以前更进步了吧？他刚刚读到一首小诗，产生深深的共鸣："美丽的女人哟 / 肆意破坏男人的心灵、野心、计划 / 愚弄我们每一个最优秀、最聪睿的男子 / 让他不爱国土，一心惦念艳姬 / 不爱江山爱美人。"为什么命运如此弄人呢？

廖悦发道："你要留学，这是好事。人总要上进的，我支持。只是这一去又要好几年，女孩子的青春是耽误不起的。这样吧，你赶紧和翠凤结婚，我出一千块钱做嫁妆，资助你们夫妻俩一起出国留学，翠凤可以照顾你的饮食起居。"他是一个精明的商人，靠着胆识和节俭，闯出了大名堂。凭借他灵活的头脑，他拥有了码头与别墅。

林语堂想了很久。当初和廖翠凤订婚，有赌气的成分，是做给陈天恩看的。可是，双方家长都不停地催促，人有时是被命运推着走的，林语堂也不知如何是好了，如果悔婚，那就害了廖翠凤，自己也会受到道义上的谴责，婚姻岂能儿戏？悔婚的话实在说不出口。

1919 年 1 月 9 日，是廖翠凤一生当中最重要最快乐的日子：她结婚了。虽然之前有个不太愉快的插曲，她听下人悄悄议论说："林家公公说，新娘花轿要最大顶的，因为新娘是胖胖的哟。"公公虽然实话实说，但是廖翠凤听了还是不大高兴。她用大红腰带束住自己的腰，还特地少吃了一顿饭，尽量让自己在婚礼上显得苗条一些。在鼓浪屿漳州路四十四号廖家别墅里，廖家仆人端出一碗甜汤。林语堂饥肠辘辘，一口气把汤喝光，还把碗里的龙眼干和红蛋一扫而空。一旁观看的廖翠凤掩口而笑：以后我和语堂的生活一定会甜甜蜜蜜！

夫妻二人在鼓浪屿的英国圣公会协和教堂里举行了西洋式的婚礼。空气里有淡淡的海风的腥味，一路上是各种各样的花草的芬芳。一切都是独特的鼓浪屿的味道。教堂外写着《圣经》新约启示录二十一章三至四节："我听见有大声音从宝座出来说，看哪，神的帐幕在人间。他要与人同住，他们要做他的子民，神要亲自与他们同在，做他们的神。神要擦去他们一切的眼泪。不再有死亡，也不再有悲哀，哭号，疼痛，因为以前的事都过去了。这是神奇妙的应许。"《圣经》里的这句话仿佛是专为林语堂写的，廖翠凤的出现抚平了林语堂失恋的心灵创伤。新婚的妻子皮肤白嫩，身着白色的婚纱，看起来就像天使一样。

林语堂挽着妻子的手在鼓浪屿上漫步。光滑的石板路被雨水打湿纤尘不染，延伸向一户户人家。如果说林语堂之前对结婚还觉得有些不真实的话，此时林语堂真真切切地感受到了自己已经成了有妻子的人。鼓浪屿啊鼓浪屿，你是个让爱情消失的地方，也是个让爱情重新萌生的地方。让他万万没想到的是，当时一时赌气，竟然误打误撞，让他在以后的日子里得到了一个贤惠的好妻子。

洞房里，林语堂拿出结婚证对廖翠凤说："凤啊，我准备把它烧了。"

廖翠凤大惊失色："为什么？你后悔和我结婚吗？"

林语堂哈哈大笑："恰恰相反，我准备和你过一辈子，因为只有离婚才用得着结婚证。"

廖翠凤接过大红结婚证书，摩挲了几下，虽然有些舍不得，但新婚第一件事她要顺从丈夫，她所受的教育就是出嫁从夫，况且，丈夫给了她保证：一辈子不离婚！这是她这辈子听到的最让她耳红心跳的情话！

林语堂将结婚证书放在红烛上慢慢烧了，烛光中，两颗心贴得更近了。

尽管只有半额奖学金，林语堂还是决定要把新婚妻子廖翠凤一起带出去留学。虽然现实很严酷：四十美元除以二等于二十美元，他的实际生活费只等于其他留学生的四分之一，这样没把握的事是老于世故的人不敢轻易尝试的。但林语堂还是比较乐观的，岳丈践行了他的诺言，妻子出嫁时获得了一千银元的陪嫁，可以供他们夫妇用两年零一个月。再加上胡适的允诺，夫妇俩心里都比较踏实。林语堂给廖翠凤吃定心丸："我常有好运道，你放心好了，不用顾忌。我对自己有信心，童年贫穷的经验足以增加我的勇气，诸般困难不足以寒我之胆，我会勇往直前。"他摩拳擦掌，全身充满了力量。他不知道前方有多少困难，需要他花多少精力才能克服，但他知道，每克服了一个困难，他就离理想近了一步。小时候，父亲告诉他世界上最好的大学在美国，希望他能够出国留学。那时候他有着朦朦胧胧的憧憬，没想到这个梦想在他 25 岁的时候就实现了！

哥伦比亚号上，廖翠凤由于晕船，上吐下泻，肚子时时作痛。船上的医生告诉她："你患了阑尾炎，最好及时医治。"

那阑尾只是时隐时痛，茫茫大海又不能马上靠岸，林语堂为新婚妻子忧虑着，途经港口时，他提议："不然我们下船去做阑尾手术吧？"

廖翠凤躺在床上，她今天精神好多了："算了，我们冒冒险，坚持一下吧。中途下船到医院做手术，又买船票到美国，这样一折腾嫁妆就花费了大半。我们还要在美国生活四年呢，听说美国生活费用很高，还是能省则省吧。"

林语堂担心地抚摸着妻子的手："你坚持得了吗？身体要紧，不要考虑钱。"

廖翠凤坚定地点点头："坚持得了。"新婚一开始，她就显示出了精打细算的贤妻本色。

林语堂："那就听你的话。只是委屈你了！"

"你扶我起来吧，我们到甲板上吹吹风。人家还以为我们因为新婚整天躺在房间里恩爱，哪里知道我阑尾痛得死去活来。"同船的有六十二个清华毕业生，有全部官费的，也有像林语堂一样半官费的，同船了几天，大家慢慢熟悉了，知道他们在蜜月中，发现他们老是躲在船舱里不出来，动不动就拿他们开玩笑，不知道廖翠凤的痛苦。

到了哈佛大学，一切都是新鲜的。在这座曾经培养出好几位美国总统的大学里，林语堂如鱼得水，他的英文口语越来越娴熟了。他在比较文学研究所就读，白璧德、契特雷治教授是他的指导老师。契特雷治教授时常穿着灯笼裤在哈佛的校园里漫步，很有风度。很快，林语堂发现契特雷治教授一肚子学问，简直是一部活的百科全书，在名师指导下学习，林语堂觉得自己幸运极了。

新婚后的廖翠凤很快乐。她像个海葵，牢牢吸在丈夫这块石头上。这块石头就是她的生命。石头迁移到哪里，海葵也跟到哪里。廖翠凤还惊奇地发现，丈夫是一个单纯而快乐的人，他对一只蚂蚁都感兴趣，美国的天地如此之宽，什么都好看、好玩，他对什么人都热情，好比一只快活的鸟儿在这个枝头停停，又飞到另一个枝头瞅瞅。廖翠凤下定决心要为语堂建立一个完美的家庭。他们的卧室是他们的爱巢，梳妆台上有一个小小的音乐匣，入睡之前，他们会放《巴黎之爱》的曲子，这首曲子是他们两人都爱听的。早上醒来，她穿着粉红的睡袍煮好咖啡，等他洗漱完走出浴室在餐桌边坐了下来，喝咖啡之前，他不忘在她额头上轻轻一吻。甜蜜的日子刚刚开始。林语堂对这样的婚姻生活很满意，夫妻为阴阳，一阴一阳谓之道，万物皆阴阳二气而生，刚柔相济而生变化。原来，婚姻是如此的快乐呀。

唯一让廖翠凤感到惊讶的是，丈夫居然敢怀疑《圣经》，对上帝提出问题！他说的话让她心惊胆战："凤啊，你知道基督教让我最不满的是什么吗？是基督教着重罪恶，要耶稣替人赎罪后人才可以上天堂。我并没有做过什么对不起良心的事，如果在道德上有缺点，如偶尔撒撒谎，做事马虎，这些算起来审判的话，充其量只能定我几年有期徒刑，绝不会让我下地狱。"

廖翠凤瞪圆了眼睛上前捂丈夫的嘴。她知道辩论不过他，盼望他只在家里胡说八道，这些话只对她一个人讲，千万不要讲给外人听！什么时候丈夫回到主身边那该多好啊！她可以满足他生活上的一切需要，却管不了他的思想。

　　林语堂不知道，几个月后北京将会爆发轰轰烈烈的五四爱国运动。如果林语堂亲历了轰轰烈烈的五四爱国运动，他将会成长为鲁迅一样的作家也未可知。历史没有如果。正因为浸润了欧风美雨，林语堂冥冥之中按照命运的指引走上了两脚踏中西文化的道路。

第三章 | 纽约：浸润西风

　　美国是一个伟大的、刺激人的国家，让人目眩神迷。所有的人都像陀螺一样飞速地旋转。热！热！热！吃薯片、吃热狗、喝可乐……没想到美国生活费用那么高。尽管廖翠凤精打细算，但还是入不敷出。

　　生活虽然清苦，但廖翠凤快乐极了，解决了婚姻大事，跟心爱的人在一起，这是一个女人最大的幸福。语堂去上学的时候，房东约翰太太是她的好伴侣，她教廖翠凤怎样在壁炉里生火以保暖。约翰太太天生热情，又有大把钞票可花，让廖翠凤在异国他乡的日子丝毫不感到寂寞。她和约翰太太谈到丈夫的宽容，约翰太太哈哈大笑："我如果选丈夫，一定不选中国人。我要找一个会发脾气、揍我屁股的阿拉伯人或者土耳其人，法国人也行。我喜欢高大、肌肉发达的男人。中国男人一阵风就被吹走了，一点意思都没有。"说着，约翰太太咯咯笑了起来。廖翠凤看着约翰太太轻松自信的样子，好生羡慕。不过，她不同意约翰太太的说法："什么茶壶配什么茶杯，外国男人牛高马大的，样子太吓人。"

　　约翰太太反驳道："你们中国人太温驯了，中国的文明太悠久，像磕头作揖那样的礼节真是太烦人了。老天，你们这样生活到底有什么意思？我不知道你为什么那样死板。我告诉你，我从来不缺情人。你呢？"

　　廖翠凤红着脸摇了摇头。

　　约翰太太凑近她跟前："我是你的朋友，你要跟我说实话。"

廖翠凤再次答道："确实没有。"

约翰太太爆发出一阵大笑："好吧，我相信你真的没有。你真是太可怜了。"约翰太太穿着一双拖鞋，脚指甲上涂着鲜艳的红色蔻丹。而廖翠凤出门必定穿得整整齐齐，旗袍扣得严丝合缝，丝袜皮鞋一丝不苟。看到廖翠凤的打扮，约翰太人就觉得心累。不过，她不得不承认，廖翠凤做的中国饮食的确好吃，一闻到她炖的肉汤香味，馋虫被勾动，约翰太太的双腿就不由自主往廖翠凤的五楼公寓跑。

廖翠凤说："你别以为男人有力气，男人能挣钱。其实，一个家庭里最重要的是女人，不是男人。因为男人经常不在家，而女人却天天待在家里。"廖翠凤想起丈夫，心里涌起一股自豪感。没错，丈夫在外是了不起的留学生，但回到家里，丈夫就像她的孩子一样。文学艺术对一个家是无法发挥什么实际作用的，除去稿费之外。孩子感冒了，家里没米下锅了，衣服需要浆洗，等等，都需要女人的双手。所以，廖翠凤面对一肚子学问的丈夫，她一点也不感到自卑。她坦然地跟丈夫说着闽南语，而林语堂听妻子叽里呱啦说着闽南语也倍感亲切，即使他在外面跟人叽里呱啦地说着英文。

林语堂回到家里，看到满满的一桌菜，都是他爱吃的。林语堂满心欢喜，高声道："我回来啦！"

廖翠凤正在厨房里切水果，笑着对丈夫说："你等一下，水果马上就好。今天下午和约翰太太聊天聊得愉快极了。"

林语堂不悦道："你少和约翰太太搅在一起。"这个约翰太太曾经挑逗他，也许是吃腻了西洋烤肉大餐突然想吃点中国水果沙拉。

廖翠凤有些不解："怎么啦？为什么不能和约翰太太在一起？"突然，厨房里传来廖翠凤"哎哟"一声痛苦的呻吟，林语堂吓了一跳，奔到厨房一看，妻子痛苦地捂着肚子靠在液化气灶台上，满头大汗。

"你怎么啦？"林语堂冲过去扶住妻子。

"可能是我的阑尾炎又发作了。"

"那得赶紧上医院！"

"可是，我们没有钱啦！"

林语堂急了："我去找约翰太太借！"

廖翠凤摆摆手："算了，约翰太太爱钱如命，她不会借的。"廖翠凤把手腕上的金镯子摘下来："你拿到门口那家当铺去当吧！"

林语堂踌躇了："这可是你的陪嫁，我还是找别人借一借吧！"

廖翠凤道："都什么时候了，你还犹豫！你要是心疼，等你以后挣了稿费，你再买一对更好的给我！"

林语堂点点头。他太惭愧了，能够到美国留学，全靠太太一千元的陪嫁。如今为了生活，太太毅然当掉了金镯子。他在心里发誓，这辈子一定要让翠凤过上好日子！他向太太保证："凤，等我赚了钱，还买给你！"

外面大雪纷纷扬扬，风很大很急。但在他们的小屋子里，两个相依为命的人却是那样其乐融融。他们躲在被窝里互相取暖拉着家常，心里的爱在汩汩流动，爱的力量让他们觉得可以应付任何天大的困难。廖翠凤刚刚出院，还需静养。但她闲不下来。她争取做好后勤工作，看丈夫学习累了，一碟茶点便恰恰到好处地递到林语堂面前。吃完茶点的林语堂如有神助，一天内竟写了七千字论文！他的手臂和肩颈很酸了，但论题内容在他脑海里走来去去，让他觉得自己犹如一个孕妇，非得把这些想法早日生下来不可。

日子捉襟见肘，林语堂确确实实感到作为一个男人身上的经济压力。功课那么紧，根本没有时间到外面打工赚钱。翠凤本身是个千金小姐，决不能让她到外面受苦，况且，工作也不好找。那天，他看到翠凤捂着肚子，知道她的伤口又开始疼了，尽管妻子坚持不上医院，林语堂还是坚决地把妻子送进了医院。事实证明他的决定是正确的，上次手术留下了后遗症，妻子的伤口被感染了。

廖翠凤躺在医院里，医院外的林语堂靠着一罐老人牌麦片苦苦度日。

他把麦片全部倒出来，再一勺勺装回去，计算出自己每顿顶多只能吃两勺。目前为止，他唯一能赚钱的方法就是争取奖学金。想起奖学金，林语堂升起了一股很大的希望，虽然他游学在外，但是母校北京大学也许可以给他一笔奖学金吧？他的成绩完全有领奖学金的资格。虽然他忐忑不安，毕竟人在外国，但是他眼睛一亮，想起了自己的好朋友胡适。胡适在北大担任中文系主任，从中斡旋一下，应该有希望吧？说干就干，林语堂连夜执笔给胡适写了一封信，并附上了自己的奖学金申请。

　　几天后，一封淡蓝色的国际航空邮件放在了胡适的办公桌上。胡适一看，是老友的字迹。这家伙，好久没有音讯了！拆开信封，一张申请表掉了出来，仔细一看，是奖学金申请表。再细看来信内容，胡适摇摇头笑了。这个林语堂，看来实在是穷得揭不开锅了。这家伙还保持着天真的浪漫主义，北大办学经费紧张，供应国内学生的奖学金额来源都让人发愁，更别说在外留学的人！胡适皱了皱眉头，先把信放在一边，着手处理其他事情。怎么办好呢？好友千里迢迢抱了那么大的希望向他求助，他自应当竭尽全力不让好友失望。可是，要怎么向校长开口申请呢？那只能自讨没趣，校委会爱莫能助。究竟怎么办才好呢？回到家，他打开抽屉，拿出这几个月累积的薪水，数了数，加上一笔即将到账的稿费，他准备凑个一千元给林语堂。就跟林语堂说是北大的奖学金好了，一则可以维护林语堂的自尊心，二则可以激励那家伙，来自母校的奖学金，那家伙应该拼尽全力做学问才是！想到自己可以帮助一个有才华的人，胡适特别开心，觉得自己做了一件很有意义的事。

　　林语堂等呀等，门外终于响起了邮差的声音！接过汇票一看，整整一千元！林语堂狂喜得抱着邮差亲吻，邮差都不好意思了。林语堂扬着汇票大喊："凤啊，我们有救了！"今天刚好是翠凤出院的日子，林语堂雇了一顶雪橇把妻子接回了家。看见丈夫手舞足蹈，廖翠凤也被感染了，连声问："多少钱？"

"整整一千元！"林语堂眉飞色舞，"北大！亲爱的北大！雪中送炭！"夫妻两人紧紧相拥。有了这一千元，起码可以维持半年时间了。

哈佛的卫诺图书馆是林语堂的乐园。他就像一只猴子在知识的丛林里快乐地穿行，跳跃在各棵树上自由找各种坚果，由枝干间自由摆动跳跃。凭着他的本性，他就知道哪种坚果好吃，哪些坚果不能吃。林语堂尽情享受着各式各样的果子的盛宴。他从不盲从于古今中外的任何伟人或任何主义，觉得合理的就接受，觉得不合理，就置之一旁。

哈佛大学第一学年结束时，林语堂拿到了各科 A 的好成绩。系主任看着林语堂的成绩报告单，简直难以置信：中国人！全 A！这是怎么做到的？系主任啧啧赞叹着，把林语堂叫了过来："你太优秀了，让你这样的优秀生整天关在哈佛的课堂里听课，简直是浪费时间。你不必每天都来上课，我准许你自由，只要你各科成绩通过，就可以让你获得硕士学位。"

林语堂手舞足蹈，自由了！多么可贵的自由！他简直佩服自己。可是，林语堂还没高兴几天，一个晴天霹雳传来了，清华留美学生的监督施秉元突然通知他："你每月的四十美元奖学金取消了！"

"为什么？"林语堂追问道。

"不为什么！清华大学财政困难，所以取消你这类学生获得半额奖学金的资格。"

看着施秉元扬长而去的背影，林语堂呆若木鸡。他想插上翅膀回清华大学置问，可是清华学校远在万里之外，天高皇帝远，在美国的事情，完全是监督说了算，思前想后，只好作罢。

林语堂回家将这坏消息告诉了妻子，廖翠凤一屁股坐到椅子上，将手中的抹布往桌上一放，满面愁容："屋漏偏逢连夜雨啊！我两次阑尾炎手术，已经向大哥借了一千元，现在再也不好意思向大哥开口了！"林语堂安慰妻子："车到山前必有路。"他变魔术般从口袋里掏出了二十五美元。

廖翠凤高兴极了："哪来的钱？"

"留美学生的《中国学生月刊》举办有奖征文比赛，我获得了一等奖。"

"那你就经常投稿呀！"

"我每投必中，已经连续三次获得一等奖了，不好意思再投稿了。"林语堂挠挠头。

廖翠凤又发愁了："那以后日子怎么过呢？"

"你别担心，我打听到法国东部的乐魁索有一个由美国主办的'中国劳工青年会'有务工机会，我正发送求职申请，要是通过的话，可以半工半读，就是辛苦一些，但好歹可以完成学业！"林语堂之前已经向教务主任打听过了，可不可以在法国修课弥补他在哈佛所欠的学分。主任知道林语堂的各科成绩都是 A，答应他只要在法国的大学凑满学分，就允许他获得哈佛的硕士学位。林语堂当场拥抱了这位仁慈的主任！

廖翠凤眼睛一亮："真的？太好了！"

廖翠凤现在每天都在盘算下一顿饭钱在哪里。想来想去没办法，她一咬牙，拿着首饰盒里的最后一个玉镯朝当铺走去，一路上盘算着这玉镯起码可以当三千元。当铺老接过玉镯轻描淡写喊道："三百元！"

廖翠凤失声道："老板，你看错了吧？这是上好的玉镯，当时花五千元买的，至少可以当三千元！"

老板冷冷从眼镜后面瞧她一眼："你们中国的古董在美国不值钱。就是这个价，你爱当不当。"

廖翠凤踌躇了一下，当了吧，实在是不甘心；可是不当吧，家里已经无米下锅，急需当了这玉镯解燃眉之急。她恳求老板道："老板，这玉镯成色真的非常好，一千，行不行？"

老板不耐烦地摇摇头："就三百，别废话。你要是不当，请你走开，不要影响我做生意。"

廖翠凤见老板根本没有商量的余地，咬咬牙："好吧。那就当了吧。老板，你今日真是发了大财了，恭喜你呀！"

拿着三百元往回走，廖翠凤想，生活就是一道由金钱组成的难题。

过了半个月，中国劳工青年会接受了林语堂的求职申请，并且附上了为林语堂夫妻准备的从美国到法国的旅费。夫妻俩欣喜若狂，这下绝境逢生了！真是山重水复疑无路，柳暗花明又一村！

就在他们动身要前往法国的时候，施秉元上吊自杀了。原来，施秉元是清华的校医，靠着自己是驻美大使施肇基的侄子这一人事关系，才弄到了留美学生监督这项许多人觊觎的美差。他一直在做股票投机生意，用克扣留学生奖学金的钱搞投机，结果投机失败，走投无路只好了结自己的性命。林语堂叹道："人在做，天在看，天理恢恢，疏而不漏！"要是生活没有被施秉元这个小人破坏就好了！林语堂夫妻俩不得不动身前往法国勤工俭学。

半工半读拿到硕士学位以后，林语堂野心勃勃要攻读博士学位！他听说德国的大学以语言学与印欧文法之比较哲学驰名于世，于是向德国殷内大学提出了申请。等待期间，廖翠凤忐忑不安："堂啊，你的申请会被批准吗？"

林语堂充满自信："我的基础很扎实。放心吧，你的丈夫是一个做学问的料子，一定会被批准的。"果然，林语堂的入学申请被殷内大学批准了！眼前又出现了一条康庄大道！

夫妻俩辗转到了殷内大学，校园生活很快乐。一学期后，林语堂又转到了莱比锡大学，专攻语言学。兴趣与梦想合拍，林语堂充满了干劲。廖翠凤经常10点就上床休息了，而林语堂经常读书读到一两点才睡觉，他对中国古代语言文字研究的思考就像一颗种子到了开花结果的时刻，所以他加紧耕耘。他轻悄悄地爬上床来，怕把她吵醒了，而她迷迷糊糊地问他："几点了？"

"1点多了。"

廖翠凤开始意识到自己嫁了个不平常的人，她有自信，丈夫将来会成为了不起的学问家。廖家一定会对他刮目相看的。等丈夫拿到博士学位回去，爸爸对他的看法就不同了。穷，她不怕，但是她最担心他乱讲话，出乱子。

她的身孕已经有八个月了。之前廖翠凤做完阑尾手术后久久不孕，医生告诉她："因为手术感染，你可能终生不育！"那时廖翠凤哭得死去活来。中国人最讲究子嗣，面临断子绝孙的危险，她的婚姻生活才开始几年，婚姻生活如渡大海，而她不曾有半点航海的经验，不孕足以让这艘船触礁。眼前一片汪洋，廖翠凤心惊胆战。林语堂没有一点儿埋怨，他心疼哭得泪人般的妻子："你放心，那医生只是吓唬你罢了！你看看你的兄弟姐妹，个个都是会生养的，这证明你的身体好好的，只是暂时术后感染罢了。好好调养，放松心情，肯定就能怀上！再说了，目前咱们过二人世界不是挺好吗？你放心，我已把婚书烧了，想离婚也离不成了。"

丈夫的话给了廖翠凤极大的安慰，她抬起朦胧的泪眼："真的吗？"

林语堂点点头："当然是真的。看你这身材，给我生十个、八个孩子都没有问题。"

廖翠凤破涕为笑，用拳头捶了林语堂一下："谁要给你生十个、八个？我又不是母猪。"丈夫的话让廖翠凤倍感温暖。她发誓，她今生要好好对待丈夫。如今上帝眷顾，她终于怀孕了！怀孕给了她希望，给了她自信，给了她快乐，她像变了一个人。

在外国，穷人最怕进医院，前两次廖翠凤因阑尾炎开刀住院花光了积蓄，还欠了大舅子廖超兴一千元，另外，他们缺乏为人父母的经验，他们决定回国生产，鼓浪屿娘家可以帮廖翠凤坐月子。可是，林语堂的博士学位尚需答辩。为了在回国前拿到博士学位，林语堂在酷暑中日夜奋战，虽然他在夏日里读书读得汗流浃背，但他信心十足，他一向是不怕考试的。

就像关羽破釜沉舟一样，林语堂甚至提前预订了回国的船票，激励自己背水一战。廖翠凤虽然有些担忧，假如考试没有通过，那船票的钱就打水漂了，到时就完了！但是，她对自己的丈夫一向很有信心，也就由着他提前预订了船票。

博士论文答辩从早上 9 点就开始了，廖翠凤 11 点就等在考场的门口。一来给丈夫加油，二来可以第一时间分享丈夫的喜悦。太阳很大，廖翠凤拖着沉重的身子，站久了有些眩晕。她扶住大门，四处张望，想找一把椅子坐坐，可是门口光秃秃的什么也没有。但她又不想回公寓，于是咬牙继续坚持。时间一分一秒滴滴答答过去，廖翠凤的心一点点在往下沉。如果顺利的话，丈夫应该会及早出来才对。越晚出来结果越不妙。一想到此，廖翠凤倍感焦灼。

林语堂从考场走出来时，已经中午 12 点了。廖翠凤怀着忐忑不安的心情问道："情况怎么样？"

"通过了！"林语堂兴高采烈地回答。其实，答案早就写在林语堂那张快乐的脸上了。

廖翠凤顾不得是在大街上，她高兴地抱着丈夫给了他一个响亮的亲吻！凯旋的丈夫值得得到这样的嘉奖！

接着，夫妻双双并肩到餐馆饱餐了一顿。廖翠凤非常开心。她摸着自己日渐隆起的肚子自豪地说："堂啊，人家孕妇的心情愉快，生下来的孩子就会聪明。咱们的孩子肯定是个聪明的孩子！你说，你喜欢男孩还是女孩？"

"生男生女都一样！我都喜欢！"林语堂将妻子揽到自己怀里。

廖翠凤道："我喜欢生儿子！"

林语堂笑了，刮了一下妻子的鼻子："你这重男轻女的人！"

廖翠凤有些不好意思："你不知道，就因为我是女的，所以在我家最没地位！大哥什么活都不做，我就要学习烹饪、裁剪！"

林语堂安慰她："我应该感谢你的家庭教育，为我培养了一位贤妻！每当我合上书搁下笔，亚里士多德、柏拉图、尼采等离我远去，看到一桌热气腾腾的可口饭菜，还有笑吟吟的你，我就觉得自己是这个世界上最幸福的人，原来拥有一个温馨的家是这么幸福的事，我真后悔没有早点结婚！"

廖翠凤笑着嗔怪道："你就是个傻子！谁叫你不早点来娶我，害我苦苦等了四年！"

回国之前，他们进行了一趟快乐的旅行，到威尼士、罗马、拿波利斯等地游玩了两周，然后回到了久别的中国。夜色很美，海面上吹来习习的凉风，海岸线向东弯曲蜿蜒，远处市区的灯光，把港口的天空照耀得分外明亮，地平线上仿佛有桃红色的烟雾。大海仿佛沉睡了，只有点点小浪花懒洋洋地拍击着岸边。中间有一个小小的黑影，闪着几盏灯光，那儿是渔家停泊的地方，四周有渔网和木桩。近处的草坪灯火辉煌，照亮了旁边几株高大的椰子树。天色渐暗，附近传来断断续续的虫吟，仿佛弹唱似的。

1923年，夫妻俩回到了久违的中国。廖翠凤决定回厦门生孩子，因为娘家人在厦门，可以帮她坐月子。别的产妇比廖翠凤晚进去都出来了，廖翠凤却迟迟没有从产房出来。林语堂焦灼地等在产房外，一名医生从产房内出来，林语堂冲了过去："医生，我老婆怎么啦？"

医生问道："你是十床的家属吗？"

林语堂忙不迭地点头："是的，是的。"

医生表情严肃："十床已经生了，是个女孩。但产妇难产，大出血，我们正在想办法给她止血。"

林语堂双手合十朝医生膜拜："医生，求求你们救救我老婆！"

医生道："我们会尽力的，你先看看你的女儿吧。"

女儿被抱出来了，小脸憋得通红，哇哇啼哭不止。岳母急忙将孩子接了过来："语堂，孩子我看着，你放心吧，你就在这里等翠凤出来，可怜翠凤这孩子，也不知受了多少苦！"

仿佛过了半个世纪之久，廖翠凤终于被推出了产房，她一脸苍白，看见林语堂，她嚅动了一下嘴唇，但听不出她在说什么，她实在是把身上最后的一丝力气都用尽了。林语堂赶紧上前握住妻子的手："孩子很好，你放心吧，是个女孩。"

廖翠凤脸上掠过一丝失望的神色，林语堂道："我最喜欢女孩子了，谢谢你给我生了一个这么漂亮的女儿。你辛苦了，赶紧好好休息，妈妈带了参汤给你喝。"

陈锦端回国了，她在廖宅外徘徊。从廖宅里传出阵阵欢声笑语，以及婴儿咯咯咯的笑声，陈锦端心里越发悲凉。语堂都有孩子了！廖宅里面越欢乐，她就越心酸。廖家院子里那两棵龙眼树又长高了。她伸长脖子，试图看见林语堂的人影，可惜院子里空空如也，一切只是她的幻觉。她没有勇气走进廖家。虽然她可以假装去找廖翠凤，但大家都知道，她实际要找的人是林语堂。人家已经是有妇之夫了，自己再去看他，又有什么意义呢？她依旧有着一头秀发，深邃、乌黑的睫毛，依旧保持着袅娜的少女身材，可是她的心已经很苍老了。能怪谁呢？怪语堂没有等她吗？可是是她父亲先严令语堂不让语堂接近她的。怪父亲吗？哦，父亲也希望她能够拥有美好的生活。只是，父亲不知道，美好的生活不单单是拥有富足的物质生活，更应该是拥有情投意合的人生伴侣。只能怪自己命不好吧！怪自己懦弱，没有勇气与命运抗争。所谓性格决定命运就是如此。相比之下，翠凤比她勇敢得多，因此，翠凤理所应当地得到了自己的幸福。哎，要是自己当年有勇气向父亲说"不"，大胆违抗父亲的命令，不出洋留学，现在成为语堂妻子的人应该是她吧？可惜世上没有"如果"二字。陈锦端不敢再细想了，越想心越痛，她禁不住再次潸然泪下。

这天，锦端看见翠凤出去买菜，她鼓起勇气走进了廖家的客厅。

"哦，锦端，是你吗？"意外看见陈锦端如天外来客站在自己面前，林语堂如在梦中。陈锦端相对无言，两行热泪从脸颊上滚落。如今木已成舟，责问、哭泣、悔恨都已经失去了意义。

一股羞惭涌上了林语堂的心头。锦端还是单身，可他却结婚了！他是个负心汉。可是，翠凤确实带给自己许多快乐。记得新婚之夜，翠凤偎依在他怀里，喃喃道："语堂，你真成为我的夫君了吗？我简直不敢相信这是真的。这好像在做梦一样，一场我做了四五年的美梦。我经常做白日梦，幻想这样，幻想那样，想象着靠在心爱的丈夫胸前。这一切是真的吗？"廖翠凤用白嫩的手指抚弄着林语堂西装的纽扣。"我希望将来和他拥有一个家，有自己可爱的孩子，我的丈夫尊重我。我不要再像我母亲那样整天在丈夫的呵斥下生活。一个女人处于不平等的地位，这会让她在这个世上活得很苦很苦。"说着说着，她又用她的手指抚摸他的脸庞。林语堂记得自己当时是这样告诉翠凤的："凤啊，你放心，我既娶了你，我这一辈子会对你负责的。"

林语堂面带愧色："锦端，你瘦了！你的生活不大愉快？"

"愉快？"陈锦端苦笑了一下，"我的心一直泡在苦海里。"

林语堂默不作声了，他很想上去握住陈锦端的手给她些许安慰些许力量，可是他不敢，他知道，他已经失去了握她手的权利。一时之间，两人默默无语。

陈锦端现在沉迷于宗教当中。如今她万念俱灰，觉得肉体、生命乃至心灵，都不过是一种幻觉，摆脱了不可靠的感性所造成的幻觉，超越了一切私、贪、嗔的世俗情欲，达到心如枯井的无限平静的境界。她的生命是一场空吗？人是不是可以瞬间达到超脱的境地，而又在刹那之间再回到有形的世界，重新对万象产生感性，让心灵引领肉体？痛苦的时候，陈锦端喜欢和女伴去游泳，游泳可以让她暂时忘记烦恼。游泳池里，她们不停地叫嚷、大笑，互相泼水嬉戏。陈锦端朝女伴喊道："媛，你说爱情是什么？"

"爱情是让人丧失自我、让人疯魔的东西。"媛笑嘻嘻地回答。

陈锦端越来越形容憔悴，消瘦不堪，旗袍里空空荡荡的。这天她在巷子里一头撞见了兴冲冲买菜回来的廖翠凤，廖翠凤热情地拉住她："哦，锦端，你从美国回来了？到我家里坐坐。"

陈锦端不好意思推托，说道："那我回家拿盆水仙吧，你等我一下。"过了一会儿，陈锦端出来了，将一盆怒放的水仙双手递给廖翠凤，真诚地说："这是迟到的结婚礼物！你们结婚时我在美国，现在祝贺你们结婚大喜！"说到这里，她语音哽塞，红了眼圈，几乎要流下泪来，赶紧别过脸去。

廖翠凤双手将水仙花接过，闭上眼睛深深地嗅了一下："真香！谢谢你！"

到了家里，廖翠凤举起手中的水仙高声道："堂啊，你看谁来了？这是她送给我们的结婚贺礼！"

林语堂突然有些忸怩，他简直有些坐立不安了。

廖翠凤道："你们聊吧，我去弄几样好吃的来！"

林语堂看着陈锦端，两人默默无言。良久。

陈锦端幽幽开口道："说到底，我们都是爱情的逃兵！"她再也坐不住了，起身痛苦地离去。

廖翠凤此时端着凤犁酥走过来，诧异道："锦端怎么一下子就走了？"她转而得意地说："我知道你喜欢过她，可嫁给你的人是我！我说过，穷有什么关系？你这么有才华，以后一定会有大出息！"

林语堂微笑着伸手去捏妻子的鼻子："是啊，你是胜利者，因为你是勇敢的人。"

廖翠凤甜蜜地看了丈夫一眼，转身忙于家务。

林语堂到书房摊开纸笔开始作画。画中的女子留长发，再用一个宽长的夹子将长发挽起。他喃喃自语道："是的，锦端的头发就是这样梳的。"

廖翠凤端来一杯茶："你也不怕我打翻醋坛子？"

林语堂坦然道："我只不过是在怀念而已，没什么好隐瞒的，我知道，你是不会打翻醋坛子和我吵闹的。我已经烧掉了婚书，就打算一辈子和你在一起。"

第四章

北京支持学潮的
语丝土匪

　　廖翠凤坐完月子，林语堂接到了北京大学的聘书，携妻子女儿到北京任教。女儿活泼玲珑，林语堂看着这小小的生命，喜欢得不得了，他经常逗女儿玩，夫妻俩一起给女儿洗澡，这时，他忘记了外面嘈杂的社会。

　　到了北大，林语堂第一件事就是找北大校长蒋梦麟致谢："蒋校长，感谢您的一千元奖学金！没有这一千元奖学金，我就完成不了我的学业！"

　　校长一头雾水："奖学金？什么时候的事？我怎么完全不知情？"蒋梦麟此时受蔡元培委托代理北大校长，北大学术风气极好，只是实在穷，半年的欠薪，六百个饥饿教职员，三千惹祸的学生，交到他手里，他实在是焦头烂额。巧妇难为无米之炊呀！

　　看着校长惊讶的样子，林语堂心头灵光一闪，瞬间，他完全明白了："哦，我知道了，我收到的那一千元是胡适自己掏的腰包！"此时，林语堂心中满是感动，自己何德何能，竟然有幸得到这样一位道德高尚的朋友的救助，且这朋友做好事不留名！

　　校长拍拍他的肩膀："那你还不快去找胡先生致谢？"

　　林语堂直奔胡适家中，深深鞠了三个躬："谢谢你自掏腰包给我寄去所谓的助学金！我刚回国，手头有点紧，待有了积蓄一定马上归还！"

　　胡适大笑："老弟，你知道啦！你是有才华的人，我喜欢有才华的人！这笔钱你不用急着还，我借出去的钱，从来不盼望收回，因为我知道我借出的钱在这人间总是一本万利，永远有利息的。"

胡适泡了一壶茶给林语堂，他知道，林语堂爱喝茶，在国外，很难喝到正宗而又新鲜的铁观音。林语堂常说："只要有一壶茶，中国人就是快乐的。"

林语堂喝了一口茶，赞道："还是国内好啊！国内的茶纯正又好喝！"林语堂讲究喝茶。《茶疏》里说，最宜于饮茶的时候和环境是这样的："饮时心手闲适，听歌拍曲歌罢曲终，杜门避事鼓琴看画夜深共语，明窗净几洞房阿阁，宾主款狎佳客小姬，访友初归风日晴和轻阴微雨，小桥画舫茂林修竹课花赏鸟。荷亭避暑，小院焚香，酒阑人散，儿辈斋馆，清幽寺观名泉怪石。"只有国内才有这样喝茶的好地方。

在国外时，林语堂疯狂地想念中国的茶叶。虽有咖啡，但咖啡浓烈，茶叶清淡。在国外，要喝上一口好茶不容易，有时虽有了好茶叶，却没有好茶壶，没有好的山泉水，市井喧哗室内酷热，又没有喝茶的好对手。如今与老友喝茶，时间对了，地点对了，人也对了，水也对了，茶也对了，器具也对了，心境也对了，一切都对了。此等美事，不亦快哉！

与胡适喝茶是人生一大快事。胡适朋友圈之广，在民国学界稳坐第一把交椅。自新文化运动后，胡适因提倡白话文运动家喻户晓，加之他善于交际，凡是书局、报馆，都把他的一言看得九鼎般重，随便给人介绍个译书、编书、做文章，以及报馆的编辑的工作便可让人养家糊口。大家都视他为学坛盟主，每个人都以认识胡适、见过胡适，甚至读过他的书为荣。"我的朋友胡适之"，这句话成为学界、文坛里的流行语，因为胡适的朋友都是有身份、有品位、有路子的人，"胡适之"三个字成了一块滚烫的金字招牌。

胡适随手拿起自己新创办的《现代评论》杂志一、二期递给林语堂："我最近创办的杂志，内容不错，你若有兴趣可以给《现代评论》投稿。"

林语堂道："谢谢！这杂志很有收藏价值，我会珍藏。"他翻了翻目录，"呀！了不得！都是政论文章！这些作者是学而优则仕的人物，都是有官衔或日后准备做官的！"

胡适道："是吗？这些人大多数是欧美留学生，接受了大量的西方文化、特别是饱受西方人文主义、自由主义思想熏陶。"林语堂的话太过直率，让胡适有些不舒服。不过，林语堂今日上门还钱，表明了他的诚意。

这时胡适的夫人江冬秀拿了一碟糕点来让林语堂食用。她裹着小脚，但走路并不费力。"胡适大名垂宇宙，夫人小脚亦随之"，一个新文化运动的倡导者，竟娶了个乡村小脚夫人，不能说不是一件让人大跌眼镜的奇闻。因此，胡适的小脚夫人成了民国史上的七大奇事之一，为人们所津津乐道。林语堂见江冬秀落落大方，觉得外人未免太好事，鞋子合不合脚只有脚知道。

在胡适的举荐下，林语堂成了北京大学的年轻教员。他刚从外国回来，习惯性地西装革履，但他不喜欢打领带，总觉得束缚。后来见鲁迅先生常穿中式布袍，也学着穿了几次，果然舒适无比，从此爱上了长衫与旧布鞋。穿着长衫的他教授起《基本英文》《英文教授法》《英国语言史》等课程却特别得心应手，他开设的《基本英文》深受学生欢迎，旁听的人很多，林语堂没办法，只好发表启事，定期举行面试，以限定旁听人数。为训练、提高学生的语言表达能力，北大经常举行各种内容和形式的演讲会、辩论会，林语堂多次主持了英文演讲会。

1924 年 11 月 17 日中午，廖翠凤做了拿手的白菜蒸鸭，等着林语堂回家吃。林语堂回到家里，放下手中的讲义包，又要匆匆出门。廖翠凤叫道："什么事这么急！今天的白菜蒸鸭特别好！"

林语堂道："你自己吃吧！今天语丝社成立，大家要好好庆祝庆祝。"

客厅里高朋满座，所有的人都在高谈阔论着，这些人大部分是新潮社的成员。大家一致推举孙伏园为主编，孙伏园也当仁不让应允了下来："诸位，我希望《语丝》能办得灵活一些，什么文体、什么内容都可以发。我要让它成为民国以来最早以散文创作为主的刊物！"

大家齐声鼓掌叫好。

孙伏园又道："我手写我心，我们的杂志我们做主！"孙伏园原本在《晨报》工作，本要刊发鲁迅的作品《我的失恋》，结果被《晨报》总编辑刘勉己撤掉稿件，因此孙伏园辞职，决心在报刊事业上另辟天地。

《语丝》的主要撰稿人有鲁迅、周作人、川岛、刘半农、章衣萍、林语堂、钱玄同、江绍原等。来稿很多，而且很优秀，孙伏园兴奋地将桌子拍得乒乓作响："《语丝》会成功！"

林语堂写完稿件，心想，要投给《语丝》好还是投给《现代评论》好呢？

在两个刊物中选择一个，对林语堂来说确实是个难题，简直比当初在陈锦端和廖翠凤之间选一个做妻子更加艰难。论私人交情，他与胡适的交情远比与周树人兄弟俩深厚，而胡适先生又是北大英文系的系主任，是他的顶头上司。而且，现代评论派主要人物大多数是欧美留学生，与他背景、经历相同，林语堂似乎更应该加入现代评论派。但是，林语堂作出了出人意料的选择，他决定今后向《语丝》投稿。因为他不打算当官，无意于仕途，与《现代评论》的志趣相去甚远。而在《语丝》刊物上，每个人可以说真心话，此风格很契合他的心意。舍《现代评论》而选择《语丝》，一想到胡适先生之前替《现代评论》约稿时的殷切目光，林语堂内心很是愧疚。但他喜欢《语丝》自由独立的色彩，喜欢《语丝》的放逸，选择《语丝》是天性使然。只是没想到，给《语丝》投稿日后变成了一种政治选择。

因为写稿任务，林语堂对中国文化与中国现代青年进行了深入的思考。他教授的北大学生，个个富有青春朝气与思想，然而他们又苦闷至极。在中国现代青年的胸膛中，隐藏着一种或不止乎一种顽强的苦闷的挣扎。一边是理想中的中国，一边是现实的中国，二者之间厮杀得厉害。青年的灵魂被这两极端的矛盾撕碎了。而真切的革新愿望与肤浅的摩登崇拜又只隔着一线之差，要避免此等矛盾，确非是轻易之工作。林语堂感叹，正是这些矛盾心理使中国知识分子难以客观地评价中国文化。他文思泉涌，把自己的思考所得全部写进稿件里。

第一期《语丝》受到了热烈的欢迎，连胡适都给予了极大的关注。拿着新刊发的《语丝》，胡适不得不佩服《语丝》的朝气。里面的文章大部分是文艺性短论和随笔，泼辣幽默，语言俏皮讽刺强烈无所顾忌，这帮语丝土匪真是胆大包天！他们极力抨击旧事物，催促着新事物的诞生。林语堂的文章赫然在列，胡适弹了弹纸页："语堂这小子！稿件不给《现代评论》，反而给了《语丝》！有个性，我喜欢！"

读者来信雪花般飞来，盛赞鲁迅为代表的尖锐泼辣的杂文和以周作人、林语堂为代表的幽雅的小品文。接下来的《语丝》内容越来越丰富了，有支持北京女师大风潮的，有抨击北洋军阀统治的，在作家的笔下，所谓"正人君子"的帮凶面目暴露无遗。这些在思想、文化及政治各条战线上的文明批评、社会批评深深刺痛了北洋军阀政府及社会上的各种新与旧的黑暗势力，每次刊物刚油印出来便被抢购一空。如果说《现代评论》是闲敲棋子落灯花，那么《语丝》则是飞流直下三千尺。段祺瑞看了大为皱眉："无知文人，狂妄，狂妄！"

北京中央公园来今雨轩是语丝"土匪"们经常聚谈的地方。林语堂爱叫一杯清茶，配几碟白瓜子，有时大家肚子饿，会叫面来吃，边吃边聊。郁达夫在座，必来两杯花雕酒，他是个至情之人，说话处事常常离经叛道，让道学家听了摇头咋舌。几把藤椅放在古柏下，郁达夫酒量好，只要他在场，全场总是笑声不断，他会像个小孩子一样摸着自己的和尚头嬉笑怒骂。钱玄同有些偏激，经常语出惊人。鲁迅坐在正中间，他身材矮小，颧高脸瘦，尖尖的胡子，两腮凹进去，身穿白短衫黑裤、布鞋，他秉承了绍兴师爷的刀笔功夫，谈话诙谐百出。他所创作的《狂人日记》《药》《阿Q正传》等已使他成为闻名全国的作家。倘若周作人也来了，鲁迅当即拂袖而去。这一点众人心知肚明。

对于弟弟，鲁迅的感情是复杂的。自 1923 年兄弟决裂后，兄弟二人在公共场合均采取回避的态度。有周作人在，就绝不会出现周树人；有周树人在，周作人也同样不会出现。哎，兄弟阋于墙，可悲可叹！弟弟耳根子软，听信弟媳妇人谗言，又徒奈其何？兄弟两人的关系成了"东有启明，西有长庚""两星永不相见"。但《语丝》无意间把兄弟两人连在了一起。尽管两人从不见面，但写起文章与旁人作笔斗的时候却是一个鼻孔出气。

林语堂在这无拘无束的氛围中快乐极了，他经常拿文稿向鲁迅请教，因为鲁迅年长他 14 岁，在新文学运动和北京高等教育界中享有崇高的声望，在他心目中，鲁迅是他的师长。不过，林语堂在钦仰鲁迅的同时，对鲁迅的"痛打落水狗"的主张并不认同，林语堂主张"费厄泼赖"，觉得胜利者对失败者要宽大，不要过于认真，不要穷追猛打。

有了《语丝》，林语堂觉得找到了自己的精神依托。《语丝》是由《新潮》演变来的，出版机构是北新书局。此时的北新书局老板是李小峰，其是鲁迅的弟子，也是鲁迅作品的主要出版商。对于这个 6 岁丧父、12 岁丧母、由长兄抚养成人、21 岁时考入北大哲学系的学生，鲁迅一直是疼爱有加。在新潮社时，李小峰等人策划推出"新潮文艺丛书"，其中冰心的《春水》和鲁迅翻译的《桃色的云》都成了畅销书，特别是接下来的第三本书——鲁迅的《呐喊》深受全国读者欢迎。《呐喊》出版前，鲁迅还垫付了二百元，心中甚是忐忑，不知《呐喊》命运如何，二百元会不会打水漂？没想到《呐喊》引起巨大轰动，新潮社从此走出困境。但这只是一时风光，新潮社此时已因经营不善、拨款来源中断而举步维艰。经过几番历练，李小峰有了一个大胆的想法，他前去找鲁迅商量："老师，我想自立门户。您觉得怎样？"

鲁迅早年做过出版，可惜他推出的《域外小说集》在东京、上海只卖了二十多本，他的书稿曾经被大书店婉拒；寄去，退回来；再寄去，又退回来，让人泄气得很。鲁迅深知出版重要，之前与出版业打交道，留下太多不愉快的经验，如今李小峰愿意开辟一片新天地，鲁迅自然极力赞同："很好，我支持你！"

1925 年 3 月 15 日，北新书局成立，地点位于翠花胡同，李小峰每天出入于翠花胡同忙得不可开交。因为李小峰是鲁迅的学生，所以鲁迅一律将作品交与北新书局，从不交给别人。北新书局出版经销的鲁迅著、译、编的书籍，达三十九种之多。《呐喊》《彷徨》多次翻版，风靡一时。北新书局也由此迅猛发展，在上海众多出版机构中站稳了脚跟。鲁迅成了北新书局的顶梁柱，而李小峰给鲁迅的版税也很慷慨。那天鲁迅收到版税，孙伏园恰好在场，孙伏园大叫起来："25% 的版税！周先生，你太牛了！你的版税比起其他各书店最高版税 15% 高出了一大截，请客！请客！"

与此同时，周作人编辑的《语丝》也是北新的拳头产品。李小峰很节俭，不善交际，很少交游，平时讲话木讷往往词不能达意，不像其他出版商那样征逐酒肉，搞关系应酬，这正是鲁迅最欣赏李小峰的地方，认为他是忠厚可靠之人。出于师生间的彼此信任，对于版税李小峰若不说起鲁迅便不问。两人两三天就要见一次面，时常一起聚餐，而且书信殷勤往来，不料几年后却因为版税问题起了风波，那是后话。

此时偌大的中国已放不下一张平静的书桌。包括林语堂在内的知识分子们，根本没办法安心教书写作。

"五卅惨案"震惊中外。各大报纸上印着血案现场的各种照片：马路上的尸体横七竖八，有趴着的、有蜷缩着的，有迎面朝天赤裸着身上累累弹痕触目惊心的……其中有好几张照片上的尸体已经腐烂，脸肿得变形，胸部、腰部等地方都显露被枪弹打穿的伤口，涌着鲜血。对刽子手的憎恨、对同胞的同情，像火蛇似的在国人心中熊熊燃烧。年底，北京群众举行了大规模的示威游行，他们手拿竹竿和石块走上了街头，群情汹涌。群众高呼：

打倒卖国段祺瑞政府！

打倒章士钊！

潮水般的队伍冲破了军警们戒备森严的防线，砸掉了京师警察厅的牌子，捣毁了教育总长章士钊的住宅。（20世纪20年代章士钊是守旧派人物，后来成了中国共产党的朋友，为中华人民共和国做了很多有益的工作。）一群被警察雇佣来的流氓暴徒气势汹汹地向示威队伍投掷砖头，有人不幸被砸中额头血流满面。林语堂捡起石块勇敢地回击军警和流氓的进攻。在圣约翰大学，他曾苦练投垒球的技巧，如今派上了用场，他的石块准确地击中了流氓，被击中的流氓痛得跳脚，哭爹骂娘。冷不防，一个小石粒飞来，击中了林语堂的眉头，鲜血蚯蚓般流下来，模糊了林语堂的眼睛。

　　林语堂回到家里，廖翠凤吓了一大跳，赶紧帮丈夫处理伤口，一边心疼地骂道："你不要命啦！"

　　一边是群情激愤的学潮，一边是帮闲文人攻击语丝派教授形同土匪。"闲话家"陈源竟然责备学生、妇女、儿童不该去示威！林语堂干脆写了一篇《祝土匪》自居："今日的言论界还得有土匪傻子来说话。我们生于草莽，死于草莽，遥遥在野外莽原，为真理喝彩，祝真理万岁，于愿足矣！"林语堂觉得不可思议，是非如此分明，陈源竟然还有心思闲话！难怪语丝派集中火力对陈源进行扫射！

　　此时，陈源正与女作家凌淑华恋爱，凌淑华的父亲凌福彭是北京有名的书画家，与齐白石、陈寅恪等画家学者相交甚笃。眼见《京报》《晨报》《语丝》《莽原》上发表成篇累牍的"打狗"文章，痛斥未来的女婿是"巴儿狗"，如今这幅"打狗图"更是让凌福彭犹如吞了苍蝇一般恶心。他担心陈源将来会败坏了他书画世家的声誉，于是严令女儿："赶紧与陈源中断来往！否则我就与你断绝父女关系！"凌福彭脸色铁青，世间好青年千千万万，为何女儿偏偏要与这样一个众矢之的的"落水狗"谈恋爱！

　　凌淑华将父亲的话告诉了陈源。陈源着慌了，没想到自己打笔仗还影响到了谈恋爱。他慌忙托人说情，企图与语丝派停战。但同时，陈源又不肯认输，放不下绅士的架子，依然"闲话"连篇。林语堂痛痛快快地与闲话家打了几场笔仗，他想，连学生都可以走上街头抗议，即使不能肉搏击斗，至少能够毁咒恶骂；若不能毁咒恶骂，起码能痛心疾首的憎恶仇恨，若连这一点都没有，也可以不用做人了！大家送给林语堂一个美誉：打狗急先锋！

时代热腾腾的。外面兵荒马乱，时常传来有哪家大户被抢了的消息，也有女孩子被强奸轻生的，报到警察局，警察根本没空搭理。林语堂成天在外面忙，特别是他那些发表在《语丝》上的文章让廖翠凤忧心忡忡，唯恐丈夫惹来杀身之祸。她的肚子已经高高隆起，第二胎身孕已有九个月了，眼看就要临产。一个大肚子孕妇还要一个人带着3岁的林如斯，幸亏如斯很乖巧，无须她操心太多。正因为如斯乖巧，廖翠凤加倍地疼爱女儿，要知道，如斯是她和语堂的第一个爱情结晶，生产时她还差点为女儿送了命。晚上忙完家务，待到女儿睡去，廖翠凤躺在床上，看着窗外的月亮，她轻轻地抚着肚子，真希望是个男孩子呀！在这乱世里，至少男孩子没有被强奸的危险。甚至，儿子可以保护妈妈。算算时间，小家伙大概下个月就要出来和爸爸妈妈见面了，他到底长得像语堂还是像她呢？

到处都是坏消息。日本联合英、美、法、意、荷、比、西八国，向中国政府提出最后通牒，借口国民军违反《辛丑条约》，要求中国单方面停止军事行动，撤除国民军在天津、大沽的防务，并向日本赔款、"谢罪"。通牒还蛮横地勒令中国政府在四十八小时内，即3月18日午前作出答复。帝国主义一向是恶人先告状的，事实的真相是：四天前，四艘日本军舰侵入中国领海大沽口海域，掩护奉军进攻天津，并且炮轰国民军，打死打伤国民军官兵十余人，国民军才开炮奋起还击！

声势浩大的群众运动再次爆发了。日本等列强的强盗行径是可忍孰不可忍！3月17日，北京学生到北洋军阀政府的国务院请愿，要求拒绝列强的要求。林语堂在办公室叹息：学生热血固然可赞，勇气固然可嘉，可惜段祺瑞刚刚在3月12日命令他的内阁总理贾德耀与列强达成了借款的政治交易，前提条件是"防赤化"。试想，刚刚拿了人家的钱，段琪瑞政府会站在哪一边呢？

热血沸腾上街请愿的学生们，他们不知道一场惊天的阴谋正像一张大网一样笼罩在他们的头上，在铁狮子胡同，将会有鲜血喷溅。天真的学生们不知道，执政府是有两副面孔的，他们在八国公使的最后通牒面前卑躬屈膝，转过身来对本国同胞却是一副凶神恶煞的嘴脸。

3月18日上午，北京的工人、学生、市民数千人，计划在天安门召开国民大会，抗议八国通牒，要求驱逐八国公使。

女师大的教授们走进教室准备上课时，发现教室里空无一人。教师纷纷涌到教务长办公室向刚刚上任两天的教务长林语堂打听原委——在女师大师生的拥戴下，由语丝派的先锋林语堂来任教务长一职，这是女师大一年多的学潮来之不易的胜利成果。

教务长办公室里，电话铃声尖锐地响起。林语堂一个箭步冲过去抓起话筒，原来是学生会主席刘和珍："林老师，今天咱们学校的全体学生要参加11点钟在天安门的抗议大会，会后还要进行游行活动。我以学生会的名义为全校学生集体请假一天，希望您能批准。"她正患着重感冒，鼻音很重，但是，国难当前，这点小病又算得了什么！

林语堂知道，女师大学生在爱国运动中向来是打头阵的，他连忙表示支持："好的，我代表校方批准。不过，你们一定要注意安全！帝国主义和军阀都无比凶残，你们一定要学会保护自己！"刘和珍是林语堂到女师大任职后最熟识而最佩服嘉许的学生。两个月前，一个冰冷的夜晚，大概10点左右，刘和珍一个人提了一只非常大的皮箱来到东城船板胡同林语堂家里，归还前一天女师大演剧时向一些教师借的演出的服装。虽然已经很晚了，但刘和珍仍兴致勃勃地与林语堂笑谈前一夜演出的情况。刘和珍笑吟吟的，身上仿佛有使不完的精力。林语堂心里豁然一亮：女师大之所以能掀起学潮，就是因为有刘和珍这种人才！人才是宝贵的，需要好好爱护。

刘和珍说："谢谢林老师关心！北京警卫司令李鸣钟说了，对于这一天的运动，军警会妥加保护的。"她挂断电话，就赶往天安门了。

林语堂眉头紧锁，在办公室来回踱步。尽管刘和珍说军警会妥加保护，反动派会这么仁慈吗？你相信老虎不吃人吗？一种不祥的预感涌上了他的心头。林语堂坐立不安了。他不知道，这个电话竟是他与刘和珍的诀别。他再也听不见刘和珍的声音了。

女师大学生们统一穿着淡蓝色短袄和黑色长裙，剪齐耳短发，穿一双搭带布鞋，一部分人戴着眼镜，她们大都身体单薄。队伍高举大旗，打着标语，浩浩荡荡来到天安门前。正午12时，游行请愿开始。热血沸腾的爱国群众高呼口号，唱着《国际歌》，向执政府国务院所在地铁狮子胡同进发，经过东长安街、东单、东四……一路上不断有群众加入请愿队伍，队伍越来越庞大。站在街道两旁声援游行示威的群众，看到女师大这面战斗的旗帜在游行队伍中迎风招展，都为这些新女性的飒爽英姿拍手鼓掌。走在女师大游行行列的最前面的，正是刘和珍。

铁狮子胡同一带令人窒息的安静，几片落叶在风中飘摇到地上。执政府国务院的大门由卫队和教导队防守着，一个个彪形大汉荷枪实弹，手提大刀，他们目光阴沉，暗含杀气。国务院西口东口靠近十条胡同的地方，也是军警密布，只不过各自散落在隐蔽的地方。

一群吃人的老虎，正在等待绵羊的到来。

请愿队伍抵达执政府国务院东辕门后，刘和珍等五名学生被推举为代表，眼见五个学生一步步往前走，警卫端起枪来："站住，你们想干什么？"

"我们要会见国务总理贾德耀！不能答应八国特使的无理要求！"

"对不起，贾总理政务繁忙，你们请回吧！改天再来！"

此时，段祺瑞正在吉兆胡同里的段宅里同吴清源下围棋。

铁狮子胡同那边，刘和珍对同学们高声道："既然贾德耀不在，我们干脆直接到吉兆胡同去找段祺瑞！"

长龙般的队伍开始拐弯。突然间，天地变色！事先埋伏在北边大红门里的数百名大刀队倾巢而出，冲向游行队伍，肆意挥刀乱砍，喷涌的鲜血染红了大刀与衣裳。手无寸铁的学生发出声声凄厉的哀号。正当队伍乱作一团，刘和珍大喊："同学们，赶紧逃啊！段祺瑞政府行凶了！"游行的人纷纷从东西辕门方向开始避退，可是胡同太窄，道路堵塞，随后一阵尖锐的警笛声响起，毫无人性的卫队向群众开枪了！几十个人应声倒在血泊之中，而没有枪的卫士则乘机挥动铁棒击杀手无寸铁的学生。

　　警笛一声接着一声，枪声紧跟着密集起来。指挥官还用指挥刀指示卫队的射击方向，把卫队的枪口引向人多的地方。一阵阵的枪声，年轻的学生们一批批地倒下。执政府门前，血肉横飞，惨不忍睹，而执政府楼上竟有人手舞足蹈地拍手叫好！

　　刘和珍拼命指挥同学们撤退，她的声音都喊哑了："快，快跑！不要做无谓的牺牲！不要乱！不要挤！"眼看西边有几十人发生了踩踏事件，刘和珍声嘶力竭地大喊。"啪！"一颗罪恶的子弹射向刘和珍，斜穿心肺，这是步枪近距离直射所造成的致命伤。刘和珍捂住胸口，痛苦地倒在血泊中。

　　"刘和珍中弹啦！""刘和珍中弹啦！"同学们惊叫起来。

　　原已躲避到安全地方的张静淑和杨德群同学，看见患难与共的战友被击中，顿时心痛欲裂。她顾不得子弹在头上呼啸，大刀、铁棍在身边飞舞，不假思索地奔过来救护。

　　张静淑刚伸出手臂想扶起刘和珍，"啪！啪！啪！啪！"她身上连中四颗子弹。其中有一颗是手枪子弹，张静淑伸长的手无力地垂下了。

　　此时杨德群也冒死冲到刘和珍旁边。"啪！"子弹从左肩射入，穿过胸，从偏右边出来。杨德群也牺牲了。

　　刘和珍挣扎着坐起来。这时，一个高大的士兵拿着棍子跑过来，朝着她的头部和胸部猛击两棍，他狰狞而得意地朝刘和珍笑着。刘和珍大睁着眼睛，眼前幻化出魔鬼的身影，她慢慢地倒下了。

两个小时后，一切复归于平静，犹如地狱般的死寂。杨德群的尸体就在刘和珍边上几步之遥，好似正在向她爬过去，要用自己的身体覆盖她保护她。乌鸦一声接一声地哀叫着，它们目睹了这一场人间的惨剧。

这是民国以来最黑暗的一天，如此残虐凶狠地屠杀徒手的请愿者，在人类历史上只有俄国沙皇尼古拉二世及其走狗制造的"流血的星期天"可以与之相比。"三一八"当场打死四十七人，受伤一百三十二人，失踪四十八人。

林语堂一直守在教务处，没有学校的指令，他不敢私自离开办公室，一颗心却无时无刻在惦记着学生们。电话铃再次凄厉地响了起来。林语堂颤抖着右手拿起话筒。

"林老师！执政府开枪杀人了！"电话那边是惊惶的喘息声和哭声。

听到学生被屠杀的噩耗，林语堂与许寿裳急忙坐车赶往血案现场。

这时，栅门已经紧闭，只留一条缝隙进出。卫兵喝问他们："你们是什么人？"林语堂和许寿裳说："我们是女师大校方负责人！"走进里面，只见尸体纵横枕藉，鲜血满地，宛如一座阴惨的人间地狱。林语堂突然眼前一黑，他发现了刘和珍的遗体，乱蓬蓬的黑发覆盖着半边脸。林语堂颤抖着手将头发拨开，她的额际尚有余温。只见刘和珍圆睁着双眼，林语堂用手将她的眼睛合上，可是，合不了。眼睛依然圆睁着。林语堂的心在滴血。许寿裳瞥见门外人群中有熟悉的医师，急忙请他进来诊视，医生用听诊器听了一下，说道："没有希望了。心脏早停止了跳动。"

林语堂忍不住仰天长啸！三四个小时前，刘和珍还在打电话向他请假，想不到现在竟然已经阴阳两隔！

悲痛巨石一样堵住了林语堂的胸口，他将刘和珍的身体扶起来靠在墙边。许寿裳头脑比较清醒，他小心地把所有的女尸辨认了一遍，除了刘和珍之外，还发现了女师大五个死去的学生。林语堂指挥学生把刘和珍的遗体往车里搬，卫兵一声断喝："没有长官的允许，不许搬！"

"你们长官在哪里？人都死了，难道还要鞭尸？"林语堂火了，蓦地提高了声音。

卫兵面无表情："长官不在！我们只是奉命行事！"

林语堂正要和卫兵理论，忽听有人叫道："医院已经爆满了！所有的受伤者都往医院送，已经没有床位了！"

林语堂一激灵，从悲痛中清醒过来，生者要紧，要是能够得到及时的救助，说不定还可以救回几条年轻的生命。暂且先抛下刘和珍遗体的问题，林语堂和许寿裳驱车往医院飞奔而去。一踏进医院的候诊室，空气中弥漫着血腥味，只见室内满是尸体，惨不忍睹，这些死者是在抬到医院或送医院的途中才停止呼吸的。

林语堂突然发现：杨德群的尸体被放在一张板桌上，由于桌子太短，下半身悬空挂着……林语堂的泪水夺眶而出，急忙上前将杨德群的遗体抱了下来，许寿裳帮他把遗体抬到车上，将杨德群带回了学校。

现在最要紧的是着手安排死者的后事。19 日，段祺瑞政府下令通缉五名"暴徒首领"：中俄大学校长徐谦，北大教授李大钊、顾兆熊，中法大学代理校长李煜瀛，女师大校长易培基。其他大专院校校长没有被通缉，因为他们向北洋政府领经费，根本没有勇气向政府提出抗议。

费了九牛二虎之力，晚上女师大的教职员才得以把刘和珍的遗体运回学校，安放在大礼堂，准备于 25 日召开追悼会。

这几天，林语堂真不知道自己是怎么熬过来的。只要稍有静默之时，他就觉得自己是在忍受着有生以来最哀恸的一刻。他激愤难言，痛苦得失语。无话可说。无话可说。刘和珍与杨德群死在刽子手手下，是替千千万万同胞而死的！

血的事实，血的教训，让所有人变得更加清醒。即使是向来不惮以最坏的恶意来推测中国人的鲁迅，也没有料到军阀竟会下劣凶残到这地步！更何况一贯奉行自由主义的林语堂，面对暴行更是义愤填膺。他觉得自己应该为刘和珍等死去的学生写一篇文章，可是，纸笔摆在桌上，却不能写出一个字。他的书桌上还摆放着一本刘和珍的作业，这是"三一八"惨案前两天，刘和珍交上来的英文作文簿。刘和珍文章的题目分外醒目:《校园里的社会生活》。林语堂翻出纸笔译出了刘和珍的英文作文中的一段:"人常说，学生时期为最快乐之日，但是我不敢赞同。我相信世上永无快乐之日，而学生时期，亦多纷扰。譬如吾校，自我进校以来即永未见宁日。我不敢回忆我在校过去的生活。现吾校已比较安静，我正预备静心求学。但是又风闻新教育总长马君武氏又正在意图扰乱教育界。若今日之安宁，我们又不能享受了。"读着读着，刘和珍的音容笑貌仿佛就在眼前。

面对刘和珍的遗物、遗言，林语堂心潮起伏，他摊开稿纸，悲愤地写下了《悼刘和珍杨德群女士》:刘女士是全校同学钦爱的领袖，她为人和顺，对校事热心，关于公益事宜尤其是克己耐苦，能干有为，足称为中国新女子而无愧。上回女师大被章、刘摧残，所以能坚持抵抗，百折不馁而有今日者，实一大部分是刘女士之功，可称为全学革命之领袖。在现今昏天黑地、国亡无日、政治社会思想都须根本改造的时期，这种热心有为、能为女权运动领袖的才干，是何等的稀少，何等的宝贵!

写完这一段，林语堂稍作喘息。刘和珍、杨德群和执政府门前的五十多位死难者就是被"落水狗"咬死的! 这帮丧心病狂的"落水狗"! 林语堂心胆俱裂。

《语丝》大幅刊登了谴责刘和珍等人被残杀的文章。第二天，一排荷枪实弹的宪兵气势汹汹冲了进来，为首的扬了扬手中的查封令:"宣传赤化，当场查封!"没收报纸，扛走机器。伙计和工人目瞪口呆，欲要上前理论，李小峰摆了摆手:"我既然敢刊登谴责残杀刘和珍的文章，就已料到了这一天。随他们去吧。"

那群强盗得手后扬长而去。屋内满地狼藉。伙计蹲下来收拾被踩脏的废报纸，小声问:"李老板，我们该怎么办呢?"

李小峰坐在椅子上，破天荒点燃了一根烟："重买机器吧。实在不行，就考虑搬迁到上海了。"

3月26日，《京报》披露了一张第二批通缉的名单，这名单包括上述明令通缉的五人在内，共四十八人，林语堂赫然在列。

拿着印有丈夫名字的《京报》，廖翠凤吓得全身颤抖。她的肚子疼了起来。预产期已经临近，可千万不要有什么意外啊！要是孩子一出生就没有了爸爸，那日子可怎么过！回到家，丈夫不在。桌子上有一叠手稿，名为《悼刘和珍杨德群女士》。看完丈夫的手稿，廖翠凤胆战心惊。3月29日出版的《语丝》第72期上，第一时间刊出了林语堂的《悼刘和珍杨德群女士》，文章还被编排在卷首。这期《语丝》的稿件，全部与"三一八"惨案有关。血淋淋的现实刺激着每个有良知的中国文人。在一盏盏孤灯下，鲁迅挥笔写下了《无花的蔷薇之二》，周作人的《关于三月十八日的死者》和朱自清的《执政府大屠杀记》，以及效廉的《我们的闲话》同时刊登在这一期的《语丝》上。这是语丝派纪念"三一八"惨案的专刊，而打头阵的正是急先锋林语堂。

3月25日，女师大师生和北京各界人民在女师大礼堂隆重举行追悼刘和珍杨德群烈士大会，由许寿裳主祭，灵堂里挂满挽联、花圈，每个人痛哭失声，满脸泪痕，令人不忍久闻，不忍久看。有挽歌曰：

悲遗像在筵，

血衣在箧，

抚棺一恸君知未？

只记取平生约誓，

待他日元凶授首报君知。

林语堂带着沉重的心情参加了追悼会，再一次悼念他"最熟识而最佩服嘉许的"女师大学生刘和珍。开完追悼会，林语堂回到家里，一声不吭。廖翠凤从未见过丈夫这般模样，平时林语堂都是笑嘻嘻的。她刚欲张口问他怎么啦？林语堂挥挥手："你让我静一会儿。我今天流了太多眼泪，身上完全没有力气了。"

一夜醒来，林语堂得知《京报》的总编辑邵飘萍被逮捕杀害了！邵总编是个极有正义感的人，在《京报》上大篇幅刊登了纪念刘和珍、声讨段祺瑞政府的文章，他用自己的热血染红了《京报》。这仅仅是一个开始，段祺瑞政府开始大肆抓捕爱国志士。

枪打出头鸟，林语堂赫然出现在了被通缉名单上！虽然没有被吓倒，但也不能不做一些防备，避免无谓的牺牲。他事先察看了自己在东城船板胡同住宅附近的地形，选择好了应急撤退的路线，在院子围墙下放了一个绳梯。廖翠凤看他忙前忙后，问他做什么，他拍拍手微笑道："情况紧急时，我们可以攀绳梯越墙而走。怎么样，你要不要先试试？"

廖翠凤跺了跺脚："你还是另做打算吧。抱着两个孩子，怎么爬绳梯？"

第五章　厦门：
人事关系比攻读博士困难一百倍

1926 年 4 月，直奉联军占领了北京城，寡不敌众的国民军被迫撤退。此时，城中难民数万人，都是京师西郊不胜奉军奸淫抢劫之苦涌入京城的百姓，全部衣衫褴褛露宿街头。直系和奉系军阀由于因权力、地盘分配不均大打出手。今天直系委派一个警备司令，奉系也委派一个警备司令；明天直系委派一个局长，奉系也委派一个局长，整个北京城乌烟瘴气，混乱不堪。虽然直系和奉系的争斗愈演愈烈，但在镇压群众运动方面，军阀们的做法却是惊人的一致。北京卫戍司令颁布了"维持市面"的条例，声称"宣传赤化主张共产者，不分首从一律处以死刑"。

军事专制统治如此残暴，北京成了恐怖和混乱的世界，个人根本没有言论行动的自由，人权没有任何保障。林语堂现在成了通缉犯，廖翠凤担惊受怕，她野马似的丈夫天天写文章，有时甚至忘记了家庭。不过，她知道，他不是不关心家庭，而是因为不能忍受不公正，不能忍受约束。

林语堂带着妻子和女儿逃到东交民巷西口的法国医院避难。医院里挤满了避难者，廖翠凤手里紧紧攥着林如斯，生怕她丢失，另一手则紧紧攥着行李。林语堂怀里则抱着刚刚满月不久的林太乙，孩子凭着本能感受到了空气中的苦难意味，吓得哇哇大哭，小脸涨得通红，脸颊满是鼻涕和眼泪。林语堂抱着女儿不停地来回踱步摇晃着，廖翠凤将林太乙抱了过来："她大概饿了吧，我喂奶给她吃。"她环顾了四周，到处人满为患，椅子上坐了满满的人，林语堂灵机一动："不然到厕所里喂吧！"一家子挤到厕所门口，里面也全是人，夫妻俩傻眼了。林语堂道："看来待在医院里不是长久之计，还得另想办法。"廖翠凤急道："那你快点想办法呀！再这样下去，女儿都吃不上奶了，饿成这样，多可怜！"

林语堂突然灵光一闪："我试着去找找林可胜大夫吧！他家地方大，为人又慷慨大方，也许能收留我们一些时日。"

廖翠凤催促道："那还不快去！"

林语堂急忙往林可胜大夫科室里奔去，中途回头叫道："看好两个孩子！"

不一会儿，林语堂和林可胜回到大厅，林可胜大夫道："嫂子，你受苦了！现在到我家去吧，家里到底比这里方便些，也安全些！"

廖翠凤对林大夫充满感激，一迭声地说谢谢。虽然担惊受怕颠沛流离，她对丈夫并没有怨言。嫁了这样一个丈夫，她充满了自豪感，买菜的时候，偶尔有人认出她是林语堂的太太，卖菜的小贩都会算她便宜一些。她是一个有担当的女子，既然享了福，该担的责任她会担当，所以她并不抱怨丈夫惹上这样的大麻烦，她只是担心丈夫的安危，有时会劝丈夫少写一些关于时事的文章。林语堂怕妻子担心，嘴巴里好好好，一转身文章还是照写不误，新写的《"发微"与"告密"》流传甚广。

外面风声越来越紧，廖翠凤不允许丈夫出门。她偶尔不得已出门，也是以最快的速度回来。就这样过了一星期，一家四口挤在一张床上，虽然挤，但乱世中能得到这样一张床，夫妻两人已经感激涕零，觉得这是上帝的厚爱。等到晚上两个孩子都睡下的时候，廖翠凤压低声音道："堂啊，这样下去总不是长久之计。你看，你已经两个月没领到工资了，住在林大夫家里白吃白喝的，时间久了即使林大夫没意见，他太太也总归会有意见的。"

林语堂也很发愁："慢慢想办法吧，你先睡吧。""我哪里睡得着呢？"

廖翠凤叹息着，"今天15号了，你把工资给我吧。吃饭要钱，孩子要钱，到处都要用钱。"

林语堂摇摇头："今天去领工资，还是没领到。已经拖欠两个月了。"此时北洋政府的财政已处于崩溃的边缘，政府公职人员和北京八所国立大学的教职员的工资经常拖欠，有时经过努力催讨也只能得到百分之二十。教授们手头拮据，狼狈不堪，情势逼得胡适、徐志摩、梁实秋、余上沅、丁西林、叶公超、闻一多等人纷纷南下。

"那可怎么办才好呢？"廖翠凤叹息着。

夫妻两人细细密谈，唯恐吵醒了孩子。林语堂安慰妻子："车到山前必有路，不早了，睡吧，带孩子辛苦你了。"

第二天，吃早饭的时候，林语堂聊起领不到工资的话题，林可胜道："你为什么不到厦门大学去呢？厦门大学由我父亲林文庆主持，又有陈嘉庚先生的鼎力支持，很有发展前途。"

林语堂眼睛一亮，这真是黑暗中的曙光！林语堂早就久仰林文庆大名，在他眼里，林文庆是一个奇迹，既是做学问的天才，又是经商的天才。林文庆青年时获英国爱丁堡大学博士学位，又获剑桥大学哲学博士学位。28岁开始研究如何将英国的橡胶树种移植于热带土壤。他跟友人陈济轩等合作，在新加坡、马六甲、槟榔屿和怡保四个地方开设了四个大规模的橡胶园。由于林文庆的倡导，马来亚的橡胶工业十年间跃居世界第二位，给华侨带来惊人的财富，林文庆本人也被誉为"橡胶种植之父"，还对孙中山的革命活动给予了大力的支持。相信他们会是志同道合的战友！况且，林语堂的二哥林玉霖在厦门大学任哲学系副教授，弟弟林幽是外语系的讲师，而鼓浪屿又是妻子的娘家。要是能到厦大任教，实在是再美满不过！

由林可胜牵线搭桥，林语堂很快与厦门大学签订了聘约，接受了文科主任的职务。廖翠凤欢天喜地收拾行装，她想念鼓浪屿的肉松，想念鼓浪屿的薄饼，想念鼓浪屿的螃蟹。在北京整天担惊受怕，要是能回到厦门那个让人心里踏踏实实的故土，实在是美事一桩！这是自结婚七年以来第一桩称心如意之事！

林文庆是厦门大学的第二任校长，他初到厦门大学之初，曾向第一任校长陈嘉庚请教办学的宗旨："究竟注重国学，抑或专重西文？"

陈嘉庚道："两者皆不可偏废，而以整顿国学为最重要。"现在厦门大学准备成立国学研究院大力整顿国学，正极需帮手。

要离开北京这个险恶的地方了。夜色深沉，林语堂站在窗前看着黑暗的天空，思绪纷乱。离开虽然是件好事，但一想到曾经并肩战斗的语丝同人，想到他挥洒青春的北大、清华校园和图书馆，特别是琉璃厂的书肆让他依依不舍。可是，恐怖气氛弥漫了整个北京城，让人无法自由呼吸。东四牌楼血迹斑斑，铁狮子胡同尸身枕藉，一切的一切让人满腔悲愤又不寒而栗。

5月10日晚，林语堂借了钱在北京大陆春饭店设宴向鲁迅、马幼渔、许寿裳等朋友告别。许寿裳握着林语堂的手："要珍重啊！四处凶险，望君平安！"林语堂湿了眼眶。隔了三天，三位挚友在宣南春设回宴饯别林语堂。鲁迅指着林语堂在巷战中被军警的石块砸伤的额头痛道："可惜了，这么英俊的脸！"

林语堂笑道："就当作北京留给我的一个抹不掉的纪念吧！"

5月下旬，林语堂携带妻子和两个幼女，离开恐怖的北京来到厦大。厦大校园里高大的棕榈树一排排挺直地站立着，与红砖碧瓦的房屋相映成趣。围墙上写着大字的校训：自强不息，止于至善。林语堂想："这里应该是一个清静所在！"

林文庆把大红的聘书递给林语堂，握着他的手说："林先生，我们学校非常需要人才，整顿国学的重任就交给你了！"

林语堂紧紧握着林文庆的手："谢谢您的信任！我定当不负众望！"主任拥有聘任教授的权利，林语堂想到北京的教授窘迫得很，特别是鲁迅先生，他正遭受北洋政府的通缉，林语堂很担心他的安全。这下可好了，他若愿意来厦门大学，那就两全其美了！林语堂激动地打电话给鲁迅先生，鲁迅先生很爽快，一口就答应了。

此时林语堂住在厦大的家属宿舍里。几个兄弟都来看望，二哥林玉霖在厦门大学哲学系任教，弟弟林幽则在外语系任教，兄弟在厦大重逢，一时热闹极了。而廖家的人也前来探望，现在廖家再也不会看不起林语堂了，他们拿来了许多土特产，热情得让林语堂不安。厦大坐落在风景优美的海边，晚上散步的时候可以看到氤氲的水汽缥缈的白雾像白色纱丽一般缠绵。四周是万家灯火，近岸的椰树在夜色中婆娑着影子，三角梅花浮动着幽幽的香气，还有蔓生的金黄的矢车菊，在烟青的天色里，洇染着星星点点的光晕。林语堂深深喜欢上了这个风光秀丽的岛屿。厦门有一个古老而美丽的传说：很早以前这里寸草不生，荒无人烟，一群白鹭南归飞到这里，停在岸边歇息，领头的大白鹭，发现水里鱼虾成群，有充足的食物，于是便率领这群白鹭定居下来，所以人称鹭岛。这里还有许多故垒古迹、历史文物可供观赏，西边与闽南名刹南普陀为邻，北面是西姑岭和王老岭，东边是胡里山炮台。厦大校园背峰面海，山光水色，实在是烽火中国中的一方净土，林语堂陶醉在这良辰美景中了。他想：在厦大天时、地利、人和样样俱全，可以大干一番了。

有了鲁迅加盟，振兴厦大指日可待。作为文科主任的林语堂满怀热情，一口气又推荐聘请了沈兼士、孙伏园、顾颉刚、章川岛等名家。一时间，教授专家联袂而至，名人学者云集鹭岛。这些人是饱学之士，国学功底过硬，然而，林语堂忽略了一点，这些人是五四时期呼风唤雨的新文化的倡导者，林语堂把遭到危险的新文化战友们举荐到厦大来，林文庆有些不快，这远远偏离了他整顿国学的初衷。林文庆皱起了眉头，他问新来的沈兼士和顾颉刚："两位老师，我看过你们的履历，烦请你们把你们的大著送些给我拜读。另，不知你们对于新学期有什么计划？年底估计会有什么成果发表？"

沈兼士和顾颉刚对看了一眼，做学问是长期的工作，哪有一夕之间就能把成果摆上桌的？沈兼士道："我新写了一篇论文《今后研究文字学之新趋势》，预备发表在国学院的发刊词上。不过这篇论文是在北京时写的，今后的计划暂时还没想好。"他刚到厦大，行李还乱糟糟的尚未整理，这林校长未免也太性急了。

顾颉刚道："我准备和语堂合出一本专著《七种疑年录统编》。"

坐在一旁的林语堂补充道："这本书刚刚构思了大纲，具体尚未展开。"

林文庆点头颔首："很好。林主任，学校准备布置开展览会，你们研究院每位教授要拿一个展品出来。"林文庆的逻辑是，重金聘来的教授应该有万能的本领，可以变魔术似的赤手空拳变出展品。

林语堂有些着急了："林校长，学校现有的展品很少，只有一些从古墓中挖掘出来的泥俑，您看看能不能缓些时日？"

林文庆有些不悦："那就暂缓缓吧，不过我希望国学院能抓紧时间。"

林语堂把一大批朋友集合在自己的周围，国学研究院成了林语堂的根据地。9月4日，鲁迅也来到了厦门，暂时住在客寓。接到鲁迅的电话后，林语堂第一时间出现在客寓门口，迎接鲁迅到校入住。两人都有些感慨，短短几个月又相见了！国家动荡，犹如杜甫所言："人生不相见，动如参与商……访旧半为鬼，惊呼热中肠。"因为暂无合适的房子，鲁迅只能暂时住在有些吵闹的地方。林语堂安慰道："先委屈树人兄几日，我会为你想办法的。"多亏有了林语堂，鲁迅有了宾至如归之感。第二天，鲁迅同孙伏园前往林语堂寓所用午餐，廖翠凤烧了满满一桌菜，为鲁迅接风洗尘。

1926年9月18日下午4时，国学研究院召开谈话会，讨论研究院季刊的编辑事务。林语堂、沈兼士、鲁迅、顾颉刚、孙伏园、潘家珣、陈万里、黄坚、丁山九人兴致勃勃来到会议室，林文庆到会发表了一个简单的祝词就走了，刚才他扫视了一眼在座的教授，林语堂引进的教员占了八个，一缕乌云掠过了林文庆的心头，这些统统是旧文化的"叛徒"，要怎么振兴国学呢？林语堂原本精心准备了一场演讲要给林校长听的，哪知林校长匆匆走了，林语堂不禁感到有些泄气。

9月20日，厦大文科举行开学典礼。行过简单的仪式之后，林语堂朗声向师生们报告创办国学研究院的计划："要扫除陈旧，改进文科，决心把文科办好。要求全体师生团结一致，共同努力。校长很重视文科，所以本学期特意从北京聘来几位极有名望的教授来从事文科教学，首先要介绍的是大家仰慕已久的鲁迅先生！"在台下，一位叫马星野的学生两眼亮晶晶地望着林语堂，眼前的林教授身穿长袍黑马褂，头发梳得亮亮的，俊秀英慧，光彩照人。马星野抑制不住内心的激动之情，眼前站着的就是他仰慕已久的大师！自己和大师有缘！只是他没有想到，自己和林语堂的缘分一直延续到了日后的台湾。

这时鲁迅应声站起来和同学们点头打招呼，同学们报以热烈的掌声，传说中的斗士如今竟然活生生站在眼前，实在鼓舞人心。能够听到鲁迅先生的授课，实在是三生有幸！接着，林语堂又依次介绍了沈兼士、顾颉刚等北方来客。鲁迅这时突然发现一个熟悉的面孔，他心里一沉，定睛一看，没错，就是朱山根！一个让他厌恶的人！朱山根是胡适的信徒，鲁迅的观点向来与胡适相左，而朱山根是一个浅薄的跟随者。此时朱山根朝鲁迅一笑，笑容中颇有深意，鲁迅不快地将目光移开，他心中开始后悔来之前没有跟林语堂打听一下厦大国学院有哪些人，原来牛鬼蛇神都有啊。

林语堂不单单举荐了像他这语丝派的文友，也举荐了现代评论派的文友。他一直认为，语丝派与现代评论派的论战，并非是个人之间的恩恩怨怨，而仅限于气质、作风、趣味上的差异。若论私谊，现代评论派的精神领袖胡适与林语堂过从甚密，而且林语堂也曾在《现代评论》上发表文章。所以，林语堂对语丝派和现代评论派双方不偏不倚，别无他法。对此，鲁迅很是反感。其实，林语堂并不糊涂，只因为林语堂一向主张"近情"，他不可能像鲁迅那样以疾恶如仇的态度来对待现代评论派。

　　次日，恰逢中秋，一轮圆月悬挂在天空，鲁迅家高朋满座，林语堂送来一筐月饼，大家一边吃月饼，一边讨论国学院的前景。25日，林语堂帮鲁迅把家搬到图书馆，这里的房子比先前的安静多了，这一点鲁迅很满意。房子颇大，是在楼上。房子的原主人是图书馆主任，正请假着，房子暂由林语堂代理，林语堂便暂时让鲁迅住了。因为许广平远在广州，鲁迅一日三餐变成了头痛的难题，有时不得不白水煮火腿当饭吃，有时买点面包和牛肉罐头充饥，经常独自一人抽烟，喝绍兴酒。深夜，鲁迅给许广平写信："此地的生活，也实在无聊。但语堂的兄弟及太太，都很为我的生活操心。我很感谢他。"

　　生活条件改善了，但国学院的同事让鲁迅诸多不满。目前国学院错综复杂，其中朱山根最活跃，另外两三个也是朱山根推荐的，和他大同小异，比朱山根更为浅薄，不知为何天底下浅薄者总是如此之多。朱山根等人自己脚跟还没有站稳，就忙于排斥异己，制造流言，视国学院为囊中物。这些人面目漂亮，语言无味，每晚都要听留声机，京剧人物在里面咿咿呀呀的，再加上接来的家眷笑闹声喧哗一片，只有一墙之隔，鲁迅被吵得无法静心写作。唯有孙伏园可以谈谈。鲁迅房间里原有两盏电灯，有一日鲁迅正在午睡，突然闯进一个电工，不由分说把其中一个灯泡摘走了。鲁迅质问他，电工双手一摊表示无辜："周先生，这是学校的规定，林先生厉行节约，一间房只能用一盏电灯，我也没办法！"

　　见鲁迅愤愤不平，林语堂自责不已："先生，请原谅我！我这是失了地主之谊！"

　　"怎么会怪你呢？语堂兄！你如此关心我的生活，我已十分过意不去。只是要应付小人们的各种刁难，实在是始料不及的。对了，有一事我要向你说明，我想辞掉国学院的研究教授的兼职，专任中文系的教授。这样精力集中些。"

林语堂竭力劝说道："现在人才缺乏，还请树人兄看在我的薄面上鼎力支持。"见林语堂说得诚恳，鲁迅也不好太过坚持，暂且打消了辞职的念头。其实，精力不够是假，厌倦国学院同事朱山根之流的面孔才是真。

林语堂回到寓所，整晚睡不着，生怕鲁迅又提起辞掉国学院研究教授的兼职，第二天便风风火火找校长盖了章，9月27日晚亲自将聘书送到鲁迅住处。听说林语堂一晚睡不着，鲁迅甚觉抱歉，只得将聘书收下。哎，眼见林语堂对国学院如此热心，但在鲁迅看来，希望不多……鲁迅见了朱山根这些人的面便无话可说。更有林语堂的秘书白果，人前一套，背后一套，擅长挑拨离间，实在想不通语堂为何挑中他做秘书。

白果受了鲁迅的白眼，便在林语堂面前诉委屈："您请来的周树人先生，一贯是目中无人的，我去通知他课程事宜，他竟然白眼相待……"

林语堂安慰白果："树人兄一贯是爱憎分明的。他跟晋代的阮籍相似，都是性情中人，性情相似者，青眼以待；性情不相似者，白眼以待。他就是这个性格，你不必放在心上。"

白果又道："国学院的顾颉刚先生迂腐得很，一张发票报销他跟我争论老半天……"恰巧鲁迅走进来，听见了他们的谈话。白果有些尴尬："主任，我先告辞了。"鲁迅一贯看不起背后说人坏话的人，他对林语堂道："白果此人就像明朝的太监，倚仗权势胡作非为，你信用此人，可谓糊涂。"

林语堂只好两边和稀泥："树人兄，白果虽然说话油滑了些，但总体来说没什么坏心眼。"到了厦大，林语堂才发现为人处世是一门大学问。处理错综复杂的人事关系比起攻读博士学位困难一百倍。他不得不承认，自己不够长袖善舞。

鲁迅连连摇头："我是不与此辈共事的，否则留在北京就好了，何必到厦门！"国学院里的教授把北京的对峙气氛也搬到厦门来了。朱山根与陈源同一鼻孔出气，同党竟多达七人，沆瀣一气。开会时朱山根见了鲁迅便阴阳怪气道："哟，名士派来了！"鲁迅不予理会。

林语堂左右为难。一方面鲁迅是他所景仰的斗士，另一方面，鲁迅所讨厌的胡适，正是林语堂感恩戴德的知遇。双方都是他的好友，可是双方却水火不相容，林语堂夹在中间当夹心饼干。按照林语堂的逻辑，鲁迅的朋友是他的朋友，胡适的朋友同样是他的朋友。林语堂当然要一视同仁，不料鲁迅却觉得这里的情形比北大还要糟。

　　国学研究院季刊创刊号油印出来了，林语堂兴冲冲将创刊号送给校长审阅。林文庆读着读着皱起了眉头，创刊号上的大部分文章是出自这些南下避难的文人之手，其中林语堂一人就有两篇。林文庆突然意识到，一次次迎接北京名人来厦大的欢呼后面，隐藏着一场不可避免的冲突：依靠林语堂和北京的逃亡者来整顿国学是失策的。弄不好，国学尚未整顿，厦大倒变成了第二个北大、第二个女师大，到时秩序大乱就不可收拾了。这里面隐隐约约潜藏着一股危机。

　　此时林语堂全然不知校长的内心已悄悄发生了变化。他是怀着为乡梓服务的赤诚来厦大施展自己的抱负的，正巧北方文化人纷纷南下，得此千载良机，不广纳人才更待何时？偏偏林文庆对鲁迅先生很是反感，这个鲁迅，走到哪里哪里就非乱不可，接受鲁迅前来厦大实在有些失策！

　　语丝方面的人开始纷纷离开厦大，孙伏园准备去广州，沈兼士早已离开厦门，而鲁迅所讨厌的人却在络绎不绝地进来，鲁迅觉得毫无希望了。他打算至多在本学期之末离开厦大。10月底，已前往广州的孙伏园给鲁迅拍电报："已为兄联系中山大学职务，速来为盼。"拿着电报，鲁迅点燃了一支烟，他有些踌躇。之所以还在厦门熬着不走，有两个原因，除去一个经济问题，另一个是只怕他一走，林语堂失去了战友会被迎头攻击，因此有些犹豫。他实在放心不下林语堂，国学院的"窝里斗"让人厌烦而又担心。照鲁迅看来，一切皆是金钱惹的祸，大家围绕着金钱争夺，骗取，献媚，叩头。学校当局不知爱惜人才，同时，"人才"本身也不知自爱，鲁迅不屑与这类人为伍。鲁迅对林语堂正色说："即使没有吃饭的地方，厦门也决不住下去了。我也要同样忠告你，还是及早离开这里急流勇退为好⋯⋯"

林语堂眷恋厦大，因为这里是他的故乡，还没有为故乡父老做过什么有益的事情，怎能远走高飞呢！其实此时有两个机会在等他：武汉方面，林语堂的朋友陈友仁担任了外交部长，多次催请他去外交部任职；而广州方面，鲁迅和孙伏园也为他联系好了。两处都虚位以待，等着他上任，但他总是下不了决心。

11 月 20 日，林文庆突然通知林语堂："南洋经济不景气，陈嘉庚先生经营的橡胶业景况不佳，供给厦大的经费因而减少。所以，一切都以节约开支为要。你上报的选题就暂时不要出版了。"

林语堂蒙了："国学院的预算原来就不多，现在院内的研究成果一种也没有印刷，刊物也没有出版，而国内外各处又有不少研究论著送来，理应增加经费才对。现在不仅不增，反而要减少，您要我怎么办呢？巧妇难为无米之炊呀！"

林文庆道："已有的研究成果等以后有了经费再慢慢出版吧！"

既然如此，林语堂也无可奈何。林语堂走出校长室，到财务那边报销车费，看见会计桌上的一份表格，上面赫然写着林文庆向陈嘉庚公司每月照领国学研究院经费五千元！林语堂大脑"轰"的一声炸了！校长没有说实话！校长把国学院的办公费削减到每月只有四百元，另外的四千六百元哪里去了？校长不把钱花在国学院的建设上，而要教授们体谅陈嘉庚先生的困难，不出版著作，要出版刊物，其实大部分钱被校长挪作他用了！

林语堂义愤填膺，当即跑去找林文庆理论。林文庆双手一摊："僧多粥少，无可奈何呀！事有轻重缓急，理科院更需要经费，拆了东墙补西墙，国学院研究成果的出版只能缓一缓了！"林文庆不懂国学，对国学研究没有兴趣，只因陈嘉庚重视国学，他不得不把它弄起来，并亲自兼任院长。起初他只是抱着"装装门面，不要实际"的态度，没想到林语堂把国学院当真，让林文庆非常恼火。但自己的态度又不能明说，林语堂这书呆子又不能领会，实在让人憋气。

林语堂叫起来："我抗议！我要辞去国学院秘书一职！直至恢复国学院的经费为止！" 林语堂只辞国学院的职务而不辞文科主任之职，他只是以此表示抗议而已，并不想和校长闹僵。毕竟，林文庆对他有知遇之恩。

11月25日，林文庆在国学院召开谈话会时，鲁迅率先站起来对削减经费一事向校长提出强硬抗议："林校长，若不恢复国学院的经费，我当立即离开厦大！"

林语堂感激地看了鲁迅一眼。鲁迅是以自己的去留为孤注，声援他的抗议。林文庆顿感十分为难。国学院的台柱除林语堂外，还有鲁迅和沈兼士。之前沈兼士因为不习惯厦门交通不便生活无聊，已于10月27日离开。如果鲁迅再辞职，国学院顿时失了顶梁柱。原先，厦大以重金招聘名人，是出于多方面的考虑，其中自然也不排斥借名人的牌子做广告来吸引学生的因素，这一招的效果很好，内地的一些学生听说厦大名人云集，就不远千里，慕名求师而来。所以，林文庆虽然不喜欢鲁迅，但又怕鲁迅这一走，失去了这一张宣传广告牌。林文庆思考了片刻，只好道："我宣布取消削减经费的前议，恢复国学院之前的经费。"

林语堂胜利了，他高兴地对鲁迅说："校长还是支持我们的。我是不准备走了，我也希望你至少再待一年。有你在，我们也好互通声气。"

鲁迅看了他一眼："语堂，你太天真了。"

被胜利冲昏头脑的林语堂没有料到，林文庆对自己产生芥蒂已久。

厦大理科院院长刘树杞博士眼见文科院人才济济，校长对国学院青睐有加，生怕校长的天平向国学院而倾斜，便开始处处刁难国学院："语堂，你申请购买十个书柜，学校没办法批准。如果国学院需要十个书柜，那理科院也需要十个书柜呀！"

林语堂努力忍住心中的怒气，只听刘树杞又问道："你们国学院的顾教授听说已经请了三天假了？"

"是的，顾教授害了急性胃肠炎，到医院输液去了。"

"那请假条在哪里？要是人人像顾教授这样不用请假，那厦大岂不是大乱？"

林语堂几乎想咆哮了，逼着一个胃肠痛得死去活来的人写假条，这也太不近人情了！事后补写不行吗？他想拍桌子，可是他不想让其他老师看笑话，让人议论国学院院长和理科院院长当众争吵，他努力克制着自己，告诫自己平静下来。他冷冷地说了一句："假条以后我让顾教授补上。"说着扭头就走。

因为国学院的房屋尚未建造，暂借理科院所属的生物系三楼办公，刘树杞看着国学院考古学会中陈设的北邙明器，恶声恶气地骂道："这也配算作国学！"

这天，林语堂走进办公室，见刘树杞正在看一份文件，而上面赫然写着国学研究院，林语堂愤怒了："刘院长，这文件本应由我拆阅的，哪里敢请你代劳？"

刘树杞不慌不忙："校长授命于我统管厦大的财务。国学院的预算，我自然要关心关心。"

刘树杞越来越得寸进尺，随意削减国学院的经费，连国学院申请购置设施都被批驳了回来。总之，林语堂要办的任何事情，都因经费问题而寸步难行。而刘树杞自己的理科方面的学术研究院，在筹备期间，就可以支付教授的薪金。理科院和国学院，一个变成亲生的，一个变成后妈生的了。

理科院咄咄逼人，国学院本应抱团一致对外才对，可惜国学院的"窝里斗"愈演愈烈，鲁迅和朱山根等人见了彼此不理不睬。鲁迅最近怒火中烧，理科院竟然三番五次向他讨要房子，逼他住到地窖里去，气得鲁迅胡须全部翘起来！鲁迅对厦大毫无留恋，决意离开。所以恼火过后，他对房子之事采取了含笑而旁观之的超然态度，也不去与人理论计较。有位教员到鲁迅处泡茶，谈起国学院"窝里斗"的内幕不无忧虑："真为林教授担忧呀！目前理科院院长他们之所以还没有跟林主任彻底决裂，是顾忌兼士和您两人在这里，顾忌国学院的人都是由林主任直接或间接荐来。外界以为国学院内部众志成城，一旦国学院内部相互倾轧的家丑外扬，林主任的日子就难过了。倘若林主任一失败，白果他们也站不住了。而他们一面排斥您，一面又忙着接家眷，准备作长久之计，没见过这么糊涂的！"

鲁迅叹息道："当局者迷，旁观者清呀！白果之流，可悲，可叹！"

11 月 27 日，林语堂陪鲁迅去集美学校演说，归途中，鲁迅又一次诚恳地规劝林语堂和他一起去中山大学，这是几个月来鲁迅第五次劝说林语堂离开厦大了。林语堂知道鲁迅一片好意："好吧，我也决定离开厦大了，终究要离开的！"鲁迅预言道："你若再碰几个钉子，估计就会下决心离开了。"他拿出一本《呐喊》送给林语堂："你读读吧，读了以后也许会更理解我。"

林语堂连声称谢："我一定好好拜读。"

读完《呐喊》，林语堂兴奋地对鲁迅说："阿 Q 是中国小说史上最成功的形象之一，它刻画出了国人的灵魂！一辈子有这样一篇小说，足够了！"

在随后的几天里，鲁迅频频在林语堂寓所里用餐。林语堂知道鲁迅去意已决，相聚的日子已经不多，因此倍感珍惜。12 月 12 日，鲁迅最后一次劝告林语堂："语堂，现在离开厦大已成了不可改变的决定，剩下的问题只是什么时候走了。你应该抛掉最后的幻想！"回到宿舍，鲁迅开始收拾行装。他觉得自己对林语堂尽到了一个诤友的责任，终于在临走之前放下了搁在心口的一块石头。

厦大的现状使林语堂心寒，回想鲁迅劝他离开厦大时所说的话，林语堂激愤难平。他的寓所在镇北关附近，虽在厦大校园之内，但周围却是一片坟冢，林语堂每日回家都要穿过那成行成列整千整百的坟坑、土堆及碑石，激愤使他全然忘记了什么叫畏惧，有时他干脆一屁股坐在了坟中的碑石上。周围的现实生活，比起幽灵世界有过之而无不及，从南到北到处是荒冢般的黑暗生活。刘和珍的血、杨德群的尸体、《京报》上的通缉名单和厦大那班争权夺利的小人在他眼前一一掠过，这样的生活让林语堂像一个看惯了哭坟的人一样，已经无泪可落。鬼是虚无缥缈的，反而是小人比鬼更让人憎恶。

这一阵子，林语堂常常失眠。在那失眠的夜里，大海的呻吟和海风的呼啸在他的灵魂中掀起了阵阵惊涛骇浪。这鬼蜮荒冢的国土让人意气难平，林语堂心潮起伏，在《冢国絮话解题》这篇文章里吐露了自己的心声：

"喜欢瞌睡的人尽管瞌睡下去；不喜欢瞌睡而愿意多延长一点半生不死的苦痛的人，也就在冢国里谈谈笑笑。"

鲁迅看了十分赞赏："语堂，一直以为你是风花雪月之人，难得你能看清这黑暗现实犹如冢国！"

林语堂生病了，他发起了高烧。人在生病时总是软弱的，厦大的一切让林语堂心灰意冷。

1926年的最后一天，鲁迅正式辞去厦大的一切职务。第二天，广州《中山大学校报》刊载了鲁迅应聘该校的消息。战友即将离去，林语堂既对鲁迅离去感到不舍，又为朋友脱离了这"窝里斗"的地方感到庆幸，同时为自己的进退两难惆怅不已。

正值元旦放假，林语堂参加了厦大文学社团泱泱社为鲁迅的钱行。林语堂内心是非常崇敬鲁迅的，尤其是这半年来与自己并肩战斗的鲁迅。在林语堂心目中，鲁迅是现代中国的"超人"，是一个穿着尼采式长袍的"先驱者"。夜晚，林语堂从为鲁迅钱行的宴会归来，突然风狂雨暴，海上一浪高过一浪，雷声轰鸣，闪电刺破了天空。林语堂心中的那座火山爆发了，他激动地摊开稿纸，把那愤怒的岩浆全部倾泻在上面：

他们互相追逐，而不知所以。他们互相激怒，而不知所为。他们只闻见赝币的玲珑，及金银的叮当……

这大城有祸！——而且我愿意马上看见烧灭他的火柱！

林语堂想起白天在大街上看见一队蓬头垢面、风尘仆仆、形容憔悴的武装兵走过，他觉得这些人不是毒蛇猛兽，而只是驯服的家犬家禽。于是，林语堂借萨拉斯脱拉的话说出自己的心声：

我未看见东方的猛兽，我只看见一群驯养的家禽。你不看见那鸭掌一左一右在泥泞中踏践，你不看见那垂头丧气雨后淋漓的羽毛？我听厌这善解人意的吠声，我愿听一吼震地的长啸，我厌腻这学唤主人的笼鸟，我愿看鼓翅冲天的飞鹰。

林语堂彻夜不眠，奋笔疾书，几个月来压抑在胸口的闷气终于一吐而快。这个城市快让他窒息了，人心已经发霉，志向也已染了痨疾。他是不是也应该像鲁迅一样到外面去呼吸一下新鲜空气？倘若鲁迅是萨拉斯脱拉，自己便是那呆汉。应该学习萨拉斯脱拉！

鲁迅要离开厦大的消息传出后，震动了厦大血气方刚的青年学生。学生代表找到鲁迅住处："老师，我们很喜欢您的课。能听您的课，是我们的荣幸。您不要走，好吗？"鲁迅摇摇头："谢谢你们对我的厚爱。只是，我来厦大之前原以为这里是清净之地，没想到语丝派和现代评论派的论争延伸到这里来了。我实在是厌倦这样的'窝里斗'。"

学生听说鲁迅是被逼迫而离开，十分愤慨，他们深知：如果学校不改革腐败的风气，所有南下的名教授都会被逼走。沈兼士走了，孙伏园走了，现在鲁迅要走，下一个又该是谁走呢？

于是，要求改革的学潮像火山一样爆发了，岩浆滚滚。1月7日，校园里到处张贴着"打倒刘树杞"的标语，重建新厦大的呼声振聋发聩。学生们冲进刘树杞的办公室，要求刘树杞给一个说法。刘树杞慑于学潮的威力，收拾了行李悄悄离开了厦大。愤怒的学生们找不到刘树杞，便直接冲进了林文庆的办公室："校长，我们把你告到省政府了！"正在办公的林文庆目瞪口呆。此时教职员也涌了进来，将校长办公室挤得水泄不通，要求厦大和广州中山大学一样，取消校长制，改革成委员制。

受到冲击的林文庆坐不住了，急忙跑到南洋向校董陈嘉庚求助。一时之间，厦大人心浮动，乱成了一锅粥。

林文庆远走南洋，林语堂深知事态严重。学校不肯承认自身的错误，而把学潮的起因归之于理科与文科的倾轧，这是意料之中的。现在，理科主任已经走了，林文庆在向陈嘉庚汇报事情的经过时，总得找只替罪羊出来，才好把自己的责任推卸得一干二净。而自己正是那只再合适不过的替罪羊，因为，这次风潮的导火线虽然是鲁迅的离开，校方深怪鲁迅，林文庆对鲁迅既恨又怕："这个鲁迅，他走到哪里，哪里就有是非！"然而他又拿鲁迅没办法，鲁迅已经辞职。鲁迅是谁请来的？是林语堂请来的。总根子还在林语堂身上。现在校内流传着的种种流言，说得有鼻子有眼，而且，似乎人人相信这流言。

就在流言四起的时候，国学院个个人心惶惶，特别是由林语堂所引荐来的那批被当地人称作"外江佬"的南下教员。顾颉刚找到林语堂："语堂？你准备如何？我准备与你同进退，如果你走，我也决不留下。"林语堂苦笑："谢谢你！路遥知马力，日久见人心，你是忠厚之人！你没瞧见吗，好多人积极做各种应变准备，他们心急得连我走后的新班子组成名单都拟好了。墙还没倒，他们就迫不及待要来推了。"林语堂到此刻才深深地明白：天真任性的人是免不了要摔跤的。

离开的时候终于到了。武汉国民政府外交部长陈友仁再三邀请林语堂前去担任外交部秘书一职。廖翠凤舍不得离开，二女儿林太乙刚刚一岁，生下来就随着父母千里奔波，廖翠凤希望能有一个安稳的家，在这里还有娘家人帮她带孩子，若到了其他地方，即使请保姆也让人不放心得很。林语堂道："倘若能不走，我也不想走啊！我也想有个安定的家，不用到处流浪。可眼下这境地，不走是不行了。你想，与其在厦大待着，整天如乌眼鸡般你盯着我我盯着你，不如到老朋友那里去，至少，友仁会给我礼遇的！"林语堂清醒地意识到，厦门已经不是他的故乡了，他的故乡只能留在记忆之中，永远也回不去了。他所能做的，只有流亡。不停地流亡。这是 20 年代所有知识分子的宿命。

笃信嫁鸡随鸡嫁狗随狗的廖翠凤，再一次带着两个稚龄女儿踏上了往武汉的船只。

第六章 | 上海

（一）中央研究院的美差

天下之大，何处是安身之所呢？不仅妻子盼望有一个稳定的安身之所，林语堂也厌倦了这种动荡不安的日子。他把目光投向了上海。上海是他度过美好大学时光的地方，如今是租界，相对安全，那么就出发吧！上海！我来了！此时的他，身心疲劳，一片迷茫。

此时的上海成为全国著名文人的避难所。自国共分裂以后，到处血雨腥风，屠杀的血浪染红了中国大地。参加北伐战争的左倾作家，如大名鼎鼎的郭沫若、成仿吾、郁达夫、瞿秋白、周扬、钱杏邨、潘汉年等人都来到了上海。那些投笔从戎的教授、作家，也已从昨日的风云人物变成了今日令人避之不及的通缉犯，上海租界成了中国的政治流亡者、江南士绅、败军败兵乃至被通缉的罪犯、盗贼的避难所。所有的避难者回想前尘往事都不胜感慨唏嘘，其中之风云变幻恍若隔世。避难的左倾作家或弃政从文或弃军从文，放眼望去，昔日的战友，前进的前进，颓唐的颓唐，叛变的叛变，各自走自己心目中所选择的路。

让林语堂振奋的是，上海变成中国知识界的又一次大迁徙的中转站和落脚点。新文学阵营方面最有影响的《小说月报》《语丝》《新月》《文学周刊》《洪水》等都在上海编辑发刊，新文学运动的重心从北京转移到了上海。

林语堂追随着新文学运动的脚步也来到了上海。他的全部家当，就是他手中的那一支笔。当过教授、学者、文科主任、英文副刊编辑，又做过政府高官的林语堂，这一次在三百六十行中选择了最自由的一个行业——自由职业者，他准备当专业作家，以写作为生。他在上海忆定盘路四十三号租了房子，花园里种满了美丽的鲜花。林语堂喜欢这样的生活，他赞同王夫之的话："天理即在人欲之中。人生若无欲又何必有所作为？"去人欲而言天理，在他看来都是寥廓迂谬之谈，此时的林语堂32岁，在时代的狂风巨浪中，林语堂模模糊糊觉得，自己好像慢慢摸索到了自己的人生走向。

从此，忆定盘路四十三号成了众多文人的集散地，除了林语堂的文学成就具有吸引力以外，更具有吸引力的是他的夫人廖翠凤经常做一桌好菜招待朋友。郁达夫羡慕地对林语堂说："你不知道自己多有福气，娶了个贤内助！我太太不会烧菜，我都不好意思把朋友领回家，朋友来了，只好请他们到外面吃饭，偏偏我又穷！你这样一位太太顶得上别人一百位太太，不知羡煞多少人！你是不知道，我家那位顶多称得上半个，下得了厨房，上不了厅堂！"

他们家的伙食很丰盛。早餐有时吃面包抹牛油洋莓酱，有时吃沙丁鱼罐头，林太乙喜欢喝阿华田，配一种装在铁盒里的英国饼干，美味的下午茶让一整天都变得惬意极了。饼干盒外面包着印有蓝花纹的白纸，打开盒子要先用刀子把纸张划开，打开盖子，用小刀将那层封口的铁皮割开，就可以看见里面用多层皱褶的纸垫着的小圆饼干，上面印着花纹和英文字。林太乙有时会拿几块饼干送给要好的同学，同学舍不得马上吃，拿在手里反复玩赏，最后才慢慢含在嘴里。大家都羡慕林太乙能吃到这样的饼干。

家里所有的东西都是廖翠凤准备的，林语堂为拥有这样一位贤妻而自豪。妻子是水命，包容万象，惠及人群，喜欢热情地招待客人，而且做事永远井井有条，衣裳整齐，一切规规矩矩。两人的婚姻是阴差阳错得来的，假如他一帆风顺娶了陈锦端，锦端对艺术极有见解，但她是千金小姐，不会做菜。他们的婚姻生活会是什么样子呢？林语堂的心一阵抽痛，不敢再往下想。锦端，锦端，你现在过得好吗？陈锦端这三个字，是他心头永远的痛——岁月沧桑，相思已老。

廖翠凤按照从前母亲教育她的方法来教育女儿。她拿起一个猪肚给林如斯做示范："猪肚要翻过来，边角要洗干净。"林如斯迟疑着不敢沾那水淋淋油腻腻的怪物，廖翠凤一把将猪肚塞到女儿手里："女孩子要学会做家务活。要学的东西多着呢，改天让你学刮鱼鳞。"

"刮鱼鳞！"林如斯惊叫起来，那亮晶晶的鳞片沾在手上挥之不去的感觉实在令人惊心。相比之下，她比较喜欢跟着妈妈剪做旗袍，打结做纽扣。妈妈还教她，女孩子头发要梳整齐，内衣要常换洗，坐要有坐相，吃要有吃相。在家里，妈妈是个不可违抗的总司令，叫孩子们做什么孩子们就要做什么。

生活总算稳定下来了。漳州的林家、厦门的廖家亲戚来上海见世面时，都住在林语堂家里。林太乙最爱亲戚来，父亲借车去火车站接亲戚回家时，总会变魔术般从后车厢里拉出一竹筐新鲜的荔枝。伯伯打开竹筐将荔枝递给孩子们，那荔枝带着绿叶，还带着新鲜的露水。林太乙欢呼道："太好了！鲜荔枝！我不知在梦里梦了多少回了！"她迫不及待地掰开一个放进嘴里，大叫道："真甜！"林语堂也掰开一个放进嘴里，他品尝到了家乡的味道。

10月3日晚上，林语堂西装革履兴冲冲地来到爱多亚路长耕里的共和旅馆里。他的头发是特意刚打理过的，出门之前还照了照镜子，检查了一遍自己的仪容是否端正，还特意擦干净了自己的金边眼镜。他要见一位重要的客人。问过茶房，林语堂就被引到二楼的一间木结构房间里，林语堂一进门，鲁迅站起来道："太好了，语堂，我们又见面了！"

原来，鲁迅和许广平也从广州到上海来了。他们乘坐太古轮船公司的"山东号"，一路经过香港、汕头，在海上航行了五天才到达了上海的太古码头，就近住在这家设备不错的旅馆里。鲁迅不愿惊动太多人，只通知了三弟周建人、林语堂和孙伏园兄弟等最亲近的朋友。林语堂闻讯后立即前去拜访，成为鲁迅到上海后接待的第一批朋友，他感到了一种被信任的快乐。鲁迅此时已出版了两部小说集、多部散文集，数百篇文章，名声、地位是新文学作家之首，林语堂对他崇敬不已。

这两位"语丝"战友，自厦门一别，已经有九个月没有见面了。当晚，他们畅谈到深夜。林语堂问鲁迅："不知树人兄在上海要以何为业？"

鲁迅道："在厦门、广州看到文人内讧，加上国民党的大屠杀，我的思路是被现实轰毁了的，我决定以写作为生，做自由职业者。""四一二政变"后，鲁迅坚决反对国民党的反动统治，国民党反动派软硬兼施，既压制迫害鲁迅，又妄想抓住一切机会进行拉拢，实在是可笑之至，枉作小人。林语堂拍掌道："真是不谋而合！我也是想以写作为生，做自由职业者！"

上海很多报纸杂志向鲁迅约稿，鲁迅说："只要能登骂人的稿子，我可以天天写。该骂的多着呢！"

林语堂笑道："尽管树人兄会骂人，却骂不过你儿子！"

提起周海婴，鲁迅心中泛起阵阵柔情。鲁迅笑了："我确实骂不过儿子。有一次，海婴严厉责问我，爸爸，你为什么晚上不睡，白天睡觉！又有一次，他跑来问我：'爸爸，你几时死？'因为我死了以后，所有的书都可以归他。在海婴最不满意的时候，他骂我：'这种爸爸，什么爸爸！'我倒真的没有办法对付他。"

林语堂竖起大拇指："小公子长大以后也跟你一样文风犀利呀！"

鲁迅微笑。他和林语堂两人虽作了相同的职业选择，但具体到写什么和怎么写的选择上，他与林语堂既有相同的一面，也有截然相反的一面，已经像两条道上的跑车了。相同的是，"语丝"精神仍在他们的艺术血液里流动着；不同的是，林语堂把语丝提倡的"自由思想，独立判断"变成在政治上不左不右的中间路线。到了上海以后的林语堂变得温和，他喜欢借助"幽默"的外壳来曲折地表现自己的不满和反抗。而鲁迅则越战越勇，把自己的笔作为革命斗争中的"匕首"和"投枪"，越来越敢于面对惨淡的人生和淋漓的鲜血。因此，文学对于鲁迅来说，已经变成刑天舞干戚的战斗的武器。而对林语堂来说，文学只是个人的事业。

林语堂告别后，鲁迅望着林语堂的背影沉思：哎，我和语堂之间分歧这么大，不管曾经多么亲密无间，恐怕我们之间的友谊难以善始善终……

第二天中午，孙伏园兄弟俩做东，请大家到"言茂源"吃午饭。鲁迅端起酒杯高声道："诸位，我有一件好事要宣布。"他看了许广平一眼，许广平羞涩地低下了头。众人起哄道："快说，快说，到底是什么好事？"鲁迅道："我和广平结婚了。"众人纷纷拍掌："恭喜啊，树人兄！你们终于修得正果！"林语堂笑道："树人兄，在座的各位都是你的证婚人！我也是你的证婚人之一！我们应该合影留念！"于是请来了摄影师拍照，这是鲁迅到上海后的第一张照片，也算是鲁迅和许广平的结婚照，参加者都是鲁迅最亲近的人，大家纷纷祝福鲁迅"有情人终成眷属"！

有了家庭的负累，鲁迅觉得肩上的担子陡然加重，但北新书局却开始拖欠版税。此时北新书局起了变故，自1928年年初书局所有的工作都压到了李小峰身上，他忙得像陀螺滴溜溜转。书局原来的运营与发行由李小峰的二哥李仲丹负责，但此时李仲丹去世了，他一去世，原有的工作秩序都被打乱了。北新书局是小社，因为出版鲁迅的书籍才勉强排入二流社，管理一直欠规范，以前每月都准时把版税送到鲁迅手里，如今竟然时时拖欠。到1929年年初，鲁迅开始抱怨北新书局的糊涂与怠慢了，他给李小峰去信，李小峰忙得四脚朝天，哪里有空回信？

风言风语陆续传来。听说李小峰的兄弟挪用北新书局的钱去嫖妓、养姨太太、运动做官等。鲁迅离开北京前，北新书局按月向鲁迅支付版税，可鲁迅在厦门、广州期间，北新书局都未付版税。自1927年10月起，虽有向鲁迅支付版税，但数额甚少，而此时北新书局正出版着鲁迅的十四本书，鲁迅此时专职创作，全靠版税买米裁衣。尤其令鲁迅不满的是，面对国民党的高压，北新书局将重点转向教材和儿童读物出版，如果说这是迫于生存的无奈之举也就算了，最让鲁迅生气的是，他随手翻开新出版的《语丝》，上面赫然刊登着"包治梅毒、尖锐湿疣。地址……"这个李小峰为了赚钱，真是什么事都干得出来！鲁迅觉得被侮辱了，自己的文章竟然和性病广告排在了一起！

李小峰这时候太需要钱了。担任《莽原》责任编辑的韦素园患了严重的肺结核，韦素园是李小峰的老乡，两人素来要好，而肺结核是富贵病，韦素园急需钱，开口向李小峰借，正逢北新书局资金紧张，李小峰便未经鲁迅同意挪用了鲁迅的版税。

被拖欠版税的鲁迅极为不满。想当初北新书局创办初期百废待兴，不单单经济上有困难，在排版、装帧上也欠缺经验。鲁迅因为已出版了好几本书，在装帧方面积累了一定的经验，便给予了指点，还提供了经济上的帮助，李小峰当初十分感激。这一切，难道李小峰都忘了吗？

这天，孙伏园来到了李小峰的办公室。孙伏园满脸不悦，李小峰赶紧赔着笑脸奉茶。孙伏园快人快语："明人不说暗话，为什么作家们的稿费一直拖欠？"

李小峰双手一摊："实在没办法呀！北新书局经济困难。"

"经济困难？不是吧？《语丝》非常畅销，利润十分丰厚，这是大家都知道的。你堂堂一个书局的老板，怎能昧着良心赚作家们的血汗钱呢？"

看到孙伏园咄咄逼人，李小峰不再赔笑了："孙主编，话怎么可以讲得这样难听呢？谁赚了作家的血汗钱？说话要负责任，否则我可以告他诽谤。"

两人不欢而散。

孙伏园把此事告诉了鲁迅："你不知道，北新书局现在全变了，以剥削作家为能事。"孙伏园说的是实话，鲁迅自己已经好久没有收到北新书局的稿费了。以前出于对李小峰的同情和信任，默许他拖欠稿酬，没想到李小峰竟然得寸进尺，变本加厉，以为从此不用付给作家稿酬了！鲁迅详细算了一下，李小峰至少欠自己两万多元版税。在厦门、广州之时鲁迅靠薪水尚能勉强支撑日常生活，现在没有了稳定的收入，每一笔开销都要自己去挣回来，对于一个以写作为生的人，稿费和版税成了关乎生存保障的问题，北新书局拖欠稿费之事不能不提了。鲁迅决定向李小峰提起诉讼。

听说鲁迅要将自己告上法庭，李小峰着急了，此时鲁迅名满天下，与鲁迅打官司必输无疑，这还了得！他赶紧请郁达夫调解。郁达夫向李小峰转告了鲁迅的要求：一次性付清拖欠的版税。李小峰连连向郁达夫作揖："把我卖了也不值这些钱呀！所有的资金都用在书局的周转上，实在没有现金呀！好兄弟，麻烦你帮我把周老师约出来，我当面向他表示歉意！但愿事情有周转的余地！"

1929 年 8 月 28 日，郁达夫带着李小峰来到鲁迅住处。李小峰掏出纸版，由郁达夫当面计算最近几期《语丝》的稿酬，共计五百四十八元五角，李小峰当面奉上："先生，稿酬送迟了，还请多多见谅！实在是书局事务太多，加之没有专门的会计，所以延迟到今日。书局处境维艰，往年拖欠先生的版税还请先生宽限一些时日，这样书局才有能力慢慢偿还。"接着，李小峰把韦素园生病借钱一事说了。

鲁迅见李小峰态度还算诚恳，便收了那现金，面色缓和了些："不知要宽限你多久？"

李小峰求助地看着郁达夫。郁达夫道："如果时间太短，恐怕书局没有力量；若时间太长，又对先生不公允。我看这样吧，书局总共欠先生两万元，那就分十个月付清吧，一个月付两千元。你们觉得如何？"

鲁迅点了点头。李小峰大喜过望："谢谢先生成全！感谢先生宽宏大量，晚上我就在南云楼设宴向先生赔罪，恩请先生务必赏脸！"本来文化界和新闻界都在等着看李小峰的笑话，因为如果和鲁迅打官司，鲁迅名气大，而且北新书局理亏，真打起官司来北新书局必定一败涂地，从此出版界便少了一个竞争对手，许多人准备看好戏。现在事情和平解决，让李小峰着实欢喜。

晚上，李小峰早早到了南云楼，精心研究菜单，他点的都是鲁迅喜欢吃的菜，最后还点了一道甜品，他知道鲁迅先生喜欢吃甜点。刚拟定菜单，文友陆陆续续来了。杨骚、衣萍、曙天单独前来，林语堂则带了夫人廖翠凤。李小峰想着趁这个机会《语丝》的同人一起聚一聚。林语堂和杨骚是龙溪老乡，见了面分外亲热。

因为高兴，所有人都喝多了。林语堂此时有了几分醉意，忽然一拍额头："咦，张友松怎么没有来？"此话一出，鲁迅的脸色霎时变得难看起来。林语堂不知道自己无意中踩了地雷。原来张友松本是北新书局的编辑，春野书店创办人，他也想办书局，已经上门拉拢了鲁迅几次，并声称自己绝不会像北新书局那般行事。鲁迅的火"噌"地一下串了上来，这个林语堂太过分了，竟然暗地讽刺他提起诉讼是喜新厌旧为了与张友松合作，是可忍孰不可忍！有了几分酒意的鲁迅脸色发青，拍案而起，连连说："我要声明，我要声明！"

林语堂丈二金刚摸不着头脑："你要声明什么？"

鲁迅一气之下将杯里的酒泼到了地上："你别揣着明白装糊涂！"

林语堂也火了："你说什么我根本不明白！"两人均怒目而视，像两只被激怒的公鸡。郁达夫赶紧劝道："树人兄，语堂是无心之语，你就别跟他计较了！"

一场宴会不欢而散。鲁迅愤愤不平，他邀请杨骚到他住处接着聊，杨骚正赶上拉肚子，肚子疼得厉害，面色惨白。他抱歉地对鲁迅说："先生，我身体不适，容我先回去休息，改天我再登门拜访。"

鲁迅拂袖而去。心想："杨骚和林语堂是老乡，见我和语堂争吵，他自然站在老乡那边！"

杨骚叫苦不迭。本来一场高高兴兴的宴会，竟然闹成这个样子。而且先生不仅误会了林语堂，还误会了他，真不知该如何挽回呀！

南云楼宴会出了风波，但北新书局赢得了鲁迅的谅解。没想到李小峰高兴得太早了。北新书局因为出版鲁迅、蒋光慈、冯雪峰等人的禁书再度被封，李小峰连夜指挥员工将相关书籍扔到后院天井中，举火焚烧，火光彻夜不绝。李小峰的心在刺痛，这是在烧钱啊，也是在焚烧作者的思想，也在烧他的心。可是，不这样做就过不了关。全家将细软置于箱中，放在房门口，准备随时拿起来逃命。后来，李小峰凑了三万元银洋，托人上南京走了门路，北新书局才获得了重新营业的资格。

得知北新书局遭难，鲁迅特地将两叠稿子交给了李小峰。李小峰打开一看，一叠是《三闲集》，一叠是《出了象牙之塔》。李小峰感激地看了老师一眼，说一声："谢谢！我一定把这两本书做得漂漂亮亮地出版！"他知道，这是老师看到北新书局陷入困境，前来帮助他。

1932 年 4 月，鲁迅开始编《二心集》，一如既往交给北新书局。《二心集》中主张翻译首先要"信"，而此时北新书局总编是李小峰的妹夫赵景深，赵景深力主翻译先求顺，宁可"不信"，两人观念大为相左。赵景深吩咐伙计："你把书稿退还给鲁迅先生吧。书里面有错误的观点，北新书局是不会出版的。"

鲁迅的书稿生平第一次遭到北新书局的拒绝。鲁迅笑了："我知道，这是骂赵景深驸马太多的缘故。"

在赵景深的手下，北新书局经营渐渐困难了。李小峰写信请鲁迅帮忙，鲁迅回信道："我亦年渐衰迈，体力已不如前哉。区区一二本书，恐无甚效，而北新又须选择，我的作品又很不平稳，如何是好。"

李小峰生平第一次遭到了鲁迅的拒绝。他知道，这是因为妹夫赵景深拒绝了鲁迅。原本厚着脸皮求助，希望老师能看在多年师生情谊的面上再次帮他一把，现在希望破灭了。其实，这样的回复是他早该料到的。拿着老师的信，李小峰再次读了一遍。哎，一份珍贵的师生情，就这样成了昨日黄花。他知道，是自己太不珍惜，导致自己失去了这么一份珍贵的师生情。

林语堂很想念语丝土匪的日子！当初与鲁迅并肩战斗谈笑风生，如今他经常投稿的《语丝》《奔流》等刊物都先后停刊，自南云楼风波后又与鲁迅中断了往来，实在是苦闷至极。《语丝》因为没有专门的办刊经费，坚持到 1930 年 3 月 10 日才停刊已是奇迹。与心爱的刊物分别，跟与心爱的友人分别一样让人心痛。

好在天无绝人之路，蔡元培先生及时向林语堂伸出了援手，聘请他为中央研究院的编辑。自宁汉合流国民党在南京建立中央政府以后，南京政府效仿当时法国的教育制度，成立大学院代替教育部的部分职能，同时成立中央研究院，由深孚众望的蔡元培兼任院长。

早在"五四运动"期间，林语堂对蔡元培先生的品格就十分景仰。前清进士出身的蔡元培，当过翰林院的翰林，与孙中山先生过从甚密。蔡元培还是一个西方通，曾经留学法国、德国，这在国民党元老中是非常难能可贵的。"五四"前夜，蔡元培担任北京大学校长，把北大变成了充满民主自由风气的地方。平时他出门常常会带上一两本线装书，在舟车上或其他时间忙里偷闲翻阅，读到有用的材料就折角或以铅笔做记号，分秒必争。他提倡学术自由，"大学教员所发表之思想，不受任何政党之拘束，亦不受任何著名学者之牵制"，一方面邀请新旧各派著名学者到北大任教，为陈独秀、胡适、李大钊、鲁迅等《新青年》派敞开了大门，另一方面也聘用旧派名儒刘师培、黄侃等人，连始终留着辫子忠于清室的辜鸿铭，也没有拒之门外，所有的北大师生都记得辜鸿铭这条民国最后的辫子。"五四"以后，北京各大学教职员在清华开会，不少人登台演说时慷慨激昂，却是雷声大雨点小不见实际行动。这时，只见蔡元培静穆地站起来，以低沉而有力的声音说："我们所寄身的这个时代，正浸淫于整体性的堕落之中。我们这样抗议有什么用处？应该全体辞职。"会后，蔡元培当晚就一个人登上南下的火车离开了北京，给同人留下一个飘然的背影。从此，林语堂对蔡元培先生钦佩不已。

林语堂得到蔡元培的器重，兼任该院的国际出版品交换处处长，实际上是蔡元培的英文秘书。工作十分清闲，月俸三百元，相当于一个有名望的大学教授的工资。蔡元培给林语堂的这份差使让林语堂的生活有了保障。林语堂很感谢，这是上苍对他的厚爱。蔡元培虽为师长，但平易近人，他戴着一副黑框眼镜，说话总是声音柔和，待人谦和温恭，在林语堂眼里不仅是一位温文尔雅的大学者，还是一位值得亲近的朋友。他跟胡适一样，都是让人如沐春风的谦谦君子。林语堂何其幸运，能受到两位谦谦君子与大学者的帮助。蔡元培家在上海愚园路，离林语堂家很近，所以每天早晨蔡元培的专属车辆经过林语堂家里，都会鸣上两声喇叭，林语堂便应声而出。上了车，林语堂道："院长，早上好！当你的邻居真好呀，可以天天蹭你的车，享受一下院长的待遇！"汽车飞驰，两排法国梧桐从车窗边掠过，林语堂一路上谈笑风生，每逢性格开朗的林语堂侃侃而谈地发表自己的各种见解时，蔡元培都是很客气地说："是是，你的说法不错。"蔡元培是个很随和的人，夫人米饭煮得好他也吃，煮焦了他也吃，但对于重要的问题则严格认真，绝不妥协。

中央研究院所属的国际出版品交换处在一幢坐北朝南的砖木结构的二层楼的花园洋房里办公。楼前有打理得绿油油的草坪，四周有围墙。从楼梯上去，二楼东侧的一大间就是院长办公室，蔡元培、杨杏佛等都在这里办公。林语堂的办公室也在二楼，房间只有十几平方米，里面放满了他收藏的元明善版书，来的人乍看之下还以为自己走错了地方。

林语堂每天上午去亚尔培路办公，下午在家闭门读书。他既不喜欢同朋友随便来往，也不欢迎不速之客去串门聊天，因为他的时间太宝贵了。外界读者读过他的闲适小品文后，往往误以为他整日生活在小品文所描写的风花雪月之中，其实他几乎把空余时间都花在阅读古今中外的各种著作上。他对自己的要求是"文章可幽默，做事须认真"。在家里读书写作累了，他喜欢躺到床上休息，床头放着他心爱的烟斗，颈上无领带，腰上无皮带，足上无皮鞋，十只脚趾都是自由的。

此时蔡元培继聘请林语堂之后又聘请了鲁迅、江绍原等为大学院的特约撰述员，月俸也是三百元。鲁迅快乐地接受了。因为写稿的收入毕竟是不固定的，而且杯水车薪，难以养家糊口。之前的鲁迅，其实是处于失业状态。生存是第一需要，现在生计成了问题，用钱的地方多，所以即便写作多产，也不免焦虑。鲁迅给朋友写了一封信中说："然则不得已，只好弄弄文学书，待收得版税时，本也缓不济急，不过除此以外，另外也没有好办法。在这专要人性命、不太平的时候，倘想平平稳稳地吃一口饭，真是困难极了。"此时同乡蔡元培向他伸出了援助之手，为鲁迅安排了一个"大学院特约撰述员"的职位，这可是名副其实的美差，不用上班，研究可作可不作，纯粹照顾性质，月薪三百元，实在诱人！在与许广平谈恋爱时，鲁迅就设计过自己的理想职业："一者免得教书，二者免得陪客，三者免得做官，四者免得讲应酬话，五者免得演说，从此可以专心写报章文章，岂不舒服！"于是鲁迅便与林语堂成了同事。南云楼风波后林语堂甚是后悔那天与鲁迅冲突，如今两人虽然和解，但只限于见面点头微笑致意。

（二）有意的孤行

1928 年 9 月，林语堂接到了上海东吴大学法律学院吴经熊院长的电话："林教授，我们学院邀请您兼任英文教授一学年，您意下如何？"林语堂很高兴地答应了，一则可以增加收入，二则也不至于使他的英语荒废。他很认真地备了课，因为他自己上过大学，深知现代大学的弊端，他想努力改变这现状，让学生快乐地学习。现代的学校选择的各门功课枯燥无趣，因此学校编排课程便降低程度，专为那些对功课没有兴趣的学生而设，以免期末考成绩太多人不及格，面子上难看。另外，学制浪费了大量时间，目的只是学生给予积分。至于学生在成长时各个时期的个性需要以及从学习中空间中以得到些什么，则完全被忽略了。

其他系的大学生逃课现象甚是严重，学校往往靠点名才能维持校纪。可是，林语堂上课从不点名，悉听学生自便。他认为，高明的教员自然会吸引学生，他自信自己的学识和教学方法比点名有效多了。事实果真如此，林语堂的课虽不点名，但学生没有缺课的。而且，外班的学生还常常来旁听。所以，只要林语堂上课，教室总是挤得满满的，座无虚席。考试是评定学生成绩的一种手段，这是谁也无法否认的。但林语堂的英文课，却不举行任何死板的命题考试，既不单元考，也不进行期中考、期末考。可是到了期末，每个学生照样有分数，因为林语堂有他自己的一套计分标准，十分科学，学生们个个口服心服。每次上课，实际上都在进行非正式的考试，他随时指名提问，请学生轮流站起来，或让学生互相对话，既是训练，也是测试，就像相面先生一样，略为一相，就定下分数高低。他更鼓励学生自由发问。这样，学期结束以前，他对每个学生的程度和学力，都已有了准确的估计。林语堂的记忆力很好，全班一百二十余人，上了三五堂课以后，几乎能认识一半，见面时能直呼其名。有时，对个别学生的功课情况没有十分把握，也绝不随意打分数，而是请他们到讲台前，略为谈上几句，然后定分。这种定分方法，可谓奇特，但学生认为十分公正。林语堂这种做法极具名士风度，潇洒至极，深受学生欢迎。

枪打出头鸟。教务主任找林语堂谈话了："你这样根据个人好恶任意评分，不就乱了套吗？"

林语堂道："我这种方法，需要教员为人正直，绝不徇私，这样的打分方法不是一般教员能使用的。若教员徇私，那便是东施效颦罢了。"

教务主任话锋一转："听说你常在课堂上控诉现代教育制度和方法的各种流弊？你这样搞得学生人心惶惶。教师总得有教师的样子。"教务主任去巡课时，往往看到林语堂有时坐在讲桌上，有时坐在椅子上，双脚放在桌上，边讲边谈。看到林语堂这副模样，教务主任皱着眉连连摇头，这位喝过洋墨水的先生做派，实在让他大跌眼镜。

林语堂毫不掩饰："是的。我本人就是现代教育制度的受害者。所以我要改革。"林语堂上课时总有笑声从教室窗户飞出，他从不摆出教育家的派头，从不采用呆板的填鸭式或注入式，他的课堂自由自在，笑话连篇，学生们情绪轻松，又学得很快。为了增进学生的理解和会话能力，他总是以英文讲解，一开始大家一头雾水，很快地，学生就融入了其中。别的教授一句一段地灌输，林语堂则把教材扔在一边，拿着自己从报刊上摘录下来的文章编成的《新闻文选》进行讲解，他挑选的文章都是生动有趣而实用的。

"同学们，你们知道中文的'笑'在英文中有哪些词吗？"

学生七嘴八舌地回答："大笑！微笑！假笑！痴笑！苦笑！"

"那'哭'的说法呢？"

"大哭！假哭！饮泣！哀泣！"

林语堂根据学生的回答一一指出异同，并由学生当场造句，或课外做习题。学生都喜欢这样的启发式教法，不仅打开了思路，扩大了信息量，还能触类旁通，举一反三，受益无穷，很多学生的口语水平大幅度提高，个别尖子生都能自如地与林语堂用英语进行对话了。林语堂鼓励他们："你们如果想多看看外面的世界，就应该努力学好英语，这样才能接触最尖端的知识！"

一位短发圆脸的女生跑过来："老师，图书馆的书太多了，您帮我开一些书单吧！"

林语堂正色道："在选择书籍方面，你自己才是你真正的老师。"

圆脸女生一头雾水。

林语堂道："读书应该因人而异、因地而异、因时而异。悲伤的书籍不可在伤心时看，否则只会更加伤心。哲学书籍应在清静的时候看，否则领悟不了。世上没有人人必读的书，只有在某时某地某种心境下不得不读的书。也许有些书你应该读，但对我来说也许万万不可读，正所谓你之蜜药我之砒霜。即使必读之书，也未必任何时候都宜读，要根据自己的思想发育程度、见解程度来选择，不必强读自己无法理解的书。"

圆脸女生似懂非懂地点了点头。

"好学之人常为'苦学'或'困学'所误导，其实，成功的读书者，应该乐在其中，没有所谓的苦。只有从书中找到了乐趣，才能乐于读书，而最终读到好书，最终有所成就。简单来说，你要寻找属于自己的文学情人，也就是找到一位与你气质相近的作家，他让你一见倾心，引发你强烈的共鸣……"

受到谈话启发，林语堂乘兴找到教务主任提出了自己的建议："主任，我觉得学校只需拿5%的学费作为办公费用，其余95%统统拿去买书，让学生自由翻阅，到年底抓阄分配，各人将书拿回家去。只要所用的工夫与规定上课的时间相等就可以。"

教务主任瞪大了眼睛："语堂，你不觉得这是异想天开吗？照这种读书法，学生必定不得要领、杂乱无章、涉猎不深、不求甚解。那还要学校做什么？"

林语堂坚持自己的观点："确实会出现如你所说之类的弊端，但总比把学生像猴子一样关在笼子里强！你见过笼子里的动物吗？一个个无精打采，寿命都比自然生长的短！"

教务主任摇摇头，走了。

学院里的条条框框让林语堂倍感束缚，他在东吴大学只教了一学年。虽然林语堂深受学生爱戴，但教学与写作相比，还是写作让他觉得快乐一些。一年后，林语堂辞掉了教职，写作成了他的主业。

眼下的现实环境已不允许林语堂像在北京那样"任意而谈"了，几十万人头落地的残酷事实，让人闻之色变。回顾"三一八"惨案时，他曾拍案而起怒斥刽子手的往事时，他故意用反话来责怪自己当年的幼稚。现实让林语堂幡然领悟。现实的中国，唯有屠刀是永恒的真理和最高的权威，这是他反思后得出的结论。林语堂不想再作无谓的牺牲，但他也没有忘记，把自己的经验告诉那些后来的青年。不知不觉间，他的文风正从"语丝文体"向着"论语格调"过渡。1928年12月，林语堂整理了这几年来的文章准备结集出版。这是他第一本散文集，他倍感兴奋，将会有一本书封面上印着他的名字！他在《剪拂集》的序言里写道：

"时代既无所用于激烈思想，这是太平人所以感觉沉寂的原因。有人以为这种沉寂的态度是青年的拓落，这话我不承认。我以为这只是青年人增进一点自卫的聪明。头颅一人只有一个，犯上作乱心志薄弱目无法纪等罪名虽然无大关系，死无葬身之地的祸是大可以不必招的。"

"林语堂真是贪生怕死！"柔石这样说。

郁达夫道："非也。非也。你火气太旺，没有读懂语堂的话。这是语堂用反语抨击了无情的屠杀和镇压，同时也告诫人们不要作无谓的牺牲，要死得有价值。他这是用反语讽刺了那种草木皆兵的政治恐怖气氛。有哪个顺民敢这样冷嘲热讽？只有不愿做顺民的人，只有不怕头颅落地的人，才会在这种随时可能招来杀身之祸的时刻，还敢于出来用反语说几句不满和反抗的话。敢于把矛头直接对准社会现实——而不是对准文人内部——除了鲁迅之外，寥若晨星。语堂能够不避风头、不沉默，实在是难能可贵的了！"

柔石不以为然："你是他的好友，你自然为他说话了。明明是缩头乌龟，你偏偏美誉成韬光养晦。"

郁达夫答道："语堂是个什么样的人，就让时间来证明吧！现在的形势迫使林语堂由任意而骂转变为寄悲愤于幽默，他更多地使用反语、隽语、曲笔来影射，如果不注意他在文风上的这一显著的转变，就很可能会完全误解他的原意。"

"误解？你瞧瞧这一句'头颅一人只有一个'，只有他的头颅比别人金贵些！他就小心守着他的头颅吧！"

郁达夫道："你是因为不了解语堂的出身。他出身于一个牧师家庭，而且受了西洋的过度教育，反对道德因袭以及一切传统的拘谨。他又生性直率，浑朴天真，所有一切性格上的矛盾、思想上的混乱、行为上的变化都是合乎情理的。他在语丝时代的真诚勇猛，是书生本色；至于近来的耽溺风雅，提倡性灵，亦是时势使然，或可视为消极的反抗，有意的孤行。"

林语堂听闻了外界的看法，自言自语道："误会？就让他们误会去吧！也许历史本身就是一个误会！"郁达夫的看法让林语堂十分感激，人生得一知己足矣。在一大片指责他的声浪中，郁达夫挺身而出为他说了这些公道话十分难能可贵。也许是因为郁达夫自己因为创作了零余人的形象倍受批判，与林语堂同病相怜吧？郁达夫一直坚持"文学作品，都是作家的自叙传"，而此类小说和作者私人生活、内在心理的过度贴近，以及作者对自身生活的大胆袒露，引发了人们对文章背后作者私人生活窥探的欲望。郁达夫长期被认为革命意志消沉，妇人和酒是他文学创作的原初动力，他的一生都与女性有着不解之缘。虽有着惊人的才情却难经抵消其风流禀性的不良影响，谁曾料到他后来会成为为国捐躯的抗战英烈！

不管如何，郁达夫的公道话犹如雪中送炭，让林语堂倍感温暖，视他为终生的朋友。林语堂发现，自己的朋友大多是备受争议的人物，因为他自己也备受争议。物以类聚，林语堂喜欢创作风格与创作观点相近的周作人与梁实秋。他有做自己的胆量，他鄙视社会中的伪善和人情的势利。

《剪拂集》是林语堂的第一本散文集，收录了他发表于《语丝》《莽原》等刊物上的文章，这些初期的文字追思往昔、纪念亡友、剪纸招魂，犹如学生示威游行一般慷慨激昂披肝沥胆，但偏于稚嫩缺乏技巧和文字美感。即便如此，林语堂还是敝帚自珍。民国群星璀璨，年轻的林语堂只是个无名小卒，经过这些年的努力，他在星空中发出自己的光芒。这本散文集里所写之事虽然时过境迁，但南下两年来，反使林语堂感觉到北京一切事及或生或死的旧友的可爱。《祝土匪》在二十七篇文章中赫然列为卷首。这是对语丝战绩的追思，也是对"土匪"的战斗精神的赞美，等于是骄傲地向世人宣告：他林语堂仍是一个"土匪"！郁达夫道："可惜还是有人把《剪拂集》这样的'叛徒'的宣战书当作'顺民'的自白！"

不过，多年后林语堂重新翻看自己的第一本书，觉得甚是羞惭和不满，早期的文字过于直白，缺少艺术感染力。哎，人总是悔其少作！

（三）文人也可以不穷酸

邮差在房门外大喊："林语堂，稿费单！"

廖翠凤正在厨房洗菜，双手湿淋淋的，她用布擦干双手，应声而出。丈夫不在家，她代为签收了稿费单。一张是九元，一张是十四元，总共是二十三元。要知道，很多人月工资才三十元，丈夫的这两张稿费单就相当于人家的大半个月工资。廖翠凤一天当中最快乐的事就是听到邮差的自行车车铃声从小巷子那边由远而近传来，很快地，就能听到邮差的吆喝："林语堂，稿费单！"邮差的声音让廖翠凤如听仙乐。收到丈夫的稿费单是她顶快乐的时刻，她会立刻盘算起来，要给三个女儿添置什么新衣服，今天到菜市场买菜可以买上两只螃蟹犒劳丈夫。保证丈夫的健康与营养，他才能够写出更多更好的东西，从而挣来更多的稿费。

廖翠凤很庆幸丈夫能够靠手中的一支笔养活全家，不像丈夫的很多文人朋友，到了月底经常连饭钱都没有。丈夫除了每月领着中央研究院三百元月俸之外，其余的收入则来源于他爬格子的辛苦钱。他的笔简直是摇钱树！太神奇了，稿费还有美元！而且五十美元可以生出好多大洋！林语堂有着其他作家没有的优势：他可以毫不费力、流畅自如地进行双语写作，所以同一篇文章可以得到双倍的稿酬。上海稿酬约每千字三元，特约稿例外。同一内容，以中英两种文字撰写（如《为洋泾浜英语辨》《说避暑之益》等文），分别向中英两种刊物投稿，这种"一稿两投"深受外文报刊的欢迎，因为能够用中英两种文字同样出色地写作的中国作家实在是寥寥无几。有的人英文写作水平虽高（如张歆海等）但懒得动笔，所以勤于笔耕的林语堂就成了英文报刊的忠实的座上客。他在英文《中国评论周报》的"小评论"专栏中发表过几百篇受人欢迎的小品文，后来，这些文章结集为《小评论选集》，分上下两册，由上海商务印书馆出版。英文月刊《天下》，美国的《亚洲》《哈普》等杂志，也是他经常投稿的地方。

不过，林语堂也有他苦恼的地方。很多像他这样喝过洋墨水、亦中亦西、非土非洋的东西文化夹层中人，是民国上海滩一道特殊的精神风景，他们是西洋的绅士，又有传统的名士派头；在国人跟前挟西洋自重，在洋人面前谈中国为荣；在两种文化中游走自如。不过，这样的文化两栖人有时候也会两边不讨好，西化者嫌其洋得不够彻底，爱国者又会认他们过于谄媚相。有时候，林语堂觉得自己像一只蝙蝠，既不是鸟类，也不是兽类。

看着丈夫每晚熬夜，廖翠凤心疼他："堂啊，你还在邋遢讲（闽南话，胡说八道的意思），来睡觉吧。"

"我邋遢讲跟别人邋遢讲不一样。别人邋遢讲没钱赚，我邋遢讲有钱赚。"

"你这篇文章可以赚多少钱？"

"不知道，也许可以买几天菜吧。你要多少？"

"多少都不嫌弃。"

"那我就再写一会儿。"

"早点来睡呀，别弄坏了身体。"

小笔稿费固然让人高兴，但与编写英文教科书的大宗版税相比，这些中外报刊上的稿酬收入可谓小巫见大巫了。林语堂深知上海居而不易，给报刊写稿，收入有限，而研究院的月俸则是蔡元培的人情，可惜南京政府

117

人事更迭频繁，要是研究院长易人，这人情月俸就会迅速成为泡影。世事难料，之前的厦门大学教职、国民政府秘书职位都因为不可预测的因素而中断，难保这中央研究院的饭碗能够长久。所以，林语堂看到市面上英文教科书需求量很大时也想以编写英文教科书来保障自己的经济来源。

上海开明书店老板章锡琛眼见商务印书馆《模范英文读本》赚得盆满钵满，也准备在英文教科书市场上插一脚。与出版小说相比，出版教科书是一项风险较小的盈利性经营项目。一本教科书，只要被学校定为教材，钱财便滚滚而来。而且，教材需要量大，每年都再版，是一项稳赚不赔的买卖。当然，一本新版的教科书，要在20世纪二三十年代的中国社会上树立信誉，得到学校的青睐，书店方面是要花费大量心血的，不仅要广告宣传，而且还要对经销商和用户付回扣、佣金，等等。总之，教科书市场竞争十分激烈，宛若一块蛋糕，大家都想分一杯羹。《模范英文读本》有一个致命伤就是，编者周越然从未跨出国门一步，他编的教科书实际上只是闭门造车，经不起比较和竞争。章锡琛以出版商精明的眼力看准了这一点，决定乘虚而入，由开明书店请专家来编写一套名副其实的模范读本。章老板原来是准备邀请方光焘先生来编写英文教材的，他十分信任方光焘先生的才学，给方光焘下了订金，约定三个月内交稿。三个月后，章锡琛给方光焘打电话："方先生，交稿的时间到了，您的英文教材进展如何？"

那边的方光焘一迭声地抱歉："啊，时间到了！怎么这么快？真是抱歉！学校里教学任务繁重，教材编写只开了个头呢！"

章锡琛急了："方先生，我知道您事务繁忙，但市场不等人啊，只能再给您一个月时间，不能再拖了！拜托您挤时间把这个英文教材编写完！"

方光焘期期艾艾："我只能尽力了！到时能不能把英文教材编写完，我实在不敢给您打包票！"方光焘心里想，实在编不完，把订金还给章老板就是了。

就在章锡琛着急上火的时候，老朋友孙伏园郑重向章老板推荐了林语堂。孙伏园早在创立《语丝》之前就是北京《晨报副刊》编辑，后来又到《京报》任职，还在武汉《中央日报》编过副刊，长期跻身于新闻出版界，人头熟，信息灵，他推荐的人选准没错。而章锡琛也久闻林语堂的大名，知道他曾留学于以语言学驰名的莱比锡大学，并获得博士学位，请这位吃过洋面包的洋博士来编写一套初中英文读本，在质量上肯定会超过从未出过洋的周越然的读本。所以，章老板听了孙伏园的建议马上采纳了——因为有了林语堂，不仅可以解决方光焘"难产"所造成的难题，而且还能使开明书店拿出优质的产品。有了优质产品，夺取英文教科书市场就指日可待了。

开明书店老板马上和林语堂约了见面时间。对于编写教科书，虽然林语堂和开明书店双方都有兴趣，极愿办成此事，但在细节上的谈判还是费了不少时间。开明书店此时尚属草创时期，资金有限，既不敢请专家来书店成立专门的编写班子，也无力拿现金买下书稿的全部版权。书店出书是要赚钱的，要有利可图。所以，开明书店对林语堂编写的教科书准备采用流行的计酬办法：付版税。

林语堂开门见山："我要20%的版税。"林语堂早就认定不能为贪图风雅之虚名而蒙受经济上的实际损失。专业作家以稿酬为生，在一心想赚钱的出版商面前，如果作者只顾潇洒，逞名士风度，结果将后患无穷。他的童年、青年时期有太多关于贫穷的痛苦的记忆：因为缺钱，为了供儿子上学，父亲不得不含泪变卖了祖屋；因为缺钱，二姐不得不含泪辍学出嫁，成为林语堂心中一辈子的亏欠。所以林语堂对于版税很看重，一定要当面锣对面鼓讲清楚。

章锡琛吓了一大跳，他怀疑自己听错了："不好意思，我没有听清楚，麻烦您重复一遍，你要百分之几的版税？"

"20%。"

每个字都清清楚楚，章锡琛这次才确定自己没有听错，他倒吸了一口凉气，真是狮子大开口呀！如今市面上一般的出版物是照书价的 15% 付给作者稿酬，即"销售数 × 每册的定价 ×15%= 作者所得稿酬"，最当红的鲁迅有时版税能拿到 20%，但全国只有一个鲁迅！林语堂是觉得自己已经能与鲁迅并肩了吗？章锡琛诧异地看了看第一次见面的林语堂。在他的印象中，文人都是不计钱财，风度翩翩的，而眼前的林语堂却截然不同，真是个精明的文人啊！章锡琛道："抱歉，我只能付 10% 的版税给您，但可以预支一部分稿酬。请您体谅开明书店的难处，资金周转困难得很。"市面上确实也有按 10% 计酬的，特别优惠的则按 20% 计酬，如北新书店付给鲁迅的版税。这种计酬法，书的销售额就显得相当重要，销售数越多，书店和作家的收益越大。教科书虽然销售额高，但教科书的广告宣传费用大，还要分送样书、宣传品等，再加上交际费开支、付给经销户的佣金，等等。所以，教科书的版税一般被压到 10% 左右。

林语堂断然拒绝："看来咱们差距很大啊，整整差了一大半。最低15%。章老板你再考虑考虑吧！"

过了几天，章锡琛给林语堂打电话："林先生，15% 的版税书店确实承担不起，您看这样行不行，版税仍然按 10%，但您林语堂可以按月预支稿酬三百元，这预支款，将来在版税中扣除。您看如何？"

林语堂心里一动，如果强硬要求 15%，看来开明书店确实很难承担。这是一个好机会，如果错过了很可惜。将来书出来了销量一定很大，10%的版税已经非常可观。再说了，能够提前预支版税，这是一种极大的信任与诚意，而且预支版税可以极大地改善生活条件。想到这里，他对章锡琛说："那好吧，就这样说定了。"

林语堂和开明书店达成协议后，林语堂开始认真编写教科书了，章锡琛三五日一通电话，询问教科书进展如何，林语堂总说："不急，不急，慢工出细活。"

章锡琛道："怎能不急呢？要是世界书局的英文教科书抢先出版，那咱们这本书就打不开销路了。"原来，世界书局的沈知方经理见英文教科书如此畅销，也请了大学毕业生林汉达编辑英文教材。沈知方觉得，凭世界书局雄厚的经济实力和灵活多样的经营方式，要挤垮开明书局还是有把握的。开明书局处于劣势，所以章锡琛才这般心急如焚。

林语堂慢条斯理道："不用担心，我保证按时交稿。但你要我提前交稿是不可能的，就像我当初认认真真同你谈判协议细节一样，这本书我要精益求精，我希望它既要通俗易懂，又要有品位有水平有使用价值，这样效果才会不同凡响。"

章锡琛如同吃了定心丸："那好，我相信林先生您的英文水平和语言学的知识，让我们一起期待这部教科书的成功！"林语堂果然不负章锡琛所望，由读本、文法和英文文学作品选集三部分组成的教科书送教育部审定后，于1929年出版，而且开明书店还邀请了著名画家丰子恺为读本配插图，可谓图文并茂。因质量过硬，这套书旗开得胜打开了销路，一时间各大院校争相定购，脱销后迅速再版，呈洛阳纸贵之趋势，开明书店也因此成为上海出版界的一匹黑马。转眼间林语堂的教科书销售数扶摇直上，把商务、中华的生意都抢过来了，印数和销售数独占鳌头遥遥领先，林语堂也成了羡煞众人的"版税大王"和"教科书大王"。

章锡琛得意于自己的眼光，自己押宝押对了。

不久，世界书局的《标准英语读本》也出版了。面对竞争对手，林语堂并没有放在心上，他对自己编写的教材很自信。章锡琛急了："林先生，你不大了解商业，做生意总是要独家经营才好，有了竞争，会被别人挤占市场的。"

林语堂一笑："读者买教材时，就让他们比一比嘛！"

章锡琛叫起来："不管如何，他们开始和我们争夺市场了！我这里买了一套《标准英语读本》，送去给你读读，看看有没有什么漏洞。如果有漏洞，我们就可以击败他们。"章锡琛亲自把《标准英语读本》送到林语堂家里。

没办法，林语堂只好把章老板送来的这套世界书局的读本细细审核了一番，发现林汉达的读本与自己的那一本有一些相似、雷同的地方。这时林语堂坐不住了："怎么可以这样？年轻人想成名想赚钱可以，但怎么能走这样的捷径呢？"

开明书局方面马上写信给世界书局，抗议《标准英语读本》侵犯了《开明英文读本》的著作权，托世界书局编辑徐蔚南把抗议信转交世界书局经理沈知方，要求谈判解决。

沈知方把那封抗议书转交给了林汉达："小林，这是著作权的问题，是你们作者之间的纠纷，与书局无关，你要自己负责解决。"沈知方自以为世界书局有后台，而且财大气粗，并没有把开明书局的警告放在心上。

林汉达一脸惶恐："我要怎么办呀？这教材本是公共的，使用相同的公共资源也是正常的呀！再说了，林语堂先生的教材里面也有一部分是借鉴别人的呀！为什么他能借鉴我就不能借鉴？"他涉世未深，刚刚工作就惹了这么一大摊子事，吓得脸都青了，全身冒冷汗。

沈知方拍拍他的肩膀："你不用紧张，我给你写封介绍信，你去找章锡琛协商就好。"沈知方把出版商应负的责任推给了编写者，耍了一个金蝉脱壳之计。面对沈知方的推脱之策，开明书局方面正式委托律师袁希濂向世界书局提出严重警告，要求世界书局停止侵权行为。

林汉达一颗心七上八下，急忙拿着介绍信去拜见章锡琛，而章锡琛则请他直接与林语堂联系。林汉达两次到林语堂家登门拜访却扑了个空，就留了个便条："尊敬的林先生，我的《标准英语读本》若有不妥的地方，晚生深感歉意！还请您不吝赐教！"

第二天，章锡琛和林语堂见了面，便问林语堂："昨晚你和那个林汉达谈得怎样？"

"我不在家，这是林汉达留给我的字条。"

章锡琛看了字条大喜过望："好了！有这字条就好办了！余下的事交由

我来处理就好！"

章锡琛令人把林汉达的留言及林汉达与他的谈话内容编写成一幅大广告，标题是《世界书局标准英语读本冒效开明书局英文读本之铁证》，在上海各大报刊上刊登出来，出版界一片哗然。

看到报纸，沈知方恼怒至极。之前他错误地以为这只是一场小纠纷，大家在教科书市场公平竞争，没想到事情演变到这种地步。林汉达哭丧着脸向他解释："沈经理，他们把我留言条上社交场上的虚礼客套话渲染成我向林语堂道歉认错的证据。我的教材确实是自己辛辛苦苦编写的！"

如果就此认输，将教科书市场拱手送给开明书局，沈知方实在不甘心："小林，你不用怕，我要聘请律师和开明书局打官司，控告他们诽谤罪！我有证据，开明书局登的那幅广告完全是无中生有！"

为了必胜，世界书局聘请了名噪一时的女博士郑毓秀为律师。郑毓秀一向包打必胜的官司，并以此绝招而闻名上海滩，况且世界书局有出版界的大佬做后台。

风云突变，章锡琛转眼从原告变成了被告，他再也不敢掉以轻心。情况不妙啊！第一审开庭时，承办法官道："被告！之前要求你将林汉达的纸条作为物证呈上来，你自己看看，你的广告和林汉达的纸条内容相差十万八千里！被告夸大事实，严重诽谤了原告！"

开明书局的律师袁希濂几乎没有申辩的机会。一审下来，袁希濂对章锡琛说，这案办不了，没法子，只好"敬谢不敏"。骑虎难下的章锡琛深知问题的严重性，如果败诉，就要判诽谤罪，若依法赔偿，非把开明书局赔得破产倒闭。

"怎么办呢？"书生林语堂从未遇到这样的麻烦事。

"绝不能这样束手待毙。我们一方面继续作广告宣传战，另一方面要赶紧越过上海当局，上书南京教育部，因为教科书是教育部审定的！此时南京政府教育部编审处正在审查林汉达的读本，语堂，这次要你挑大梁了，动作要快！"

林语堂无奈地点点头。局势很明显，如果不同舟共济渡过难关，就得同归于尽。当晚，林语堂挑灯夜战，把自己的读本与林汉达的读本逐条对照比较，指控世界书局的侵权之处，要求南京政府教育部保障他的著作权。

平时教育部的编审先生并不会太认真去审阅每一本教科书，但现在林语堂的上书摆在眼前，指控有理有据，先生们当然要慎重对待，以免落人把柄贻笑大方。为审查《标准英语读本》，编审处连续开了三天会，最终认定《标准英语读本》确实与林氏版本有些许类似之处，于是会议表决决定对世界书局的《标准英语读本》暂停发行。世界书局这一局败了！

世界书局在南京惨败，并不等于在上海败诉。如果世界书局在上海成功控告开明书局诽谤罪，那么《开明英文读本》将被禁止发行。所以，开明书局仍不敢怠懈，获悉南京教育部的态度以后，立即把部批文件连夜制版，做了大幅广告，迅速送交各报刊出。次日，上海法院开庭判决，法官们甚是踌躇。原先早已决定判决开明败诉，现在开庭之前看到了《标准英语读本》禁止发行的部批文件，这可怎么办才好呢？一时之间又无法改变初衷，只能硬着头皮宣判："开明的广告有侮辱世界书局和林汉达的地方，诽谤罪成立，但从轻处罚罚金三十元。"

听了法官的判决，章锡琛顿时灰了脸，像一只斗败的公鸡。林语堂安慰他道："别泄气，章经理，目前是一胜一败的格局。我们还有希望。他们的胜诉是虚的，区区三十元罚金何足挂齿！法院的判决与南京教育部的部批文件互相矛盾判决不公，舆论是站在我们这一边的！"

章锡琛振作起来："是的，开明书局不服这样的判决，我要拿着部批文件这把尚方宝剑上诉！"

世界书局现在四面楚歌。虽然在上海法庭胜诉，但读本被禁止发行却是实实在在的打击，生财之道堵死了，梦想破灭了，在舆论上也失败了。沈知方不得不央请徐蔚南设法调停，并从南京请来教育部次长刘大白出面疏通："我们恳请得到开明的谅解！同意把《标准英语读本》的纸型送交开明销毁。"

林语堂胜利了！开明以弱胜强的战绩，使林语堂及其英文教科书的声誉激增，诉讼案中你来我往的宣传战，等于为林语堂作了义务的广告。林语堂的《开明英文读本》《开明英文文法》一跃成为全国最畅销的英文教科书。出版社送了版税过来："恭喜林先生！你得请客！"林语堂接过银元，转手将银元交给太太。廖翠凤笑容满面接了过去，满心欢喜将钱拿到卧室收起来。想当初，自己说了那么关键性的一句："穷没有什么要紧！"自己才能成为才华横溢的林语堂的太太。

收好银元后，廖翠凤拿出鼓浪屿蜜饯准备招待客人。大舅子廖超兴来了。人未到声先到："语堂在哪里？"他是个高个子，腰杆笔挺，身着白色西装。他是携太太和女儿来上海惠罗公司买洋货。新年快来了，要做的事情很多，他自己本人要定做两套西装，太太要三款旗袍，还需要买皮鞋，得跑好几家柜台。廖超兴说："语堂，我们去跑马吧！好久没跑马了，手真痒啊！"

林语堂面露难色："我还有一篇约稿呢！"

廖超兴上去一把抢过他的笔丢到一旁："走啦走啦，我一年难得来一趟上海，你怎么着也得舍命陪君子啊！一篇文章对你来说小事一桩！"

林语堂急着把笔抢回来："明天就要见报的！"

廖超兴干脆把笔扔到楼下："走吧走吧！你回来加个夜班就行了！一小时就能搞定的事情！"

林语堂无可奈何起身："那跑马费你请！"

"好的，我请！"廖超兴很痛快。身为西医，他收入不菲，出手也阔绰。林语堂在国外留学的时候，经济拮据，大舅子曾经慷慨解囊，雪中送炭。现在经济条件好转，也该回报一下大舅子了。人一旦实现经济自由，精神就会愉快很多。

徐讦读了林语堂的英文教科书相见恨晚，遗憾得直拍大腿："读了《开明英文文法》之后，始悟过去自己所受的英语教育之错误，深以未能有像语堂先生这样的老师教我英文为可惜。"

几年之内，林语堂为开明编写出了一个英文教科书的系列，除那三本一套的《开明英文读本》外，因为弟弟林幽经济较为紧张，林语堂便拉着弟弟林幽合编了《开明英文文法》《英文文学读本》（上下册），《开明英文讲义》（三册）。另外，开明的英语唱片正音片全套四张，共八课，也由林语堂编写其课本。他用文学故事作课本，语文与文法又结合得较密切，颇有特色，令人耳目一新，被公认为国内最佳的教材，因而很多中学都采用了，发行量相当大。

财神爷眷顾了林语堂。版税源源不断，林语堂眨眼间成了30年代中国文坛上的经济大户，他的内心充满了喜悦。廖翠凤细细累加了一下丈夫每个月的收入：开明的每月版税七百元左右；中央研究院月俸三百元；后来编辑《论语》《人间世》《宇宙风》等杂志时的编辑费（《人间世》的编辑费每月五百元;《宇宙风》每月收入不下一千元);《天下》创刊后的编辑费等，再加上在中外报刊上零星投稿所得的稿酬，估计每月收入近二千大洋，足以让全家过上阔绰的生活。原来，文人也可以不穷酸! 林语堂充分感受到了市场的力量与魅力。一个作家原来可以依靠自己的才能而生存，经济独立了，才能安心地写文章，发表自己独立的见解。

1931年，林语堂代表中央研究院到瑞士出席国际联盟文化合作委员会的年会，顺便到英国住了几个月。在林语堂离沪期间，上海发生了"一·二八"事变，日军狂轰滥炸，整个上海在炮火下呻吟。在战乱中，廖翠凤一个人要照顾三个孩子，其中三女儿林相如一周岁多，刚断奶不久。廖翠凤整天提心吊胆，晚上睡觉时，全家都不敢脱衣服，和衣睡在楼下，以便一有情况随时可以逃跑。有时半夜睡不着，廖翠凤就会想，要是老三是个男孩，他长大后就可以保护自己，那自己的人生该是多么完美呀! 记得刚生下老三知道又是个女孩时，廖翠凤难过得流下了眼泪，她觉得自己成了林家的罪人，所幸丈夫一直宽慰她。

房门响了，廖翠凤战战兢兢问道："谁呀！"

"是我！"是小叔子林幽的声音。

廖翠凤打开门，林幽递给她三张船票："嫂子，上海目前太乱了，哥哥又不在家，你一个妇道人家不安全。你还是带着孩子先回厦门鼓浪屿娘家吧！"廖翠凤感激地向小叔子道谢。

林语堂回国之前，买了一件极贵重的东西：一架中文打字机的不完整的模型，身上所带的旅费基本花光了，只能给三个女儿一人买了一块瑞士手表。他先到厦门去接廖翠凤母女，孩子们听说父亲要回来了，都高兴得不得了，如斯和太乙涂脂擦粉打扮得漂漂亮亮，坐着小船跟随大人到轮船上去接林语堂，因为她们将近一年没有见到爸爸了。

见到林语堂精神抖擞走下船来，廖翠凤嗔怨道："英国是不是很好玩？我看你都舍不得回来了！你不知道上海的炮声有多吓人，子弹是不长眼睛的，幸亏上帝保佑，你才可以看到我们母女四人平平安安的！"见到丈夫似乎比以前更年轻了，廖翠凤心里既欢喜又有些埋怨。

林语堂抱歉地搂了搂妻子："老婆大人，你受苦了！以后，我走到哪里，就带着你到哪里！"

林太乙朝父亲伸出手："爸爸，我的礼物呢？"林语堂赶紧将瑞士表掏了出来。廖翠凤问："就只有手表？还有吗？"

林语堂不好意思地双手一摊："没有了。"他翻出口袋给廖翠凤看，口袋里只剩下三毛钱。

廖翠凤有些失望。原以为丈夫会买回大批洋货，哪知只有三块手表。钱到哪里去了呢？

林语堂兴奋地打开箱子：一架中文打字机的不完整的模型。廖翠凤有些不悦，这玩意儿能当饭吃？不过，她不忍扫了丈夫的兴，强压着不悦没有表露出来。林语堂高高兴兴把廖翠凤母女四人接回了上海。

（四）《论语》语帅

1932年的盛夏，位于上海大华电影院附近邵洵美家的客厅里，烟雾缭绕，插科打诨谈笑不绝。这原是自由派文人们的一种风气。几个志趣相投的文人，常常凑在朋友家里无拘无束地谈天说地。好客的邵洵美家的宽敞的客厅，是朋友们经常闲谈的场所，林语堂、邵洵美、李青崖、林徽音、章克标、张光宇、潘光旦、叶公超等十几人济济一堂，这些人几乎是当年《语丝》社的骨干。他们聚在一起发牢骚："上海虽然刊物林立，却没有一家刊物可以消消闲，发发牢骚，解解闷气的。真让人扫兴。"

邵洵美提议道："不如咱们自己办一份刊物？这刊物可以让我们自由说话。我自己开着时代书店，可以发行出来，推销没有困难。"眉清目秀、长发高额、有"希腊式完美的鼻子"的美男子邵洵美，有点纨绔子弟的味道。他是清末高官后代，妻子也身出名门，家产丰厚。他的生活，几乎就是《红楼梦》里描述的"大观园"的翻版。邵洵美好酒好赌，经常在花木辉映的宅第里豪赌，一掷千金。据说，他越输钱，诗写得越好，自称"赌国诗人"。从剑桥回到上海后，他结交了上海滩除左翼作家外几乎所有的文学家和艺术家。他家客厅里挂着一幅结拜大哥徐悲鸿送给他的描绘巴黎酒吧"红磨坊"即景的帆布油画，被许多人垂涎。邵洵美还爱藏书，爱文学，在自家豪宅里办文学沙龙，来往的人川流不息。邵洵美公开声称："我是个天生的诗人，是浪子。钞票用得光，交情用不光。"大家都喜欢这个当代的孟尝君，徐悲鸿、谢寿康、滕固、唐槐秋等朋友一到沪上，必在他家落脚，他食宿全包。长此以往，他的家产渐渐挥霍空了，慢慢陷入了窘境。

林语堂道："刊名最重要！得起一个雅俗共赏，有吸引力、号召力，要喊得响、站得起，用来一炮打响，出奇制胜的刊名才好！"

接连好几个晚上，大家谈到深夜。末了，其他事情商谈得差不多了，就是刊名还定不下来。林语堂特别挑剔，凡是别人提的，他都不赞成，而自己又提不出一个能让大家都满意的好刊名。时代书店经理章克标在一旁有些着急，忽然，章克标从林语堂的"林语"两字的谐音想到了孔子的《论语》两字，他灵机一动，脱口而出："就用《论语》作刊名！"

章克标的提议博得了满堂的喝彩，林语堂也不再反对，"难产"的《论语》终于呱呱落地了。

"谁当主编才好呢？"

大家众口一词："林语堂！"因为在座的都有正业，基本上天天忙得团团转，有的是书店老板、经理、编辑，有的是大学教授，有的是画家，都是业余作家。只有林语堂是专业作家，可以集中部分精力来照顾《论语》。林语堂欣然受命："谢谢各位信任，那我就恭敬不如从命了！以后我约稿时还请各位仁兄大力支持！"

大家说："那是当然！"

邵洵美道："诸位，我要声明一下。创刊之初，时代书店仅有力量每月支付给林语堂编辑费一百元，其他撰稿人都要先尽义务的。因为《论语》的销路实在没有把握。"在座之人都很明白书刊市场的现状，都点头同意了。"一·二八"事变后，全国最大的商务印书馆毁于战乱，书刊市场匮乏，而纸张价格低廉（每令仅售二元），所以，上海滩上各种刊物虽如同雨后春笋，但大多数杂志是昙花一现。但愿《论语》的生命力能够长久些。

回到家，林语堂开动脑筋动笔写表明《论语》立场的《缘起》。这是林语堂亲自制作的第一个"幽默"样品，他要为《论语》定一个基调，向读者表明《论语》需要什么样的稿件。同时，林语堂还制定了《论语社同人戒条》：

一、不反革命。二、不评论我们看不起的人……但我们所爱护的，要尽量批评（如我们的祖国，现代武人，有希望的作家，及非绝对无望的革

129

命家）。三、不破口骂人（要谲而不虐，尊国贼为父固不可，名之为王八蛋也不必）。四、不拿别人的钱，不说他人的话。五、不附庸风雅，更不附庸权贵。

……

这样的序言巧妙地保护了《论语》。放眼周围许多革命的进步刊物横遭摧残，不少刊物仅出一期就被查禁，唯有中间状态的刊物才得以存在。林语堂可不希望《论语》只出一期就被查禁，他不希望自己珍爱的刊物太过于短命。为了保存实力，很多坚守文学阵地的左翼作家不得不改变策略，隐藏革命的锋芒，编辑出版中间状态的刊物。故此，《论语》才制定了这样的同人戒条。

在以后的征稿启事中，林语堂又一再重申"不放冷箭，不阿权贵，不拿津贴"。

此时的林语堂已经不是《语丝》时代的林语堂了。《语丝》时代的林语堂是一个锋芒毕露的文人，曾痛斥论敌为"巴儿狗""畜生中的畜生"等，而且还把骂人列入语丝文体三大特色之一。此刻，《论语》主编林语堂则在"戒条"的第三条标明"不破口骂人"，他以前的浮躁凌厉消失不见了，昔日的"叛徒"慢慢变成了隐士。

此时林语堂已由青年步入了中年。林语堂变了。

虽说不谈政治，但林语堂在《论语》上发表了"民国万税"的漫画，他听说有些地方已经收税收到三十年以后了，还巧妙地嵌入了一副书写的对联："国家尚未分裂，同室仍须操戈。"当时文坛禁锢得如同电网一般，稍有进步内容的刊物都被当局无情地秋风扫落叶。连《申报自由谈》的编辑黎烈文都发表声明："吁请海内文豪，从兹多谈风月。"林语堂巧妙地用隐晦的形式来表达自己的抗议。

老舍每次拿到刚出版的《论语》，都会关注林语堂的文章，一边读一边击节赞赏："这个林语堂，称他为'语帅'当之无愧！"

创刊之初，《论语》的稿源只限于同人的小圈子，后来，随着刊物影响的扩大，撰稿者日益增多，来稿数量激增，而林语堂自参加中国民权保障同盟后，社会活动越来越多，《论语》编务就应付不过来了。编辑是一件痛并快乐着的事，甘苦参半。刊物来稿源源不绝，汗牛充栋看都看不完。读者来信更是满天飞，有问稿件录用了没有的，也有来索还稿件的，而且是限期索还不稍宽贷，稍有怠慢即遭怒骂；万一遗失那就更无法交代了，翻箱倒柜求之不得如丧考妣。来稿大部分是失学青年，有倾诉丧母苦闷的，有倾诉失恋烦恼的，有流离他乡辗转栖惶无处落脚的，这些统统爱莫能助。林语堂最怕文学青年来访，对方往往激动地质问他："中国堕落了吗？""青年的出路在哪里？"林语堂期期艾艾无从答起。若敷衍作答未免欺人，若如实奉告又于心不忍。还有一苦便是稿件内容，拥护政府的稿件通篇口号味同嚼蜡，反对政府的稿件则太过锋芒毕露，一旦采用马上触怒执政者。这些稿件中顶多留下一件弃掉十件，左右为难。心知武人操政，文人卖字，高谈阔论于事无补，只好打诨笑谑强颜欢笑以泄辛酸才能行走于钢丝上不至于掉下。理解他的人知他心忧，不理解他的人以为他没有心肠。唉，办杂志跟做学问是两码事，做学问只需做考证，考经史，编字典，没有是非。而编杂志要做时论，评时事，正人心，息邪说，与人接触频繁，所以必然树敌，实在不容易。

　　但是，当编辑也有很快乐的时候。《论语》因为在中国文坛上首倡幽默，深受大学生的欢迎，几乎人手一册。罗家伦校长有一次在饭桌上对林语堂说："语堂，你知不知道《论语》受欢迎的程度？"林语堂微笑摇头。罗家伦道："我若有要在公告栏内公布的事，只要登在你的《论语》里就行了。"林语堂道："是吗？谢谢！谢谢！"借着编辑《论语》之机，林语堂得以与众多良师益友信函往来，此一乐也。独坐编辑椅上，为来稿删减润色成为美文，二乐也。第三快乐的是从来稿中发现无名天才，更是手舞足蹈。陶亢德和徐訏就是在来稿中被林语堂慧眼识中，后来都成了《论语》的得力助手。陶亢德早年识字不多，但天资聪颖，之前在东吴大学当清洁工，每当打扫完毕，他就倚着扫帚在课堂外听老师讲课。这位勤奋自学的旁听生，居然旁听完了大学文科的一些课程，还与东吴大学学生、后来成为翻译家的朱雯结成挚友，经常徜徉于书坊，交谈于酒肆。当然，陶亢德拉朱雯喝老酒，醉翁之意不在酒，而在于向朱雯请教学问。朱雯一面喝着老酒，一面向陶亢德输出学问，两人谈得非常投机，两个年轻人创办了校刊《白华》，积累了一定的编辑经验。

邵洵美拿了一堆稿子给陶亢德："小陶，你看看这些稿子，写得很好，争取全部刊发！"

陶亢德一看，都是一些风花雪月的文章。

林语堂把鲁迅的文章递给陶亢德："鲁迅先生的稿件！《论语》能约到鲁迅先生的稿件不容易！"

陶亢德详细读完了鲁迅先生的文章，字字如梅花傲骨！他真是左右为难，邵洵美和林语堂意见相左，他喜欢鲁迅先生的文字，但邵洵美才是真正给他发薪水的人。他到底该听命于谁才好呢？如果能按他个人的观点用稿就好办了，凡有性灵、有同、有见解的文字必录之，萎靡、疲弱、寒酸、血亏者即弃之。可惜天底下很少人可以按自己的心意办事。前一阵子，为了他的薪水问题，林语堂已经和邵洵美闹得不愉快。一开始编辑是无偿劳动的，但现在《论语》赚了不少钱，而编辑又需要生活，所以林语堂要求邵洵美付给陶亢德薪水。邵洵美道："语堂兄，你不知道，杂志不比书，杂志风险太大，这一期编得好，大家愿意看，销路就好一点；下一期要是办得不好，销路就要下降。即使订户减少了，我们也要坚持办下去，那肯定要赔。现在虽然赚了几个钱，还不够一期赔的！"

林语堂不大痛快了，他暂时不想纠缠这个问题，毕竟邵洵美是老板，经费的问题老板说了算。林语堂转而提出用稿问题："当初我们议定刊物宗旨是说自己的话，遇到社会问题有什么看法议一议，这也不算犯罪吧？如果不敢登说真话的文章，整日油嘴滑舌，这刊物还有什么意义？"

"又没人让你油嘴滑舌。我只是为刊物的前途担心罢了。说到底不就是为了几个钱吗？"

林语堂这下真火了："好了，好了，编辑费我也不想挣了，刊物我也不想编了，免得我连累大家！"

林语堂退出《论语》后，接连创办了《人间世》《宇宙风》等杂志。百忙之中，他还为《论语》推荐了一个编辑徐讦。徐讦和陶亢德一样，也是个有点传奇色彩的人物，在北伐后曾经担任"中央银行"秘书，是孔祥熙的智囊团。徐讦幼承庭训，学有根底，不幸幼年丧母，在继母和姨太太手里讨生活，形成了他孤僻冷峭的癖性。虽然家境并不贫困，但因为家庭的复杂，得到家里的资助有限，所以手头十分拮据。那时北大在城内沙滩，附近街头小饭铺林立，也许是近朱者赤，那些饭铺主人也沾染了北大名士风气，穷学生到饭铺吃饭，掏不出现款没关系，只需在水牌上记账，等到有了钱再来结账，没有钱便拉倒了事，很是体恤学生。因此，徐讦在北京大学学习期间一直靠赊账度日，他在沙滩的饭铺里吃了四年饭，从未付过现金，毕业以后到上海有了职业才还清了饭钱。穷则思变，赚点稿费来补贴生活，这也是促使徐讦写作的一种动因。徐讦给《论语》的稿件，深得林语堂的青睐，几乎每一期《论语》上都有徐讦的文章。

后来徐讦毕业后，就来到上海帮林语堂编幽默刊物，与陶亢德一起成了林语堂的得力助手。此时上海最老牌的杂志《生活》销售数是十二万份，商务的《东方》八万份，下来就是林语堂办的那些刊物最畅销，《论语》达三四万份，《宇宙风》达四万五千份。林语堂办《宇宙风》有一个诀窍，他为了稳定名家的长期稿源，总会提前或准时向作者支付稿酬，而且采取分级支付的方法，优稿优酬，名家高酬。这个办法吸引了作者把优质稿件投给《宇宙风》，这就保证了《宇宙风》的优质稿件如雪花般飞来。

这天，林语堂在审读来稿。突然他一拍大腿："好文字！"来稿文字清新流畅，读了十分痛快。仔细一看作者名字：谢冰莹！林语堂去信鼓励她多写多投稿，两人慢慢熟识起来。林语堂才得知1926年北伐军进驻武昌创办黄埔军校武汉分校时，谢冰莹此时正在湖南第一女师读书，心想女师马上毕业后就得跟家里定的娃娃亲成婚，参军正好可以逃婚，便投笔从戎，脱下红装换武装。经过军校短训，便编入叶挺独立团，开赴北伐前线与敌军恶战。冰莹将这四十多天极富传奇色彩的战争生活写成了《从军日记》，登载在孙伏园主编的《中央日报》副刊上，文坛为之一震。

谢冰莹退伍回乡后，登上东下的轮船，去上海投奔正在主编《当代》月刊的孙伏园。她蓬头垢面，完全没有生活来源，已经三天三夜米不沾牙而只以自来水充饥了。生活困苦之极，连御寒的棉袄都是同乡好友王克勤赠送的，白天当衣穿，晚上当被盖。这时唯一的安慰是去林语堂先生和孙伏园先生两家打牙祭。

林语堂说："冰莹，你的《从军日记》新鲜活泼，读者肯定会很喜欢。我帮你把它结集出版怎么样？"

谢冰莹一愣："我那只是零零星星的随感，不是系统的写作，怎敢奢望出书？"想起在部队的岁月里，她蓬头垢面，却手不停笔，每晚行云流水地在手电筒光照下记着自己的感受，没想到无心插柳柳成荫。

林语堂鼓励道："正因为不是系统写作才新鲜！你初生牛犊不怕虎，下笔气宇轩昂，这样的文字出自女子手笔甚是罕见。怕就怕你专做文章，在卸下戎装后变成一位闺淑，你应该保持自己文字的野性！"

谢冰莹喜出望外。原来看作家可望而不可即，没想到有朝一日自己也能成为出书的作家！况且，出了书还有版税！这真是喜从天降！

林语堂为《从军日记》写了热情洋溢的序言，由上海春潮书局出版，林语堂再把中文版译成英文版，书籍出版后风靡一时。

谢冰莹大受鼓舞，于1936年完成了自传体小说《一个女兵的自传》。3月，由上海良友图书公司出版，很快就引起了轰动，成为畅销书。后来这部书相继被译成日文、法文、朝鲜文等十多种文字，谢冰莹成功走上了文坛。林语堂是她的伯乐，是她的恩师，她没齿难忘，终生感激林语堂和孙伏园的扶持之情，培植之恩。谢冰莹这天又到林语堂家里蹭饭吃，林相如这时一岁多，正是牙牙学语的时候，谢冰莹一边逗弄着林相如，一边瞟着餐桌上那盘廖翠凤拿手的焖鸡。廖翠凤先用姜、蒜头、葱把鸡块爆香，再加上香菇、金针、木耳、酱油、酒、糖，再用文火焖烂。满屋都是焖鸡的香味儿，谢冰莹几乎要流下口水来。廖翠凤亲切地为谢冰莹夹菜，眼见谢冰莹眼前的盘子空了，她赶紧殷勤地把剩下的最后一块鸡肉夹到谢冰莹碗里。谢冰莹也不客气，风卷残云。她打了个饱嗝，有些不好意思："林太太，我真是饿坏了，让您见笑了！"廖翠凤道："我最喜欢客人把菜全吃光，这是对我厨艺的最高奖赏！"

吃完饭谢冰莹去参观林语堂的书房，书房墙上挂着梁启超先生亲笔书赠的一副对联："两脚踏东西文化，一心评宇宙文章。"所有进入有不为斋的客人都会先驻足品味一下这副对联，这对联不但笔墨肥浓，挺拔峥嵘，最重要的是难得梁启超先生给予一个人这么高的评价，使有不为斋倍增风雅。林语堂曾经自述几所不为：不曾发八面玲珑的谈话，不曾吆喝佣人，不曾喜欢不喜欢他的人，不曾练习涵养虚伪……所有的不为，都是谢冰莹景仰的。君子有所为有所不为，有所不为尔后有为！

谢冰莹刚落座，林语堂烟瘾犯了。他饭后必定要吸一支烟。只见他满屋子乱翻一气，嘴里嘀咕着："我的烟斗！我的烟斗在哪儿？记得是放在书房里的呀。烟斗，烟斗，你快出来。"然而烟斗并没有出来。林语堂高声询问客厅里的廖翠凤："凤啊，我的烟斗呢？"

廖翠凤拿着烟斗进来，嗔怪道："你方才去了厨房一趟，随手放在厨房了。"林语堂如获至宝，没有了烟斗，他会发狂的。他取出袋装的烟丝，拿出一小团用手指轻轻地把它们揉松，将烟丝装进烟斗后点燃，先吹了两口气，再轻吸一口，快活地吐了几个烟圈出来。然后他闻了闻自己的手指，因为轻揉烟丝后，手指上会留下淡淡的烟草香，这是抽烟斗的乐趣之一。他吸得短而缓，这个娴熟的烟斗客尽情地享受着香烟的芳香。

等谢冰莹告辞，廖翠凤一边收拾碗筷一边担忧地对丈夫说道："堂啊，你会不会像他们一样，把我休了，另娶年轻的女孩子？"眼见丈夫的文人朋友一个个时髦地跟旧式妻子离了婚，另娶饱读诗书的女大学生，廖翠凤很是忧虑。周围的糟糠之妻被抛弃屡见不鲜，那些喝过洋墨水的人大谈"没有爱情的婚姻是不道德的婚姻"，虽然她明知谢冰莹与丈夫只是师生之谊，但是谢冰莹频繁地登门，廖翠凤心里还是有些微妙的不舒服，她必须给丈夫打打预防针。

"你说呢？我是真的挺欣赏谢冰莹，她的文字很有活力。你也知道，我是有一种女性崇拜的。"林语堂故意逗太太。

廖翠凤急了："什么女性崇拜？说得好听！哪一个男作家不是打着女性崇拜的旗子脚踩几只船的？"

林语堂大笑，看到老婆紧张的神态，他不忍心再捉弄她了："放心吧，老婆。你会做这么好吃的菜，我又不幸生就这么贪吃。在我还是个穷小子一文不名的时候，你那句'穷又有什么关系'，是这辈子让我最感动的话。你给我生了三个可爱的女儿，给了我完整的家，我对你和三个女儿都负有责任。也许咱们俩在结婚前没有爱情，但现在，我们已经有了。我庆幸自己有一个贤惠的妻子，有一个温柔宁静的港湾。我需要一个务实的夫人，因为我是一个充满理想、喜欢做梦的人，如果没有一个务实的人时时提醒，我就如断线的风筝了。你知道吗，每当我工作的时候，听到你在楼下的笑声便觉得踏实得很。"

听了这话，廖翠凤顿时快活起来："看在你嘴巴这么甜的份上我就原谅你了，明天我买螃蟹犒劳你。"她哼着歌曲洗碗去了。最近，廖翠凤忙得很，幸亏孩子有保姆照料着。她会讲英文，是基督教女青年会活跃的会员。在女青年会的合唱团里，她是唱女高音的。她还参加了青年会组织的踢踏舞班，舞蹈可以减肥，她希望自己的身材匀称一些。

（五）民权同盟之路

林语堂的《宇宙风》办得热火朝天。这几年来，在教科书和创刊《宇宙风》等事业上取得一连串的成功，一切都处于上升期。他的社会活动也骤然增多，因为他参加了中国民权保障同盟并担任了"宣传主任"的职务。眼见政府可以不经过任何法律程序，随时随地逮捕公民，可以不经过审问就给被捕的人判刑。暗杀、绑架、行刺、随意枪决遍布国家，军阀更是杀人如麻，为所欲为，林语堂义愤填膺。老百姓生活在恐怖和饥饿之中。民权何在？正义何在？公理何在？

五年前，大革命的腥风血雨冷却了林语堂那颗一度曾沸腾的心，他学会了一点自卫的聪明，不愿再因涉足政治而去招来死无葬身之地的大祸。所以，他虽然内心充满愤懑不平，但终于沉寂下来了。这天，他接到了蔡元培的电话，"语堂，近期宋庆龄夫人和我正在计划成立中国民权保障同盟，邀请你加入，你意下如何？"蔡元培已经邀请了鲁迅，自国民党解除了鲁迅中央研究院特约撰述员的职位，蔡元培一直深感愧疚。

"谢谢院长邀请！很荣幸能加入民权同盟！"民权，正是林语堂所渴望与追求的！南京方面三中全会放出了还政于民的"制宪气球"，使政坛上飘起了一朵"民主"的云彩，酷爱自由的林语堂仰望着这朵美丽的云彩，沉寂已久的心又活动起来。同时，身为蔡元培的英文秘书，理应支持院长的一切行动。况且，"同盟"主席又是林语堂奉为中国女界第一人的宋庆龄！能与宋庆龄、蔡元培这样的前辈一起去争取民权，林语堂引以为荣！

民权保障同盟致力解救政治犯，发表宣言南京政府残害革命作家的罪行，谴责国民党杀害无辜进步人士，领导罢工运动，还参与了国际反法西斯的斗争。美国进步女作家史沫特莱也积极参与了同盟的实际工作。在讨论要保障中国人哪些民权的时候，宋庆龄激动地说："争取释放国内政治犯，反对目前到处盛行的监禁、酷刑和处决的制度。本同盟首要的工作对象是大量的无名囚犯。此时中国冤假错案比比皆是，一定要解救这些含冤的同胞于水火。"

宋庆龄的意见得到了大家的热烈赞同。蔡元培补充道："我提议予政治犯以法律的辩护及其他援助，调查监狱的状况和公布国内剥夺民权的事实，以唤起舆论的注意。"宋庆龄颔首："说得很好。"林语堂道："知识分子言论极不自由，说了几句爱国言论，便被通缉追杀。我呼唤公民要有出版、言论、集会和结社的自由！"想起被杀害的《京报》主编邵飘萍，林语堂便心痛不已。

讨论完同盟的三项任务，定于 1932 年 12 月 29 日下午 4 时上海南京路华安大厦召开中外记者招待会发布。时间临近了，宋庆龄夫人却病倒了。蔡元培上门探望，分外焦急："马上就要召开记者招待会了，盼着夫人的病赶紧好啊！"

宋庆龄道："看这病势，估计是没办法出席记者招待会了。"

蔡元培急了："不然把记者招待会改期？"

宋庆龄坚决摇摇头："不能改。通知都分发出去了，召开一次会议不容易，就由你来宣读同盟的宗旨吧！"

蔡元培有些犹豫："这合适吗？"

"合适！先生您德高望重，德才兼备，宣读任务非您莫属了！"

记者招待会终于如期举行。

时任国民党中央监委、中央研究院院长的蔡元培抱歉地向记者宣布了宋庆龄夫人因病未能出席的消息，并代为宣读宋庆龄的书面谈话：

"我们的宗旨在于支援为争取结社、言论、出版、集会自由等民主权利而进行的斗争……本同盟首先关切的是援助那些拥塞在监狱中的大量无名无告的政治犯。你们新闻界当然知道有无数同胞被非法逮捕与监禁，知道那中世纪的残余——秘密军事法庭的存在。"

全场响起了热烈的掌声。

接着，时任中央研究院总干事的杨杏佛报告会务，宣布了同盟全国执行委员会分工名单为：主席宋庆龄，副主席蔡元培，总干事杨杏佛，宣传主任林语堂。

同盟召开成立大会。林语堂早就听说鲁迅先生也加入了民权同盟，他期待着与鲁迅先生相逢一笑泯恩仇，再次并肩战斗。进入会场后，林语堂焦急地四下打量，目光搜遍了整个会场，都没有见到鲁迅先生的身影。他有些失望，悄声问大会秘书，才得知鲁迅和许广平带着海婴到医院看病，无法出席。真是遗憾。林语堂盼望着与鲁迅先生的见面。1 月 11 日，同盟开会筹备上海分会，鲁迅先生到会了，可惜林语堂在研究院有公务，无法出席。两次失之交臂。

1 月 17 日，同盟上海分会成立，眼见鲁迅先生走进会场。鲁迅先生穿着长衫，头发依旧根根竖起，只是模样比以前更消瘦了些。林语堂快步迎了上去："树人兄，好久不见！"他向鲁迅先生伸出了右手。鲁迅先生见林语堂态度诚恳，遂也伸出手与他相握。

回到家中，林语堂一直哼着小曲。廖翠凤有些奇怪："今天有什么喜事吗？你怎么一反常态？"

林语堂道："你猜。"

"又得了一大笔稿费？"廖翠凤伸出手来，"赶紧上交。"

林语堂摇摇头："不是稿费。是比得到一大笔稿费更高兴的事儿。"

廖翠凤追问："别卖关子啦！到底是什么喜事？"

林语堂眉飞色舞："我同鲁迅先生恢复来往了！"

"那恭喜你哦！晚上给你加菜！"

夜深人静时，林语堂会扪心自问，为什么自己与鲁迅会反复相得相离。他看重友谊，能帮助别人的时候力所能及尽量帮助别人，有时候他也需要别人的帮助，从朋友的身上汲取力量。大千世界，茫茫人海，与你擦肩而过的人很多，和你相识的人也是不计其数，除了屈指可数的血缘关系的亲人之外，还有另外一种人，像亲人一样关心你、爱护你、帮助你、在乎你，这种人就是朋友。朋友就是你高兴时想见的人，烦恼时想找的人，得到对方帮助时不用说谢谢的人，打扰了不用说对不起的人，高升了不必改变称呼的人。朋友可以一起打着伞在雨中漫步，一起饮茶畅谈到深夜。知心朋友彼此之间情感交融，仿佛一个灵魂寓于两个身体，两个身体一颗心，甚至两颗心跳动都是同速。在情感方面，类似于亲人。在厦大期间，林语堂在鲁迅身上就找到了类似的感觉。他们没有形影不离，但是惺惺相惜。

朋友不一定常常联系，相伴走过一段人生后分离，也许会再相遇，偶尔念起，还是感觉那么温暖、那么亲切。林语堂一直用真诚对待朋友，也尽量用理解去保鲜友谊。朋友不一定要锦上添花，但一定要雪中送炭。生命里或许可以没有感动、没有胜利……有朋友的日子里觉得自己拥有一切。他林语堂可以失去很多，但不能失去的是朋友。朋友也许只是生命中某段时间的一个过客，但因为这份缘起缘灭，却更使人生变得美丽起来。林语堂珍惜身边的每一位良师益友，舍不得任何一位朋友的离开。无奈与鲁迅道不同，鲁迅之前与他有两三年不再来往，这让林语堂痛心不已，如今与鲁迅再次相得，岂不让他欣喜若狂？林语堂喝了一杯茶，胡适的身影跳入脑海，他不禁微微一笑。胡适像一杯凉开水，清凉寡淡，但解渴实用。林语堂一直非常感激胡适在他留学缺钱时慷慨解囊，也许没有胡适的救急，他就不得不中断学业回国。林语堂觉得，胡适是他一生的朋友。但林语堂万万没有想到，他与胡适的友谊在民权同盟的工作中出现了裂痕。

胡适于 1933 年当选为同盟北平分会主席，就这样，继 20 年代在北大共事后，林语堂、胡适、鲁迅又在"同盟"的舞台上相遇了。胡适曾在 1 月 31 日与杨杏佛、成平一起视察北平陆军反省院及另外两所监狱，了解在押政治犯的情况。有犯人要喝水，看守及时递上了。又见几个看守用担架抬着一个犯人急匆匆去就医，说是犯人突然肚子疼。胡适觉得当局对待在押政治犯还是比较人性化的。过了两天，胡适收到了著名国际人士史沫特莱女士一份《北平军委会反省院政治犯（控诉书）》，里面写道："反省院里老虎凳、夹手指、烙铁、鞭笞种种酷刑，惨叫声不绝于耳。犯人吃的是馊掉的食物，牢房内尿味刺鼻，跳蚤到处都是……"胡适皱起了眉头，这份材料怎么跟自己所见有这么大的出入？

同盟中央执委会开会时，这份材料在委员之间传阅。执委会将《控诉书》分送中西各报刊登，以醒目的标题占据了各报纸的头条，一时间民意汹汹。2月1日，宋庆龄在上海举行的一大型记者招待会上，以同盟总会主席的名义签发了北平寄来的《控诉书》，刊登在英文报纸上。

史沫特莱把《控诉书》寄给同盟北平分会的胡适，目的是请胡适及时采取措施，防止使政治犯继续受到迫害。胡适深感诧异："怎么可能呢？我刚刚视察过反省院，我相信自己的眼睛。也许有个别非人道情况，但是他见到的政治犯身上并没有什么伤痕。这份控诉书有严重不实之处！"

胡适连夜给蔡元培、林语堂写信："吾之目睹与史沫特莱之所写断不相同，请同盟总会慎重其事。"5日清晨，胡适从英文的《燕京新闻》上看到了正式发表的《控诉书》，他拍案而起："真是胡闹！没有经过事实考据，哪里可以这样随便说话，造成太恶劣的影响！"他再次给蔡、林两人写信，措辞变得相当激烈。他说："孙夫人，送给您的那封呼吁书十分可能是一封伪造的匿名信，而您又没有采取实地调查的步骤来加以核实。我写这封信，并不是说认为此地监狱的情况是满意的。民权保障同盟北平分会将尽一切努力来改善那些情况，然而我不愿依据假话来进行改善。我憎恨残暴，但我也憎恨虚妄。"

林语堂读到胡适2月4日和5日两封信之后，林语堂深感不安。如果《控诉书》确系捏造，那事情确实是闹大了，身为执委会宣传主任的林语堂，需要承担胡适所指摘的那种责任。所幸此报告中文原文因某种关系尚未发表，如果胡适所言属实，尚且还有补救的余地。对于胡适"一二私人可以

擅用本会最高机关的名义，发表不负责任的匿名稿件"的指责，林语堂于
2月9日给胡适回了信，言辞恳切：

适之兄：

　　得来札，知道北平监狱调查报告出于捏造，此报告系由史沫特莱交来，
确曾由临时执行委员开会传观，同人相信女士之人格，绝不疑其有意捏造，
故使发表。不幸事实如先生来函所云。接信后蔡、杨及弟皆认为事情极其
严重，须彻查来源，弟个人且主张负责纠正。大约明日开紧急会议，恐会
议上即将发生重要波折。但以弟观察，现此临时组织极不妥当，非根本解
决不可。此事尤非破除情面为同盟本身之利益谋一适当办法不可。

　　知道你关怀，所以先写几字，作为私人的答复。开会后当有正式的信
报告一切。

弟语堂

2月9日

　　可惜事情的发展出乎林语堂的意料。胡适还没等林语堂复信就向社会
公开了自己与"同盟"总会的分歧。2月9日，胡适致函《燕京新闻》编辑：
"吾与史沫特莱所见不同，同盟总会不应不予调查便将《控诉书》全文公开。"
同盟总会不敢掉以轻心，再次派人调查，反馈表明反省院确实有虐待政治
犯之现象。于是，11日由《中国论坛》2卷1期刊出控诉书中文全文。

　　同盟总会的调查结果是不会错的。那么，就是胡适被假象蒙蔽了。一
边是"同盟"的利益，一边是自己与胡适的私谊，林语堂选择以客观事实
来进行决断。

　　就在史沫特莱的《控诉书》在同盟内部掀起风浪、事情尚未决断的时候，
世界著名幽默大师萧伯纳来到了上海。这一阶段林语堂忙乱万分，既要承
担研究院和民权同盟两边的工作，又要写作，还有一些应酬，忙得脚不沾

地。2 月 17 日,林语堂得知诺贝尔文学奖获得者萧伯纳环游世界途经上海,准备在上海停留宝贵的一天。新闻传播媒介上到处刊印着萧大师以往的幽默轶事和讽刺名言,所有人都以一睹萧伯纳为荣。

与萧伯纳接触,这对民权同盟的发展是一个很好的机会。如果争取到萧伯纳的支持,可以扩大同盟的国际影响。而且,作为作家的萧伯纳,他以辛辣的笔调无情地鞭挞了当时英国社会种种不合理的现象,是一个敢于提出批评意见的人;作为社会活动家,他是世界反帝大同盟的名誉主席,他不遗余力地反抗帝国主义和法西斯的统治,同盟可以从他身上汲取到很多力量。

宋庆龄与萧伯纳都是世界反帝大同盟的名誉主席,所以,迎萧工作由宋庆龄和国际笔会中国分会负责。国际笔会是最大的全球性作家组织,也是联合国教科文组织所承认的唯一的一个国际作家组织。在世界各地设八十多个笔会中心,拥有一万余名会员,囊括了世界文坛上最杰出的代表,著名的哈代、叶芝、罗曼·罗兰、高尔基、泰戈尔和中国的梁启超等都是笔会的荣誉会员。以梁启超受聘发端,中国作家与国际笔会开始了联系。国际笔会中国分会的正式成立及开展活动,是在 1930 年 5 月 12 日。以蔡元培、胡适、杨杏佛、徐志摩、林语堂、邵洵美、郑振铎等发起人在上海华安大厦召开了成立中国笔会的筹备会议,后来蔡元培当选为会长,林语堂当选为理事。

林语堂特别希望能与世界幽默大师聊一聊,人生本来苦短,何必整天板着面孔?轻轻一笑云淡风轻。而 1933 年本来就是上海文坛上有名的“幽默年”,难得有志趣、见解相同之人,要是能够与这位世界著名的幽默大师见上一面就好了!

16 日这一晚,林语堂和所有准备迎萧的人一样,兴奋得睡不着。因为萧伯纳夫妇乘坐的昌兴公司豪华客轮英国皇后号的吨位大,无法深入黄浦江,只能停泊在吴淞口,所以众多欢迎者,特别是为抢新闻的新闻记者们,都打算跟随昌兴公司去接萧伯纳的小火轮一起去吴淞口。可是萧伯纳早就与轮船公司约定："我，尤其是我的夫人一贯不愿接触新闻记者，我们拒绝做小市民的观赏物，也不愿意接受有组织的隆重欢迎。希望贵公司保证我们不受一切看热闹者的干扰。"上海昌兴公司满口答应。公司遵守约定拒绝了二百多位记者要求搭乘小火轮去吴淞口接客的要求，甚至连小火轮启航的时间也秘而不宣。因此，迎萧一事充满了神秘感，有人从 16 日下午起便打听小火轮去吴淞口的时间，但每次答复都不一样，使人如坠入云雾之中。林语堂很理解萧伯纳拒绝记者的要求，如果萧伯纳不拒绝二百多位记者，那萧伯纳就不是萧伯纳了。

17 日，天还没有亮，林语堂便急忙赶到新关码头。码头上等候的群众交头接耳议论着："萧伯纳先生的船到底什么时候靠岸呢？"

林语堂一边不焦不躁地等着，一边侧耳倾听周围的议论，都是对大师的崇拜之语。该来的迟早要来的，早晚而已，林语堂点燃了一支烟。林语堂这阶段一直在潜心研究萧伯纳的演讲和著作，萧伯纳驰骋纵横的机智和辛辣的讽刺，是林语堂求之若渴的幽默营养。萧伯纳是以其车载斗量的幽默精品而获取幽默家的头衔的，相比之下，自己的这项"幽默大师"的桂冠，倒真有点得来全不费功夫了。他心里十分清楚，人们称他为"幽默大师"，并不是因为他已经有了可以与萧伯纳并驾齐驱的成就，而是因为在传统文论中没有"幽默"这一术语的中国，他最早提出"幽默"的主张。所以在迎接萧伯纳的过程中，他没有因为别人戏称他为"幽默大师"而忘乎所以地去争夺迎萧的优先权，他很有自知之明地排在比自己更有社会声誉的前辈名人们的后面。

凌晨 5 点，宋庆龄偕同杨杏佛等人在几名水警的保护下，由新关码头乘小火轮驶往吴淞口。林语堂、邵洵美、洪深、应云卫等人，还有上海各学生剧社援助义勇军游艺大会代表团，及崇拜萧伯纳的青年男女四百余人，则留在原地等候。码头风大，等候的人们开始骚动："怎么还不来呢？"

10时30分，萧伯纳为了避开欢迎的人群，在宋庆龄的陪同下另择码头登陆，先到亚尔培路中央研究院拜访蔡元培，然后与蔡元培一起赴莫利哀路二十九号孙宅。一名水警告诉在码头上等候的林语堂："你赶紧到孙夫人府里去吧！"

中午12时，宋庆龄用中式肴馔招待萧伯纳。林语堂与蔡元培、鲁迅、杨铨、伊罗生等人作陪。林语堂十分高兴，能以一个陪客的身份出现在宋庆龄家里的餐桌上与大师共进午餐，他感到非常荣幸。这次午餐是邵洵美掏的钱。此次萧伯纳前来，虽由世界笔会中国分会接待，但分会没有经济来源，邵洵美是分会的会计，平时的花销往往是邵洵美自掏腰包。这次在宋庆龄寓所设素宴招待萧伯纳（萧不吃荤），是邵洵美在功德林要的一桌素菜。功德林的伙计送来素菜，邵洵美掏出四十六元给了伙计，伙计伸长脖子问道："我的乖乖，要招待什么贵客，要破费四十六元！"

林语堂进了客厅，见到一个白发苍髯、身材高大的外国人，无疑就是萧伯纳了。他俨然是谈话的中心，所有的人都在倾听他的说话。宋庆龄原来想让萧伯纳和鲁迅对话，萧伯纳问鲁迅："您最近在创作什么作品？"

鲁迅听不懂英语，茫然用中文反问道："对不起，您说什么？"

精通英语的林语堂连忙向萧伯纳回答："鲁迅先生出了两本新书，有机会送给您，请您多多指教！"

萧伯纳在异乡遇到精通英语之人，便滔滔不绝与林语堂对话起来，鲁迅反而没有机会同萧伯纳谈话，在一旁倾听。萧伯纳对大家微微一笑："对不起各位，让你们陪我吃素食了！"他坐在靠炉大椅上，眼光时看炉上的火，态度极舒闲，精神矍铄，一对浅蓝色的眼睛里像隐藏着各种怪诞神奇的思想。话题谈到赫理斯和亨德生分别为萧伯纳写的传记时，林语堂说："赫氏的传记比亨氏的文章好。"

"是的，我也这样觉得。但是赫理斯这个穷光蛋不了解我的生平，把好些事实记错了。刚要脱稿时，他不幸逝世，将手稿托我出版。我足足费了三个月时间纠正及增补书中所述事实，但我保留了他的意见。他死时，没有留下一个铜板给他的妻子。"

林语堂问道："但是，他的妻子现在可以拿到这本书的版税吧？"

"那是自然。可笑的是，有些我的朋友写信给我，对书中许多奚落我的话提出抗议，说赫理斯不应该说这些话，其实这几段话是我自己写的。"萧伯纳说话时浅蓝的眼睛不时地闪烁发光，他是个感觉敏锐的人，目光深沉，有一种沉静的气场。

林语堂看着这位高大却又纤瘦的爱尔兰文豪，想到他纵横古今语出惊人的议论，读到他文字的人常常起畏惧心，然而今日一见，却是朴质无华的文人本色，是一位近人情守礼法的先生。萧伯纳素来以真话为笑话，常人每以为他的幽默出于怪诞炫奇，却不知这滑稽只是不肯盲从，大胆说真话而已，这就是眼前这位大师被人认为怪诞的缘由。

餐后大家到花园中散步消食。久违的太阳露出脸来，清淡的阳光照射着整个后花园，红玫瑰显得特别娇艳。

"萧先生，你太幸运了，上海的太阳可是难得一见的，我已经好几个月没有见到太阳了。"有人说。

"不，这是太阳的幸运，可以在上海看见萧伯纳。"

幽默的回答让大家放声大笑。林语堂心中赞叹：要有何等的自信才有这样的回答！

这席饭宾主尽欢。餐后众人各自回家休息。正遇上下雨，天气很冷，邵洵美见鲁迅站在屋檐下，像是在等车，脸冻得发青，赶紧邀请鲁迅上他的车，把鲁迅送回寓所，这是邵洵美第一次见鲁迅。鲁迅觉得他富而不骄，十分难得。

次日，报纸上刊登了宋庆龄宴请萧伯纳的消息，邵洵美睁大了眼睛将新闻从头到尾看了三遍，竟然没有他的名字！也不知这是疏忽还是故意，这让他惆怅不已。

萧伯纳离开上海后，林语堂一口气撰写了《萧伯纳与上海扶轮会》《萧伯纳与美国》《水乎水乎洋洋盈耳》《欢迎萧伯纳文考证》《再谈萧伯纳》五篇文章，刊登在《论语》第12期上，这是一期迎萧的专号，同时刊出的还有蔡元培、鲁迅、朱春舫、邵洵美等人的迎萧文章。萧伯纳的幽默给上海文坛留下了深刻的印象，对于《论语》创刊以后开始升温的"幽默热"大大加了一把火。此时上海的新闻媒介、街头巷尾，无不以谈幽默为时髦。仿佛轰的一声，天下无不幽默，作家提起笔来，都要让幽默的气息滚滚从笔底流出，若不如此便被视为落伍。

　　林语堂在公众里的知名度随之直线飙升，俨然一颗冉冉升起的明星。

　　这两天林语堂一直忙着接待萧伯纳事宜，但心里还是记挂着胡适与同盟的分歧。他乐观地以为这个分歧会随着真相大白于天下迎刃而解，没想到，胡适紧接着又在2月19日出版的《独立评论》第38期上发表了《民权的保障》一文，公开反对"同盟"会章中的"释放政治犯"的条款："政治犯怎么可以不加区别地释放呢？假若政治犯全部可以免予法律制裁的要求，那么任何人都可以胡作非为！一个政府要存在，自然不能不制裁一切推翻政府或反抗政府的行动。"

　　胡适这是公开支持国民党政府对革命运动的镇压，公开反对同盟的宗旨。宋庆龄、蔡元培很生气，身为会员，怎么可以不遵守会章？他们立刻电告胡适，要他纠正错误的言论。

　　胡适依然固执己见。

　　眼见胡适无视现实且措辞强硬，"同盟"全国执委会提案，要求开除胡适的会籍。消息传来，胡适笑了。这个同盟会员他并不稀罕，解除会员于他无半点损失。这样的同盟，不加入也罢。胡适固执又气愤地认为，作为一个机构，应该调查清楚事实的真相。

　　3月17日，蔡元培、林语堂两人通告全体会员，于18日下午4时在上海八仙桥青年会九楼召开临时会员大会讨论会务，准备讨论开除胡适会籍事宜。18日，会议如期举行。讨论时，林语堂一直保持沉默，没有站出来为老朋友胡适说话。因为，反省院虐待犯人的消息他时有耳闻，而且，杨杏佛亲赴监狱调查，认为史沫特莱的报道是有事实根据的。虽然胡适也到过反省院，但他看到的只是粉饰过的假象。他不知道，人亲眼看到的东西未必就是事实的真相。不管反省院虐待政治犯的程度如何，胡适不应该未与同盟商议就擅自将矛盾公布于众，这违背了同盟的章程，也损害了同盟的名誉。

胡适看了林语堂一眼，希望林语堂能开口为他说话。眼见林语堂一副眼观鼻鼻观心的模样，胡适冷笑一声："原来林语堂是这种人！"当初他自掏腰包给林语堂送助学金，是看中他的才华，并没有想着有朝一日要林语堂回报。但是，他聘请林语堂到北大教书，平日与林语堂相谈甚欢，照道理林语堂应该朝他伸出援手。没想到今天林语堂会是这等态度！

林语堂虽然为难，但态度却很坚决。宋庆龄是他最崇敬的中国女性，蔡元培是他极敬重的前辈，而胡适则是他雪中送炭的朋友，现在双方产生了矛盾，他坚持以公平公正说话。

主席台上响起主持人洪亮的声音："大会无异议通过追认执委会决议，以胡适严重违反会章，予以开除会籍处分。"

决议公布时，胡适定定地看了林语堂几秒钟，拂袖而去。

胡适那目光似乎要把林语堂剥得一丝不挂。林语堂呆呆地坐着："我是不是又失去了一位朋友？"这下他跳进黄河也洗不清了，大概胡适认定他是个忘恩负义的人。无可奈何呀，无可奈何！

（六）血淋淋的现实

正当林语堂为保障民权而活跃于社会舆论界时，他的一位亲属的"民权"却受到了残酷的践踏：林语堂哥哥林孟温的儿子林惠元在漳州任民众教育馆长，积极参加抗日救国运动，任该地抗日会常委，此时福建正在轰轰烈烈开展"抵制日货"的运动。

电话铃深夜惊心动魄地响起，林语堂远在漳州的侄儿林惠元被军阀杀害了！他才26岁！正是男儿青春好时候！林惠元担任龙溪县抗敌后援会主任委员，他积极在城乡宣传抗日，参与查抄日货，揭露敌伪汉奸的恶行。有一次，在菜馆门口，看到军阀押着几十个犯人去枪毙，每人头上插着标写共产党某某人，林惠元认得那其实都是农民，一律当作共产党，押到马肚底去枪毙，林惠元气愤得吃不下饭，草菅人命啊！可是乱世之下，个人是多么的无力。

5月5日，林惠元代表抗日会检查商界抵制日货的情况时，查获台湾籍商人简孟尝医师假借地方名义大量采购日货。林惠元吩咐手下："根据抗日会同人公议的条例，没收简孟尝的财产，一律充公！明日将简孟尝游街示众！"围观者爆发出雷鸣般的掌声。简孟尝眼睁睁看着货物被搬走，他死死地盯着林惠元，要将这个年轻人的面孔刻在脑海里。年轻人，你等着！

林惠元当众宣布："游街过后，待一切事宜处理完毕，将简孟尝驱逐出境！"广大爱国群众欢呼起来。游完街后，备受屈辱的简孟尝在心里恶狠狠地发誓："此仇不报非君子！"他连夜向驻军团长李金波求救。李金波一看他进门就笑了："简老板，最近越发心宽体胖了，在何处发财呀！"

简孟尝擦了擦额头上的汗："李团长笑话了！全漳州人都知道，我的货被那该死的林惠元没收了，这是我的全部家当，要我的命呀！林惠元这小子是明目张胆的抢劫！他还自以为是梁山好汉呢！还请李团长为我做主！你看看今天的报纸！"说着，将两根包着报纸的金条推到李金波面前。

李金波心领神会，示意副官将金条拿走，笑道："简老板放心，我会为你主持公道的！"

5月19日，在外奔波了一天的林惠元饥肠辘辘回到家里，正准备端起碗吃饭。最近轰轰烈烈的抵制日货运动真把他累坏了，为什么总有人利欲熏心，置国家利益于不顾呢？这时门外响起一阵嘈杂声，一队军警冲了进来，不由分说将他铐上手铐就往门外推，父亲林孟温大叫："你们凭什么抓我的儿子？"

为首的小队长冷笑："群众举报，你儿子通匪！"

林惠元大喊："冤枉！"

一路上，林惠元想着审讯时如何答辩，如何脱身。可是，没有任何审讯，更没有法庭判决。他被押入了军营，嘴巴被军警用木签钳住了，鲜血从嘴角滴下来，疼痛难忍。他想喊冤，可是嘴巴不能动弹，一丝声音都发不出来。军警肆意地殴打他，他扭动着，挣扎着，军警殴打得更厉害了："看你还冤不冤！"

林惠元丝毫没有辩解的机会。他全身伤痕累累。他知道，今日的被捕，一定跟没收了简孟尝的日货有关。他寄希望于长官出现在他面前。长官会讲理的。可是没有。来了一辆车，他被押上车，车开往马肚底的方向，天气阴沉沉的，阴风阵阵。林惠元怒目圆睁，他想呼救，可是，钳住嘴的木签使他变成了哑巴。马肚底，林惠元是熟悉的，漳州人都知道，那是枪毙死刑犯的地方。他才26岁！难道就这样不明不白地死了？到现在他才明白，自己其实跟那几十个农民一样，根本没有反抗的力量！

林惠元在心里大声地呼唤，李金波，你出来！我是冤枉的！没有李金波的影子。林惠元又寄希望于抗日会的同人能够从天而降解救他，可惜抗日会的同人此时还未得到消息。林惠元在心中大喊，爸爸，爸爸，快来救我呀！

此时林孟温正在军营前与守卫交涉，他要求面见李金波团长，得到的答案是团长不在。林孟温做梦也没有想到，儿子此时正在黄泉路上！

到了马肚底，一声枪响，林惠元的鲜血喷射出来，他圆睁着眼睛，慢慢地扑倒在地。临死，他连一碗送别酒都没喝上。

林孟温还在军营前大声呼吁："我要见李团长！"他的声音已经嘶哑了。

一个老兵可怜他，悄声对他说："你赶紧到马肚底看看吧！"

"马肚底？怎么可能？"林孟温简直怀疑自己听错了。即使儿子真的通匪，至少也要审讯一番吧？怎么可能马上枪毙？他试图抓住老兵问个究竟，老兵摇摇头："我刚才亲眼看见林惠元被押走了，队长命令把车开往马肚底！你再不去就迟了！"

林孟温顿时魂飞魄散，跌跌撞撞就往马肚底跑。快到刑场时，林孟温已经跑得上气不接下气，嘴角吐出白沫。突然一声枪响，林孟温顿时面如死灰，围观的群众中有妇女发出一声尖叫，混乱中军警乘车撤离了。林孟温逆着人群冲了过去，从地上抱起儿子，儿子的身体还是温的。林孟温拍着儿子的脸大叫："阿元！阿元！"可是，林惠元的脸无力地歪向一边，他已经永远无法开口说话了。林孟温顿时泪落如雨。

深夜，林语堂家的电话刺耳地响了。在夜深人静的时刻，显得分外惊心动魄。林语堂一激灵，从卧室冲出来接电话，电话那边大哥林孟温泣不成声："语堂，阿元被李金波杀害了！你要为阿元申冤啊！"

林语堂大惊："什么时候的事，你慢慢讲，讲清楚……"

放下电话，林语堂一颗心坠了铅般地沉重。他在上海积极加入全国民权保障同盟，可侄儿的民权却惨遭蹂躏！一看钟，才凌晨1点，这漫漫长夜，何时才会天亮呢！

林语堂开始为侄儿奔波申冤。即使不是他侄儿，任何一个爱国人士惨遭杀害，都需要将刽子手绳之以法！林语堂一遍又一遍向同志们申诉侄儿惨遭杀害的经过，听者无不义愤填膺，可惜这些义愤之士手中都无兵权，无法将李金波绳之以法。

5月31日，"同盟"主席宋庆龄和副主席蔡元培已于5月31日致电福建省主席蒋光鼐、十九路军总指挥蔡廷锴和陈铭枢三人，要求为林惠元昭雪。可惜，这三人身在高层，他们传令调查，命令一级级传下去，耗费了不少时日。李金波已经开拔到其他地方。当地守军竟然推托毫不知情，也不知是哪个兵痞杀害了林惠元，如果找到了杀害林惠元的凶手，军方一定严惩！

林孟温欲哭无泪。看来，儿子的冤屈很难得到昭雪了，他大声质问弟弟："堂啊，你到底有没有出力啊，你不是名人吗，李金波如今还是逍遥法外，你是不是怕惹事啊？"林语堂听了这话气冲脑门，名人大都是虚名，远不如一个小小的团长说话掷地有声，这是文人的悲哀。要是换了别人，林语堂简直想撒手不管了，但他知道大哥这是被悲伤冲昏了头脑，才说出这样的话来。林语堂吸了口气，让自己平静下来，开口安慰大哥："我们召开记者招待会，向天下人控告李金波的罪行！看李金波他如何能抵赖！"

6月2日下午4时，林孟温在上海华安大厦举行记者招待会，新闻界和民权保障同盟代表出席者约二十余人。会上，林孟温声泪俱下向民众讲述了儿子林惠元被李金波处死的经过。林语堂以"同盟"成员和林惠元亲属的双重身份在招待会发表讲话："同志们，天理昭昭，军阀的恶行令人发指！希望李金波能得到严惩，以告慰无辜者的在天之灵！世界如此黑暗，我们期待着光明的日子！"在此之前，知识界知名人士柳亚子、杨铨、鲁迅、郁达夫、傅斯年、夏丏尊、叶圣陶、朱少屏、潘光旦、孙福熙、全增嘏、李青崖、邵洵美、杨骚、白薇、章衣萍、吴曙天、李小峰、赵景深等二十余人早已由蔡元培领衔发表宣言。这二十余人，不是林语堂过去的《语丝》战友，就是现在的《论语》同人，他们都非常同情林语堂侄儿的遭遇，希望大家齐心协力振臂一呼，能为爱国青年林惠元讨还一个公道。宣言里写道："……兹国家多罹之秋，决心抗日者之结果乃如此，岂但死者家属之不幸，实亦吾国之不幸，故特为昭雪如，以期外界得明真相。"

林语堂努力四处奔走，可惜，一切犹如石沉大海。听说李金波开拔到其他地方去后，依旧逍遥法外。乱世之中，到处都是鲜血，到处是令人窒息的空气，到处都是无家可归的幽灵。林语堂深深感到个人的无力感。他愧对大哥林孟温。面对大哥的痛苦，他只能一遍遍地安慰，同时又为自己的无能而感到深深的痛苦，血淋淋的现实使他苦闷欲狂。他不停地抽烟，烟斗滚烫滚烫的，一袋烟丝一晚竟抽了个精光。

林孟温一下子老了十几岁。无情的现实让他伤心失望透了。他总疑心林语堂不够卖力才导致儿子沉冤无法昭雪。他不再登弟弟的家门了。

林语堂有口难言，满腔郁闷憋在胸口犹如要爆炸了一般。

这是一个黑色的六月。刚刚经受侄儿被杀害的打击，林语堂又当头挨了一棒。

同盟的工作，具体事物由总干事杨杏佛负责，林语堂经常同杨杏佛磋商事务至深夜。杨杏佛热切地对林语堂说过："我梦想中的未来中国应当是一个物质与精神并重的大同社会，人们有合理的自由，同时有工作的义务，一切斗争的动机与力量应用在创造与服务方面。物质的享用应当普遍而平等。"然而，现实中回应杨杏佛那温软梦想的却是坚硬的子弹。他不知道，他已经惹祸上身了，他的身边卧着一只虎，时刻在等着张开血盆大口扑向他。只因他说了一句话："我要把绑架共产党女作家丁玲的那辆车的牌照号码公布出去！"有人寝食难安了，这些人要杨杏佛永远地闭上嘴巴。

林语堂热切地回应："这也是我的梦想！"之后他伸了伸懒腰："最近事务繁忙，我请杨兄明天到寒舍和几位诗友一聚如何？"

杨杏佛道："谢谢你的美意，可惜我已跟小儿约定明天带他去骑马了。自我离婚后，孩子跟着他母亲，我对他疏于照顾，明天要好好尽到做父亲的责任。"

6月18日一大早，杨小佛从霞飞坊家中走到父亲杨杏佛位于上海亚尔培路的中央研究院那里，见到父亲已经穿好马裤和夹克衫在等他了。杨杏佛喜欢骑马，也喜欢带儿子出去玩。大概是7点钟，父子俩准备坐车出发。杨杏佛可以用的有两辆车，但他常用的那辆车被蔡元培的车挡住了路。蔡元培的车在那儿，但司机不在。见此情景，杨杏佛有些诧异，说："那就坐敞篷车吧。"这辆敞篷车一般是接客人用的，他自己很少用。杨杏佛做梦也没有想到，这是军统特务做了手脚。敞篷车没有车窗，他们刺杀时就方便了，这是一场阴谋的开始。军统特务是很动脑筋的，和刺杀史量才一样，都是预谋很久的，一般都要做很长时间的准备。时针指向清晨 8 点 30 分，杨杏佛的座驾驶出院门。

毫无预兆地，突然从路边蹿出四个人，向车内连开数枪。司机首先中弹，汽车停下了，唯有发动机还发出轰鸣声。杨小佛一开始还以为是车胎炸裂，刚要探头外望，又连连听到更响的爆炸声，杨小佛小时候治病做过全身麻醉有后遗症，一听到巨响耳朵就受不了，他慌忙捂住了耳朵。杨杏佛不假思索扑到儿子身上，把儿子压住。他中了两枪，一枪从左耳穿头，一枪击中胸部，另三枪打在四肢，都是要害处。杨小佛眼前一黑，到第三枪的时候晕了过去。敞篷车的司机也中了枪，跑着找另一位司机去医院了。

凶手见杨杏佛心脏中弹，全身鲜血汩汩流淌，大叫道："死了！死了"接着四散而逃。其中一名凶手在混乱中被同党误伤了脚，逃跑动作慢了些，逃到环龙路钱家塘弄口又被指挥者当头一枪，企图杀人灭口。法国捕房探员将那受伤的凶手送来，医生给凶手注射了强心针，警员逼问："谁派你来的？"

凶手闭目不答。他身穿灰色短服，白衬衫、白纱袜、橡皮球鞋，身上沾满了鲜血。

警员提高了音量："说，是谁指使你暗杀杨杏佛？"

凶手依旧死扛着不回答，嘴巴好像上了锁。

"你说还是不说？忍耐是有限度的！"警员勃然变色。

"我只是前往西摩路访友而路过此处，并没有杀害杨杏佛……"

警员用警棍一戳凶手脚上的伤口："你叫什么名字？"

凶手痛得呻吟起来："高……德……成……"他的枪伤太严重了，颈部大动脉受伤，流血过多，医生宣告不治，终究没有抢救过来。警员没得到任何有用的口供。从高德成身上抄出的物品都留存在捕房，以供侦缉线索。

杨小佛醒来时，发现是一位白俄人开车把他送到金神父路广慈医院。当时这个白俄人在楼上看到特务们开枪，他不敢马上下来，等特务走了他才冲下来。看到研究院的车钥匙还插在车上，他就紧急送杨杏佛父子到了医院。此时医生们正在做礼拜，杨杏佛被抬到外科室，躺在床上等医师急救。等到9点多，天主堂的礼拜才结束，来了一位医师。他翻了翻杨杏佛的眼皮，做了一番检查后宣布："死者伤在要害，已经无法抢救，因为死者是在要害处中的枪。"

杨小佛也中了一枪，一直流血。他扑到父亲身上号啕大哭起来，要是今天他不跟着父亲出来玩也许父亲就能逃过这一劫了！

此时中央研究院大门紧闭，不许闲人进出。法租界警务当局通令所属各捕房每晚分班赴新、老租界各马路搜查形迹可疑行人，以及有无携带枪械及违禁物品；并派出探员多名，在各相关地点进行严密布守，并对部分电话加以监视，试图在最短时间内破案，然而却毫无进展。

蔡元培听闻噩耗，马上于当日上午9时许驱车至事发现场视察，又转往广慈医院探望杨杏佛遗体。11时许，在中央研究院工程研究所内召集紧急会议，讨论杨杏佛善后问题，并电请国民政府要求立即慰问杨杏佛家属并缉拿凶犯。他非常难过，从某种意义上说，杨杏佛是代他而死的，他不能让杨杏佛死不瞑目！

杨杏佛的死震惊了全国，一时间坊内沸沸扬扬。胡适听到杨杏佛遇刺的消息非常吃惊："此事殊可怪。杏佛一生结怨甚多，然何至于此！凶手至自杀，其非私仇可想。岂民权同盟的工作招摇太甚，未能救人而先招杀身之祸耶？似未必如此？"胡适一向政治立场温和，他想不通为什么同样是中国人非得互相残杀。

《申报》发表了对杨杏佛的评价："平生为人豪爽、待人诚挚，能诗词古文且善谈辩，前后任职均竭力奉公，于国事亦极热心。"报纸舆论都在强烈谴责凶手。

眼见杨杏佛遇难，朋友劝告鲁迅避避风头。因为鲁迅是左翼作家联盟的主要领导人之一。在此前中国自由运动大同盟成立于上海，鲁迅也是发起人之一。这就触怒了国民党反动派。他们的《革命日报》上大泼脏水，造谣诬陷鲁迅为"金光灿烂的卢布所收买"。国民党浙江省党部执行委员许绍棣更借此呈请国民党中央通缉"堕落文人"鲁迅。此后 1931 年春柔石、殷夫等革命作家被捕，1933 年 6 月民权保障同盟执行委员杨杏佛被杀，鲁迅的生命安全几度受到严重威胁。时常有特务在各进步书店巡回侦察，并到内山书店专门搜集鲁迅的行动和与之交往人员的情况，分别列为情报向南京特工总部报告。国民党的另一特务机构军事调查统计局的前身蓝衣社也严密监视着鲁迅。由于鲁迅经常去内山书店，书店周围常年徘徊着监视鲁迅的特务。国民党一边施予高压，一边抓住任何一个机会，妄图进行拉拢。这帮小人与刽子手！鲁迅悲愤难耐，这两年发生了太多的血案！鲁迅冷笑："倘用暗杀就可以把人吓倒，暗杀者就会更加跋扈起来。有人造谣，说我已到青岛。那我更非住在上海不可，并且写文章骂他们，还要出版，试看最后到底是谁灭亡。"他挥笔写下了《悼杨铨》的诗："岂有豪情似旧时，花开花落两由之。何期泪洒江南雨，又为斯民哭健儿。"

林语堂震惊得说不出话来，昨天还与杨杏佛谈笑风生，今日再也听不见杨君开口说话！这与当年刘和珍的牺牲何等相似！为什么历史总在惊人地重演！

之前杨杏佛就曾接到恐吓信，恐吓信件总共发了三封，还有两封是给蔡元培和宋庆龄的。蔡元培当时年龄大了，孩子还小，宋庆龄和杨杏佛为了保护他，就请他写了一封辞职信，随后杨杏佛对外宣称蔡元培已经与"民权同盟"没关系了，是要借此告诉蒋介石，告诉特务。蔡元培的危险才解除了。没想到灾难竟落到了杨杏佛头上！

本来，杨杏佛走上革命道路时，是孙中山的忠实追随者，也曾经信奉国民党。北伐的时候，杨杏佛是孙中山丧事筹备处的总干事，他家小洋楼的阁楼上面放了个电台,电台是用来与国民革命军联系的,杨杏佛把北伐的情况通过电台告诉蒋介石。军阀孙传芳知道后,马不停蹄找到这个电台,想立刻抓捕杨杏佛,但因为不能在租界抓人,于是通过法国巡捕把杨杏佛抓进巡捕房,然后再引渡过去。当杨杏佛还在巡捕房的时候,宋庆龄得知了此事,当即找了著名女律师郑毓秀到法租界交涉,杨杏佛才被放了出来。如果引渡过去,杨杏佛是要马上掉脑袋的。杨虎也抓过杨杏佛,准备杀杨杏佛之前,被上海的外交特派员看到了:"咦,这不是杨杏佛吗?怎么回事?自己人呀,大水冲了龙王庙!"特派员之前跟杨杏佛住在同一个地方,是老熟人。

杨虎无奈:"误会!误会!"只好放了杨杏佛。虎口脱险,杨杏佛心有余悸,但是他不怕,他还是要走这条路。

早在1933年初春,杨杏佛到北平去发展同盟的北平分会和营救关押在北平的一些政治犯。到北平后,杨杏佛每天去拜访傅斯年、梅贻琦等文化教育界人士,还专程去顺承王府找张学良,洽谈释放政治犯的问题。四、五月间,杨杏佛曾得到南京友人的劝告,暗示他可能被捕,叫他不要去南京,以免发生意外,但他照旧每隔一两星期就到南京中央研究院总办事处去工作。接下来,杨杏佛不但到处鼓吹民权保障同盟的神圣任务,还针对蒋介石种种蔑视人权的做法进行坚决斗争,并极力主张停止内战、一致团结抗日。一系列的活动终于让蒋介石动了杀心。

杨杏佛的遗体当日被送到胶州路万国殡仪馆。6月20日大殓,用中式衣衾做了寿衣。同盟的同人购备了印度绸短衫裤一袭、夹袄一袭,长衫则选用杨杏佛最偏爱的夹袍,另配以马褂鞋帽。一个月后,在公墓举行公葬,风雨凄凄,无尽的是送别的泪水。

杨杏佛被暗杀后,国民党演了一出贼喊捉贼的把戏,照会法租界当局限期破案缉拿凶手。上海各报连日刊登有关此案报道,有的表示愤慨,有的暗示主使有人。

6月20日下午，宋庆龄亲自到万国殡仪馆现场吊唁，她轻轻掀开盖在死者身上的白布，久久凝视着杨杏佛的遗容，悲切之间眼泪含在眼眶里打转。杨杏佛离了婚的妻子送了一副挽联："当群狙而立，击扑竟以丧君，一暝有余愁，乱沮何时，国亡无日；顾二雏在前，鞠养犹须责我，千回思往事，生离饮恨，死别吞声。"读之让人泪下。

慰问完家属，宋庆龄对记者说："对杨先生被刺一事，已有一文宣告发表，民权保障同盟之会务当然继续进行。"宋庆龄在针对杨杏佛案所发表的文告中说："这批人和他们所雇用的凶手以为单靠暴力、绑架、酷刑和暗杀就可以把争取自由的最微弱的斗争扼杀。这就是他们统治人民的武器，也正说明了他们整个政权的面目……杀害杨杏佛的刽子手们要明白，政治罪行必然会给他们带来应得的惩罚。"

蔡元培满怀激愤："文人遭此变故，说明人民生命毫无保障。"

杨小佛的伤势已大体康复，司机则未脱险境，仍在中国红十字会第一医院治疗，看上去精神尚好，体温亦不高，只是子弹尚未钳出仍有危险。他受了严重的惊吓，晚上经常噩梦连连。

一时间上海风声鹤唳，人人自危。杨杏佛逝后，民权保障同盟形同解散，刺杀案最终也不了了之……

短短两个月内，两位爱国人士付出了宝贵的生命，一个是林语堂的至亲，一个是林语堂的战友。时代风雨飘摇，犹如一记又一记响亮的耳光打在林语堂的脸上。林语堂换上黑衣黑裤，准备出门吊唁杨杏佛。哪知刚打开门，便看见巷子里有四个头戴礼帽的陌生人，他们穿着半新的绸衫，宽松的裤子，墨镜遮住了半张脸，看不清相貌。是特务无疑了。他们时不时抬起头，伸长脖子看看房子里的人有什么动静，然后聚在一起窃窃私语。便衣特务正朝他这里张望。特务也不躲避，反而肆无忌惮直勾勾地看着林语堂，样子十分张狂。一阵微风吹过，绸衫贴紧了他们的身体，腰间现出了一个硬硬的方形轮廓。那是手枪！

一连两个星期，这些人都守在这里，寸步不离。特务还塞了张匿名信：

"林先生

一条胳膊一百大洋

一条腿三百大洋

一条命一千大洋

好值钱！你选哪种？"

林语堂浑身一激灵。这帮流氓强盗！看这情形，若强行出门就是两种结果，一种是马上被捕，特务们正愁没有罪名逮捕他，他若强行出门反而给了特务们借口；另一种是，特务们连借口都不需要了，他们甚至可以像暗杀杨杏佛一样杀了他。只不过现在舆论正在风口浪尖之上，他们不得不有所收敛。若此时出门，只能作无谓的牺牲。当然，他也可以舍身成仁，但他有妻子，有三个女儿需要他抚养，他怎能为了一己之私，弃妻女于不顾？人生是残酷的，一个热烈、慷慨、天性多情的人，常常受到环境的迫害。那些天性热烈的人，常常因激情而错了主意，常常因对付仇敌过于忽视而走了失着……人生是严酷的，热烈的心性不足以应付环境，热情必须和智勇联结起来，方能避免环境的摧残。无数革命义士将青春热血献予国家确实可敬，只是这样一来，妻子没有了丈夫，母亲没有了儿子，实在让人悲痛。为什么这个世界如此残酷，一定要流血牺牲呢？林语堂是多么希望世上永远没有战争，永远和平呀！

杏佛，杏佛，原谅我吧！原谅我不能到场吊唁你！林语堂知道，与那些抛头颅洒热血的革命义士相比，自己确实是个胆小鬼。不知何时，曾经在北京巷口与军警用石块互搏的那腔莽勇慢慢消失了，因为他目睹了太多鲜活的生命转眼间阴阳相隔，而生命只有一次！如今他躲在家里不敢前去吊唁杏佛，确实应该被嘲笑。

林语堂吩咐妻子在家中给杨杏佛烧了纸钱。林太乙吵着要出门玩耍，廖翠凤压低了声音："门外有坏人！等过两天坏人走了，妈妈再带你到中央公园玩！"

林太乙扑闪着一双大眼睛问道："坏人为什么站在咱家门口呀？"

林语堂道："你还小，你不懂。等你长大后你就明白了。不过，你要记住，要学会保护自己。"

林太乙似懂非懂地点了点头。

当晚，林语堂喝了半斤绍兴黄酒。廖翠凤劝他少喝："你平时都喝茶的，突然喝了这么多酒，会伤身体的呀！"半醉的林语堂大着舌头道："凤呀，你不懂，人只有经历大苦痛才会有大彻悟与大解脱。"廖翠凤叹息着摇摇头，随他喝去了。此时林语堂特别怀念童年的时光，那时多么无忧无虑呀，虽然没有大上海十里洋场的声色犬马，可是，那时可以光着脚丫在西溪里嬉戏，吃着好吃的荔枝和龙眼，在山上追逐玩耍。生命应当是单纯而快乐的，为什么会有这么多仇恨，这么多苦难？林语堂无比憎恨起上海了。

十几天后，散落在林家住宅周围的特务终于撤离了，孩子们终于可以到外面走走了。林语堂跑去祭奠杨杏佛，这是一份迟到的祭奠，但是，他必须表达他的心意。他遇到了鲁迅。鲁迅冷笑道："林语堂，你是个胆小鬼！"

林语堂红了脸，心中犹如刀扎一般，喃喃道："是的，我是个懦夫！"

一腔心事无法排遣，林语堂在外面踯躅，很晚才回到家中。

廖翠凤正焦急地等待着，她不停地来回在客厅踱步，林太乙见此情形也跟着担心了起来："妈妈，爸爸怎么还不回家？"突然听见门响，林语堂进了家门，廖翠凤见到丈夫平安归来，不禁长长地松了一口气："你怎么这么晚才回来？让人担心死了！"算命的人说她是吉人天相，逢凶化吉，她很相信这句话，丈夫没有出事，也许是因为她的关系。

中国的发展道路究竟要往何处去？林语堂是赞成韩非子以法治国的，

虽然他更喜欢孔子及以孔孟为代表的儒家文化，但血淋淋的现实提醒他儒家仁义之谈缺乏力量，只能以韩非法治为实用。他不想参与党派和政治纷争，作为一个浸润过欧风美雨现代思想的知识分子，面对积贫积弱的国家，他能做的只有呼吁再呼吁，他的法治思想是建立于传统士大夫情怀之上的。

可是，他的梦想一次又一次破灭了。事实证明，中国毫无法治可言，人治完全凌驾于法治之上。警署装模作样的调查，法租界在报纸上故作迷雾的虚伪的声明，一切都让人绝望。路途好漫长啊，希望在何处呢？十里洋场让人窒息。上海，可怕的上海。一边是强权，一边是弱肉。那些讨生活的穷人，不管是茶房还是三轮车夫抑或是乞丐，都是一些叩头作揖、跑着跳着的行尸走肉，侍奉着讨好着那些皮肤青白、肥头胖耳的资本家。十里洋场是东方和西方奇怪的混合，金钱凌驾于一切之上，金钱可以呼风唤雨，到处是空虚的低级趣味，造作的女人，非人的劳动力，缺乏生气的报纸，没有国家观念的人。上海真是太可怕了，可怕在它的畸形、邪恶与虚浮，可怕在它的欢乐与宴会，以及它的眼泪、苦楚与堕落。林语堂踯躅在街头，看着一个瘦骨嶙峋的贫民翻捡着垃圾桶里的残余，啊，这些苟延性命的贫民何时才能解脱呢？

林语堂想念家乡了。他希望自己能坐帆船回去他十八年间不曾回去的家乡。可是，事务繁忙，根本没办法抽空回去。他挥笔写下了《论政治病》一文，辛辣地讽刺了官场生活的黑暗面："中国政客永不会有精神对付国事的……"

现在，他对一切的暴力都心怀厌恶与恐惧。

政治高压之下，世道艰难，不能说话，不能叹息，唯有借幽默作长歌当哭，聊以苦中作乐。快乐是人的天性，可以调剂社会生活，促进社会的和谐，面对当局的压迫与恐吓，幽默似乎是倾吐胸中苦闷的好法子。

林语堂感到一种太平人的寂寞与悲哀，唯有幽默小品文能带给他精神慰藉。生活、文化都需要幽默小品文的滋润，否则难以抵抗日趋残酷的现实及生活的欺诈，目前唯有幽默文学带来的自然活泼的人生观才是解救的良方。他写下一批幽默轻松的文字，希望在阴霾的生活中注入一丝阳光。之所以写这样的文字，只是希望在国内已有的各种严肃大杂志之外，加一种不甚严肃的小刊物，调剂一下空气而已。文学应当是多元化兼容并蓄，从小他就喜欢特立独行，不喜欢落入窠臼。他创办《宇宙风》只是为了让青年读者更加注重现实和观察，他既不赞同左翼作家文学为政治服务的观点，也反对国民党对文艺进行严酷压制和对言论严密禁锢等强奸民意的行为。自与萧伯纳见过一面之后，林语堂更加坚定了以幽默文字对抗血腥现实的决心。

可是，当他的幽默文字发表后，一大波批评接踵而来。林语堂悲哀地发现，自己陷入了左右不容的尴尬境地，变成了一只既不是鸟类也不是兽类的蝙蝠。鲁迅指责林语堂："幽默文学违背了战斗文学的主流意志，太不合时宜了！在这个皇帝不笑、奴隶就不准笑的年代，中国当下并无幽默的余裕！如今中国正遭遇最困难的时候，正逢空前的严重时期，所谓幽默只会消蚀意志，离散团结。"鲁迅想，在民族危急关头提倡幽默，简直像有户人家死了人正要出殡，林语堂却径直闯入在丧礼上谈笑风生一样。而国民政府的御用刊物也指责："国家、民族危在旦夕的原因，就在于知识分子的图尚逸乐，各存意气，争相渔利，置国事于不顾，使民族意识衰落，不能领导同胞以求振作。"

其实，林语堂只是盼望有一个人人可以做人的天下而已："我不做梦，希望民治实现，人民可以执行选举，复决，罢免之权，只希望人民之财产生命，不致随时被剥夺；我不做梦，希望贪官污吏断绝，做官的人不染指，不中饱，只希望染指中饱之余，仍做出一点事迹；我不做梦，希望政府保护百姓，只希望不乱拆民房，及向农民加息勒还账款。"这是林语堂对中国的梦想，简单而不贪心。他不合时宜地提倡幽默，只是一种自保的盾牌。幽默可以打破假道学束缚下浮躁沉闷的牢笼，以获得一丝可呼吸的新鲜空气。它可以调适人们的内心世界，人人长久的压抑和紧张中获得暂时的放松和休憩，可以给人带来精神的慰藉，对于健全和完善理想的自然人性具有重大意义。他，只是想过正常人的生活。人，应该真实、宽容，众生皆苦，我佛慈悲。

林语堂的言论太不合时宜了。左翼的作家群起批评攻击幽默，攻击林语堂。

林语堂愤愤不平："若幽默若真能亡我大中华，是真所谓吴之亡也有西施，无西施亦亡。"他孤军奋战，唯一同情他的是他的朋友郁达夫，这是一位林语堂终生感激的朋友。林语堂溺水了，所有人都有壁上观，唯有郁达夫、邵洵美伸出了援手。邵洵美说："大概幽默者不以自身为众望所归，不以自己的一言可以兴邦，也不以自己的一言可以丧邦。"

面对排山倒海般的指责与压力，林语堂只能自我宽慰。

1933 年 7 月，林语堂接到了一个噩耗：母亲在漳州天宝逝世了！想起慈爱的母亲，林语堂泪眼蒙眬。没有母亲，就没有他的一切。林语堂风尘仆仆赶回漳州送葬。父亲已于 1922 年 10 月逝世，林语堂把父母遗骸合葬于五里沙村北，立了一块大墓碑，上书"林公至诚牧师暨淑配杨夫人之墓"。那里是一大片香蕉林。香蕉树摇着硕大的叶子为父母的墓地遮阴挡凉，一串串香蕉挂在枝头。林语堂细心地将坟墓周围的杂草清除干净。此去一别，不知何时才能再归家看望双亲？

回到上海后，他的《大荒集》结集出版了。他在《序》中这样写道："由草泽而逃入大荒中，大荒过后，是怎样个山水景特，无从知道。但是好就在无人知道，就这样走，走，走吧。……在大荒中孤游的人，也有特种意味，似乎是近于孤傲，但也不一定。我想只是性喜孤游乐此不疲罢了。其佳趣在于我走我的路，在这种寂寞的孤游中，是容易认识自己及认识宇宙与人生的。"

此时的林语堂，看不清中国要朝哪里走，也不知道自己要走向哪里。他很苦闷。有时他觉得，自己是不是生错了年代，他，是适合生于和平年代的，他渴望和平！

（七）与鲁迅相得相离

林语堂在《人间世》《宇宙风》大力提倡幽默，他喜欢小品文或平淡、或奇峭、或清新、或放傲的笔调。因为政府严格查禁革命文章，逼得众多作家另辟蹊径发表思想，在文笔技巧方面做文章，力图使文章含蓄隽永，又不至于受牢狱之灾，但这种文风受到了鲁迅的责难。

这天郁达夫请客，鲁迅对林语堂道："现在国家血雨腥风，你偏提倡为笑而笑的艺术，岂不是故意粉饰太平盛世？你所谓的幽默文章其实并不幽默，不过是以造作的笑声来掩盖血腥的现实，把社会痛苦趣味化。风花雪月，红肿之处艳若桃花；溃烂之时，美如乳酪。一切都是掩饰、美化，最后就是愚蒙！我劝你还是少写幽默文章！"

林语堂辩解道："文学是有很多功能的，先生注重文学的社会政治化功能，而我注重文学的文学功能。人各有志，不能强求。就如我的好友张大千，抗战烽火连天，他带着学生到敦煌写生。有人指责张大千国难当头毫不作为，可他说军人可以上战场，文人可以写文章，农人可以种稻谷，我一个画家只会画画，只要把画画好了，就是我对这个社会的贡献，虽然画画与抗战没有直接的关系。我很欣赏大千的这番说法。"

鲁迅没有接茬，径自起身离席而去。林语堂有些尴尬，郁达夫打圆场道："鲁迅先生就是这样一个真性情的人，大家不用难堪，尽管安心继续吃饭。文学见解各有不同，允许探讨嘛。"

不久，鲁迅发表了《病后杂谈》。林语堂看了很是难过。鲁迅在文中批判"君子远庖厨"的方法，指责有人虽到了庖厨里，看见了残杀，却依然从血泊里寻出闲适来，充耳不闻社会现状以保全性灵，这些是对世事的浮光掠影、蔽聪塞明，是彼此说谎，自欺欺人。这分明就是在谴责林语堂！林语堂有些坐不住了，他一直提倡我手写我心，但他从不做自欺欺人的勾当！他觉得，左翼文学与革命文学承担了太多的政治使命，意识形态化太严重了。

林语堂苦笑，他也曾经和鲁迅一样愤激过，他甚至拿着砖头、石块和军警在小巷里肉搏，只不过，严峻的现实让他看清了政治的肮脏面目，而人生又是这样短暂，他转变了以前的愤激态度。为什么斗士一定要怒目金刚式的呢？战斗也可以是微笑着的。他想起自己头顶"幽默大师"的封号，这既是桂冠，也是别人挖苦和讽刺他的话柄。当他听到别人喊他"幽默大师"的时候，既高兴又难过，不知对方是褒是贬，抑或又褒又贬。人是万物之灵长，应该有七情六欲喜怒哀乐呀！林语堂初次接触袁宏道时，高兴得狂呼乱叫击节叫好。他觉得，能写出性灵文章的人，都是独来独往，有风气，有见识，有操守。可是，现实中放眼望去都是一窝蜂的假普罗，每个人都劝诫他不应喜袁中郎，不应写小品文，他倘若不战战兢兢受教点头，便会受到四面攻击……

林语堂依旧我行我素，继续发表大量幽默、性灵文章。他是一个表面温和、实则固执的人，内心充满不被理解的苦闷。他有时感到沮丧，但写完一篇满意的文章后自己又高兴起来，感觉之前的疲倦消失得无影无踪，精神异常爽快。他是个山野里走出来的孩子，儿时闽南的山水赋予他淡散的本性，改不了了。他提倡幽默的主张受到了铺天盖地的指责，这些指责完全超过了他的忍受范围。他一个人孤军奋战，四面楚歌。说无动于衷、若无其事是假的，说不难过是假的，他心中充满太平人的寂寞与悲哀，他想捍卫自己的主张，他更渴望得到理解。可是，有时候他又不屑于解释，他觉得，与人争论不必解释。

鲁迅真恨不得拍拍林语堂的脑袋：醒醒，该醒醒了！此时边疆上是炸；

炸；炸；腹地里也是炸，炸，炸，你在这样的时候提倡性灵，实在是匪夷所思！鲁迅身上一腔热血。他觉得周围的空气太寒冽了，他内热的生命体验恰恰是由于外冷的生存境况激起的，所以他要做《热风》。正如庄子所言，朝受命而夕饮冰，其内热矣！

林语堂则认为，人要是头脑发热，便容易偏激。自己在北大教书时所写的文章，热则热矣，却没有什么艺术内涵。人固然需要热血，也需要冷静。

双方各执一词，谁也说服不了谁。鲁迅见林语堂往性灵的路上越陷越深，他好意写信给林语堂："与其写性灵的文章麻痹自己，不如发挥你外语的特长做做翻译工作。"

林语堂回信："翻译的工作等我50岁后再做。我现在精力旺盛，正是写文章的好时候。"鲁迅看了回信勃然变色。说者无意，听者有心，鲁迅此时也夹杂着做些翻译工作，林语堂这是讽刺他已经老了！真是好心被当作驴肝肺，罢了！罢了！

鲁迅冷笑：道不同不相为谋。

现实让林语堂一会儿充满希望，一会儿又充满绝望，心中常交织着积极和消极的情感。他的文章有时闲适清淡，有时也火气很大，有如烈火熊熊，浓烟滚滚，像《作人与作文》《今文八弊》《方巾气研究》等都是充满火药味的文章，但这些文章鲁迅视而不见，一味抨击林语堂的性灵文字。

林语堂想："你现在是对的。但是将来对的人可能是我。作家的笔正如鞋匠的锥，越用越锐利，到后来竟可以尖如缝衣之针。但他的观念的范围则必日渐广博，犹如一个人的登山观景，爬得越高，所望见者越远。"

鲁迅本不想再与林语堂交往，不料青年作者王志之请他帮忙向《论语》投稿。鲁迅不忍王志之失望，于是勉为其难转了王志之的稿件给林语堂。不料《论语》没有采用，鲁迅很是不悦。最近，他身心俱疲，冬天到了，他的咳疾又犯了，穿上棉衣也抵挡不住北风刺骨的寒冷，日夜咳嗽，胆汁都快咳出来了。

林语堂有他的苦衷。因为稿件内容太过激烈了，编辑部为了刊物的前途不得不有所顾忌。此时《论语》受到左派和右派的猛烈攻击，被大肆诛罚，左派说《论语》以笑麻醉大众的觉醒意识，右派说《论语》以笑消沉民族意识，好像《论语》不死大祸不止似的。林语堂抱歉地把稿件退还给鲁迅先生，他心里盘算着什么时候请鲁迅先生吃个饭表示歉意，同时他还有事请鲁迅相助。《人间世》创刊后，每期刊登一位作家的照片，鲁迅是文学界大牌，自然少不了要刊登鲁迅的照片。林语堂心中七上八下，刚刚拒绝了鲁迅转来的稿件，如今又索要鲁迅的照片，也不知鲁迅先生给不给？他硬着头皮写信给鲁迅："树人兄，烦请寄来照片一张，以作《人间世》刊登之用。"

　　林语堂没有等到鲁迅的照片。鲁迅谢绝了。陶亢德写信请鲁迅为《人间世》写稿，鲁迅也谢绝了。鲁迅的文字志在揭出苦痛，引起疗效的注意，实在反感林语堂的文字。鲁迅觉得，怎么林语堂身上也有点阿Q的影子呢？鲁迅很反感林语堂在《人间世》的做派。林语堂为了提高《人间世》的知名度，在《人间世》的创刊号上刊登了两首周作人的自寿诗，这些无关痛痒的自寿诗让鲁迅极为反感：

　　前世出家今在家，不将袍子换袈裟。街头终日听谈鬼，窗下通年学画蛇。老去无端玩骨董，闲来随分种胡麻。旁人若问其中意，且到寒斋喫苦茶。

　　半是儒家半释家，光头更不着袈裟。中年意趣窗前草，外道生涯洞里蛇。徒羡低头咬大蒜，未妨拍桌拾芝麻。谈狐说鬼寻常事，只欠功夫吃讲茶。

　　周作人诗中表明的心境与姿态引起了诸多友人的共鸣，林语堂率先唱和，乃至最后在多种杂志上刊登自寿诗及和诗，一时间文坛热闹非凡，引起了左翼文化人的不满及批评。鲁迅皱起了眉头：无聊之至！颓废之至！

　　林语堂陷入了尴尬的境地，他明白了鲁迅先生的态度，不好意思再写信给鲁迅了。他想起前几年鲁迅先生骂梁实秋先生是"丧家的资本家的乏走狗"，鲁迅先生没有这样骂他，已经算客气了。他是此次左翼文人与闲适派文人交锋的导火索，但他不后悔，还是坚持走自己的路，他开始反省中西文化，并创作《谈中西文化》发表在《人间世》上：

"中国人经常不是中了'忧郁狂'，便是犯'夸大狂'，这都是因为国家贫弱，失了自信心所致。这种专学洋人皮毛的态度，哪里配讲中西文化？说也好笑，中国腐儒的古玩，常被此辈人抬出来当宝贝，而中国文化足与西洋媲美的文物，如书画建筑诗文等，反自暴自弃。"

文章发表后，林语堂收到了许多读者来信。有一封信这样写道："林先生，你的中西文化对比太深刻了，每一句话都说到我心坎里！"看完读者的信，林语堂给自己泡了一壶铁观音。茶里有神秘香气，茶叶淹没于沸水中，上上下下沉沉浮浮，最终缓缓落下。在清风中品茗，可以把风尘抖落，轻啜一口，仿佛把茶山、云雾、鸟鸣全部喝进肺腑，心水无澜，眼亮如珠。喝一口家乡的茶，仿佛人也变成了一株枝叶繁茂的茶树，披风饮露。中国人不可无茶也。林语堂眼睛一亮，挥笔写下一句：捧着一把茶壶，中国人把人生煎熬到最本质的精髓。

（八）生命中的贵人：赛珍珠

上海霞飞路上，一个高大美丽的美国女人正在跟当地人买苹果。她一口流利的中国话让小摊贩万分惊讶。当小摊贩告诉她苹果一斤三毛钱的时候，她熟练地讨价还价："我经常买苹果，别人都是卖一斤两毛钱。"

小摊贩看着对方一副中国通的样子，知道无法蒙骗对方："夫人这么美丽，就算两毛钱吧。来，我帮你挑，保甜。"

这个美国女人就是著名的赛珍珠，她长着光洁的额头，深邃的眼窝里是亮晶晶的蓝色的眼珠，弯弯的柳月眉，高挺的鼻梁，涂着红色的唇膏，看起来分外美丽。她刚刚四个月大时，就被她那当传教士的父母带到中国，在江苏镇江度过了她的童年与少年。她和中国小孩一起玩耍，常常看到瘦骨嶙峋的麻风病人躺在庙门口向人乞讨，看过被扔在野地里被野狗撕扯着身体的死孩子，看过地痞在大街上撒野，听他们骂不完的脏话。1917年，她觅得了如意郎君，是美国教会派到中国来的农学家洛辛·巴克，两个人一见钟情。结婚后，她跟随丈夫到安徽宿县生活了五年，强烈感受到中国农民沉重的命运，因此萌发了写作的念头，她要写下敬爱的中国农民和老百姓的沉重的命运。她曾经亲自参加抗洪抢险工作，大水一直淹到了城墙边上，黄色的洪水在临时筑成的大堤外汇合，一天天地往上涨。城里的人仿佛一夜之间都成了靠捕鱼捉蟹为生的渔民。水天一色，巨大的城墙在洪水中岌岌可危。赛珍珠搭上农民的小船去她工作的地点参加救护，每天忙碌不堪，全身上下沾满泥巴，但繁重的救护工作丝毫不影响她的激情。

1931年3月，出版于纽约的《大地》为她奠定了在美国文坛上的地位。小说出版后，即被美国出版界所组织的"每月新书"推选为杰作，连续再版，很快被译成三十国文字，同年获得美国的普立策文学奖，一举成名，畅销全世界，得到了四十万美元的版税，她的财富使她的人生变得更为从容而自由。此时她虽然已经40多岁，但岁月并没有损耗她美丽的容貌，反而为她增添了成熟的魅力，她的衣着和肤色都是西方的，可是她娴静的态度和从容的谈吐中又显示出东方女性的美。此时她还不知道，五年后《大地》将荣获诺贝尔文学奖，她即将成为美国第一个获得诺贝尔文学奖的女作家。

《大地》完全改变了赛珍珠的生活。美国邀请她衣锦还乡，各种各样的宴会和招待会潮水一般涌来，发自内心的溢美之词不绝于耳。她有些受宠若惊，又忍不住像品尝美酒一样尽情品尝成功带来的快乐。赛珍珠经常把自己当中国人，中国快变成她的故乡了，但她也意识到自己只不过是一位生长在中国的外国人，真正的中国人经常用看怪物的眼神看着她。她所体验的，往往不过是一些浮面表层的现象。她决心回美国定居，然而巴克不愿意回美国，夫妻感情处于破裂的边缘，而她在出版小说的过程中所认识的美国出版商华尔希则追到了中国，向她表示爱慕之情，她的感情生活发生了翻天覆地的变化。

不过，与在美国大受欢迎情况相反的是，《大地》在中国颇受抵触，因为小说中描写了底层百姓的穷苦愚昧，触痛了一些所谓"爱国人士"的神经。不过，林语堂很喜欢《大地》，他认为一些所谓爱国志士不替平民谋生活福利改善，只是对外一味掩饰百姓穷苦愚昧的状态，这是假爱国，只有切实致力于平民生活的改善才是真爱国。他写了一篇《巴克夫人之伟大》的文章，盛赞赛珍珠的见识远超于某些"高等华人"，恰恰是这些揭示苦难的文字表现了中华民族的伟大，人民勤苦耐劳，流离失所，但在战乱频仍经济压迫的情况下仍然透露出强健的本质，这些是可歌可泣生动感人的。

　　当赛珍珠从美国重返中国之后，她所感受到的抵触情绪让她立刻明白自己彻底告别中国已为时不远。回美国之前，赛珍珠有一项计划：她决心寻找一位中国作家用英文来写一本介绍中国的书。一开始，赛珍珠想请当时活跃于上海的学者张歆海撰稿，因为张歆海有精湛的英语写作能力。可是当她全面地权衡了张歆海的文化素质之后，终是觉得他难以承担此项重任。此时赛珍珠已离婚并嫁给第二任丈夫华尔希。华尔希是约翰·戴出版公司总裁，该公司正面临倒闭风险，如果能物色到一位合适的中国作家来写一本介绍中国的畅销书，既可以了结自己的心愿，又可以在经济上帮助丈夫，真是两全其美。于是，这件事变成了赛珍珠的一桩心事。

　　赛珍珠回到住处，削好一个苹果递给丈夫，华尔希咬了一口，赞道："好甜！亲爱的，你怎么看起来不开心呀！"赛珍珠蹙着眉头道："亲爱的，你也知道，我想找一个能向外国人介绍中国的作家，但这样的作家实在难找得很，因为能用英文来写作的中国现代作家实在稀少。"

　　华尔希打趣道："这个人肯定难找呀！要找一个能入你法眼的人，当然不容易！你的要求太高了，你要求作者在混乱的时代保持清醒的头脑，这个人必须懂得智慧，能够正确地认识生活，这个人必须智慧到足以理解自己、足以理解别人的文明。他能够明智地选择自己民族所特有的东西。可这智慧要用多少世故和学问培养出来呀！"

赛珍珠欣慰地点点头，知她者，莫过于丈夫也！"我是宁缺毋滥的。我要求作者既能真实地袒露中国文化的优根和劣根，揭示中国文化精神的内核，又要在技巧上具有适合西方读者口味的那种幽默风格和轻松笔调。可是，现代中国作家的作品，要么完全抄袭西方，要么受西方的影响太深，因此可供选择的对象实在是寥寥无几。亲爱的，你有没有什么合适的人选，给我推荐推荐。"

华尔希摊摊手："没有呀。"

赛珍珠几乎绝望了，整个人陷进沙发里。华尔希突然一拍手："我想到了一个人，这个人叫林语堂。你应该听说过吧？"

赛珍珠眼睛一亮："对呀，林语堂，我怎么没有想到呢？"赛珍珠拍了拍自己的额头，怎么就把林语堂忘了呢？赛珍珠早年读过林语堂在英文杂志《中国评论周报》的"小评论"专栏中的文章。1928 年，林语堂为该报撰写的《鲁迅》一文，是最早向外国读者介绍鲁迅的英文资料之一。几年来，林语堂的那些题材新颖的英文小品文和他幽默与俏皮的文风，曾给赛珍珠留下深刻的印象。赛珍珠特别欣赏林语堂的小评论在抨击时弊时的无畏精神——在俏皮里包含着火辣的讽刺，言人所不敢言，在不宽容时又绝不宽容。这种风格赛珍珠十分欣赏。

林语堂是享誉上海的幽默大师，他曾经留学美国，对中国文化和外国文化都有独到的见解，但不知林语堂愿不愿意来写这本书？他有没有时间？赛珍珠决定登门拜访林语堂。她通过朋友打听到了林语堂的住址，经朋友牵线，约定了拜访的时间。

约定的时间到了，赛珍珠准时到忆定盘路林语堂家吃饭，廖翠凤做了拿手的清蒸鸭招待这位贵宾。饭后，林语堂和赛珍珠两人畅谈。赛珍珠把自己花了五年时间翻译成的英文版《水浒》双手递给林语堂："林先生，请您多多指教！"

林语堂低头一看，题目译作《四海之内皆兄弟》，又翻看了几页，不由赞道："你把握住了《水浒》的精髓！赛女士，你怎么懂得那么多中国的俗语、土话、行话及江湖黑话？这可不是一般的外国人所能翻译的。"

赛珍珠嫣然一笑："承蒙夸奖，别忘了我在中国生活了三十几年，可以算得上半个中国人。"

两个人用英文交谈，越谈越投机。一个是"中国通"，一个是"两脚踏东西文化"，不到一小时，俨然多年的好友。赛珍珠道："现在西方人对中国误解相当严重。有些在中国住过几年的西方人，回国以后就以中国通自居，著书立说。但是，这些著作充其量不过是海外猎奇，或者是对小脚、辫子之类的丑恶大展览。Mr 林，您知道美国传教士粤·勾·史密斯吗？他在《中国人的特性》一书中竭力丑化中国人，认为容貌丑陋、长辫小脚、不守时刻、不懂礼貌、爱好嫖赌、不讲公德、溺婴杀生、见死不救、虐待动物等是中国人的天性。还有美国老牌中国通甘露德，在 1923 年写的《中国的毛病何在》一书中，断言中国是一个劣等民族……"

林语堂深以为然："赛女士，我要替中国谢谢您！我实在痛恨那些丑化、扭曲中国的文字。"

赛珍珠道："要是有哪个中国人来写一本阐述中国的著作就好了！避免丑化中国的毛病，渗透中国人的基本精神，这本书要坦诚相见，不要为了取悦外国人而自惭形秽，中国人总是太谦逊了，其实，中国人完全具有坦率与骄傲的资本。"

林语堂连连点头："我倒很想写一本书，说一说我对于中国的切身感受。外国人一直认为中国男人留长辫子女人裹小脚，我要纠正外国人对中国人的偏见。"

赛珍珠如获至宝，她十分热忱地鼓动林语堂："那您为什么不早日动笔呢？您是可以写的。这本书我盼望已久了，我一直希望介绍中国的书由中国人来写，这样才更真切。"

两人相谈甚欢，当下口头定下协议：林语堂尽量在一年内完稿，赛珍珠负责出版事宜，并付给林语堂版税。赛珍珠告辞回家，一路上月光洒满了小路。她兴奋地叫了一声，真是踏破铁鞋无觅处，得来全不费功夫！她预感到，自己做了一件很有意义的事情。

对林语堂来说，赛珍珠简直是天使！这阶段林语堂诸事不顺，他主持的杂志《人间世》严重亏损，又与多年好友鲁迅断交。"左联"办了《太白》杂志，全力批判他的闲适小品文，他真是苦闷极了。如今有了这个稿约，正好可以用工作忘掉烦恼！

一年时间很紧。时间像流水一样，一不留神哗啦啦就流走了。林语堂不敢懈怠，构思了写作大纲。在年轻的时候，当他见识了西方文化之后，他曾为中国文化感到惭愧，觉得西方创造的宪法和公权的观念比起中国进步许多。随着阅历的丰富，他看到了西方人权也会被践踏的一面，因此对中国文化有了信心，不再自惭形秽。他想要将中国人观念中的最高文化理想表现给外国人看，以及中国人理想中的听天由命、逍遥自在，这些都是他迫切想要展现给西洋人的一面。他写松兰菊竹莲花海棠，让这些美的事物在他笔下绽放。特别是写完《大自然的享受》与《旅行的享受》，他倍感快乐："人类往往忘记自己是多么渺小。一个人看见自己建了一座百层高的大楼里，常常夜郎自大，医治这种夜郎自大的心理的最好方法，就是把他的摩天大楼移到高山边去，使他确切地知道什么才叫作伟大——唯有山峰的静默、伟大，才是真正的永恒！"

林语堂渴望把中国人的国民性剖析给外国人看，如中国人的圆熟、忍耐、和平、知足等，这些是了不起的美德。当然，中国人也有劣根性，过于保守，总是故步自封。现在的国人总是自我镜像化，听到外国人说自己是东亚病夫，便觉得自己确实是东亚病夫，形成了一种很不好的心理暗示：我很糟糕，中国人就是这么糟糕。不，这种现状应该改变。中国文化也有优秀的一面！林语堂喜欢老子和庄子"独与天地精神往来，而不傲倪于万物、不敢为天下先、柔弱胜刚强、大智若愚、赤子之德、知足、无为"的思想，清风徐徐夜深人静时，他挥笔写下一首诗："愚者有智慧，缓者有雅致，钝者有机巧，隐者有益处。"放下笔后，望着窗外的扶疏树影，林语堂沉吟不已：不管愚巧，人总是要死的。人们宽恕世界上的所有伟人，因为他们死了。他们一死，大家便觉得和他们消灭了一切仇恨。

林语堂写作时，常常在床上沉思默想打好腹稿。在幽静的深夜，他喜欢熄了灯冥想，有时他蓦地从床上爬起来，走到窗口，眺望窗外的风景。黑暗中他的烟斗发出来的火星，像萤火虫般地闪烁。他索性坐下来，陷入沉思，构思完就开始在"有不为斋"里奋笔疾书。为了使自己迅速地进入创作状态，他把写作提纲抄写在纸上，又把提纲贴在"有不为斋"的墙上。写完国民性这一章节，他又拟了文学生活、艺术生活两章的大纲，分别描述中国的国画、园林、京剧、书法、建筑等，这些都是中国的国粹。他要让全世界的人知道，中国绝不仅仅有鸦片和小脚女人。

这一段时间全家人说话都压低了声音，走路全部蹑手蹑脚的像做贼一样，因为林语堂进入了高度紧张的工作状态。廖翠凤严肃地向女儿宣布了戒律："爸爸写文章的时候，谁也不许去打扰他。"林如斯、林太乙、林相如都似懂非懂地点了点头。和蔼的父亲怎么突然变得难以理解呢？她们经常打闹的书房突然变成了神秘的禁地。有一天，赛珍珠来信了，廖翠凤不敢大意，她轻轻地走进有不为斋，一进去就迅速把房门关好，仿佛怕泄露什么秘密似的。天真的孩子们挤在钥匙孔上窥视母亲与父亲交谈，四面都是书架，写字台安置在房间一角，平时十分整洁，但此刻中间堆着一堆稿子，还有几本常用的书、毛笔、铅笔和放大镜，烟缸里挤满了烟头和烟灰。写字台的周围，满地都是烟灰和火柴杆，整个房间烟雾腾腾，烟斗的气味儿刺鼻。不一会儿，廖翠凤很快就开门出来了，孩子们一哄而散，廖翠凤笑骂道："这阵子不许靠近书房！不然罚你们炒菜！"

家里没有一个人敢在林语堂工作的时候去惊扰他，除了街上小贩的叫卖声之外，整幢楼房像深夜一样的寂静。写得顺手的时候，林语堂心情特别舒畅。林语堂曾说，一个人心情忧郁的时候，无论怎样也写不出好文章来，因为作者自己就憎恶作品，又如何能引起读者的兴趣呢？

到了第二年夏天，稿件到了冲刺收尾阶段。书斋里太热了，即使有电扇，也是大汗淋漓。林语堂变得异常焦躁，有时连续好几天写不出一个字。廖翠凤出主意道："不然我们到外面散散心？你们文人不是讲究到大自然里寻找灵感吗？"

孩子们拍手叫好，林语堂也很赞同。这阶段，他由于《开明英文读本》这本教科书获得了大量的版税，手头宽裕起来，完全支付得起旅游的费用。同时，林语堂也希望靠自己手中的这支笔将来能为全家人赚取更多的生活费用。

1934年7月上旬，林语堂夫妇携带三个女儿登上去庐山的江轮，三个女儿犹如刚出笼的鸟儿一路叽叽喳喳嬉笑不停。7月7日半夜，船只抵达九江。船靠岸后，舱内燠热不堪，林语堂全家都睡到甲板上。林语堂和两个女儿朝天仰卧，数着天上的星星，数来数去，总是数不清。林如斯说："131颗！"林太乙道："不对，135颗！"

两个女儿一起朝向林语堂："爸爸，你说谁数得对？"

林语堂笑了："你们都不对。还有许多你们看不见的星星……"

天破晓后，全家登岸到庐山的牯岭去。廖翠凤抬头一看云雾中的庐山就觉得腿软："不行，我要坐轿子！"林语堂摩拳擦掌："我要徒步！坐在轿子里错过美景太可惜了！相如还小，就和太乙合坐一顶，如斯也自己坐一顶吧。我来当护花使者。"

到了险峻的地方，坐轿太过危险，廖翠凤母女都下轿步行攀山。山路狭窄几乎仅容一人通行，下面是百丈深谷令人不敢直视，泉水在深渊下滚滚而流，一家人胆战心惊，却也惊险刺激，庐山的美景让他们大开眼界，原来外面的世界这样宽阔！

到牯岭后，旅行社把林语堂介绍到建筑得十分精巧的仙谷旅馆。林语堂租了一套两间半的客房。在屋中小憩一会儿，林语堂和大女儿二女儿来到"仙谷客舍"前潺潺的流泉边，脱去鞋袜，步入水中玩耍。清凉的泉水使林语堂的神经异常兴奋，他仿佛又回到了西溪河畔。他们每天早晨把桔子、苹果、果子露或西瓜放进水潭，到中午取出来吃，清凉清凉的让人神清气爽。呀，写作的灵感又回来了！庐山缭绕的云雾给他灵感，林语堂每天都要独自走到山林之中，坐于怪石之上，听鸟鸣松涛，呼吸林中的新鲜空气。青山白云之间，芒鞋竹枝影中，他心旷神怡，文思泉涌，丽词妙句纷至沓来。

这天晚上，林语堂做了个好梦：他捧着散发着墨香的书，突然有无数鲜花从天上降落，耳边有仙乐响起，一个天女微笑着向他颔首致意……

林语堂不分日夜在英文打字机上创作《吾国与吾民》。他像个探险家在文字王国里攀高山、渡大海，尽情地把自己的思想和感受倾吐在纸上。每逢他写完一个章节犹如环游世界饱经沧桑归来，廖翠凤对他说："堂啊，你把你的衬衫脱下来洗一下。"哦，原来妻子还停留在现实的时空里。

他工作的时候，孩子们也在练习毛笔字、读书、画图，各不相扰。有时林语堂允许林太乙待在书房里，因为这个二女儿不会吵闹。林太乙时而为父亲削铅笔，时而在纸上画画。偶尔感到无聊，林太乙挤到父亲身边，问道："爸爸，你在做什么？"

"我在写作。"

"为什么要写作？"

"因为我有话说。"

"我也有话说！"

林语堂微微一笑："那你就把你的话写在日记里吧！乖孩子，我们午饭吃什么？你到厨房问问。"林语堂就这样把林太乙骗出了书房。

在林语堂写作《吾国与吾民》的时候，赛珍珠时不时打电话来关心写作的进度，有时林语堂会把其中的一些章节念给赛珍珠听。赛珍珠听后信心倍增："Mr 林，加油！这本书一定会成功！"

尽力工作，尽情作乐，这是林语堂的信条。他工作时，高效率高节奏；休息时，尽情玩耍。有时，全家人一起品尝素斋，山中僧人为林语堂一家送来了用庐山山泉冲泡的庐山云雾茶，林语堂对廖翠凤道："多喝几杯！这可是用'天下第七泉'的水所泡的云雾茶。名泉泡名茶，机会难得！"临走时，他还用瓶子装了一瓶泉水带回别墅，夜深时写困了泡一杯提神。他还得感谢他的烟斗。轻轻抽上一口，而后吹出来形成许多螺旋状的烟圈，这些烟雾使他的大脑摆脱了肉体上的束缚，他的思绪活跃起来，开始在文字的海洋里扬帆远航。等到完成了一天的写作任务，他小心翼翼地把一天中最后一斗烟装好、挤压好、点燃，然后躺在床上快乐地享受起来。干扰大脑的无数个问题全部不存在，空气中只有烟斗里烟叶燃烧时所发出的温柔的咝咝声。他怀着悠闲的心情开始翻看他最喜欢的书。廖翠凤用手在鼻子左右扇来扇去，半撒娇地抱怨："满屋子都是烟味，我都快变成烟鬼了！"其实，她早就允许丈夫在床上抽烟，爱一个人就是让他做自己喜欢的事。

林语堂莞尔一笑。他最感激妻子的地方就是妻子允许他在床上抽烟，不像别的女人那样见到丈夫抽烟便要高声尖叫。他用坏坏的眼神盯着妻子："你要不要尝两口？"

廖翠凤道："还是算了吧！"

林语堂道："不抽烟的人真是太可惜了。你们不知道，抽烟是人最好的安慰，是排忧解难、镇痛止疼的香膏，你要是烦躁不安，抽一斗烟心情便可平静下来；你要是怒气冲冲，抽一斗烟就会快乐起来。抽烟对痛苦、悲伤的人比吃浸泡的人参还要有益。抽烟还可以与疲劳和衰老作斗争。哦，对了，我的烟丝快抽完了，明天你再帮我买一盒吧！"

廖翠凤笑了："烟草公司又没有给你广告费，你干吗这样卖力地为烟草公司做宣传？"

林语堂道："烟草在我看来是最了不起的事物。它是孤独者的伙伴，单身者的朋友，饥饿者的食物，悲伤者的兴奋剂，寒冷者的火炉，它可以为伤口止血镇痛。普天之下，没有什么药草比它更神奇了。"

聊着聊着，廖翠凤已经慢慢进入了梦乡。林语堂把烟斗轻轻地放到床头，熄灭余烬，把书放在枕头下面，伸个懒腰准备入眠。窗户敞开着，他看到了外面闪烁的星光，仿佛还有若隐若现的林涛，身边飘散着烟草的淡淡的香味，他酣然入睡了。

写完最后一个字，林语堂快乐地掷了笔："我成功了！"书稿前前后后共花费了林语堂十个月的时间，全家人仿佛和林语堂一起完成了一趟马拉松长跑。

廖翠凤问道："书名叫什么？"

"还没定下来呢！和赛珍珠讨论讨论再说。"

起了几个书名都不大满意。那天林语堂和廖翠凤一起出门，林语堂要去办公，廖翠凤则要去菜市场，两人在菜市场门口分了手。林语堂望着菜市场熙熙攘攘的人群，突然兴奋地叫道："好了！有了！就叫《吾国与吾民》！"

当林语堂从庐山回到上海，把沉甸甸的手稿交到赛珍珠的手里的时候，赛珍珠激动地向林语堂深深地鞠躬："谢谢您！林先生！您做了一件伟大的事情！这是一本关于中国的最忠实、最巨大、最完备、最重要的著作！"林语堂的手稿字迹潇洒，赛珍珠一页页校对过去，竟然没有发现一处书写的错误！读着读着，赛珍珠对林语堂肃然起敬。

赛珍珠充分利用自己的名人效应，力推《吾国与吾民》，并邀请名家做了大量宣传，《吾国与吾民》一炮打响！从前，在白人眼里，所有斜眼黄脸的中国人与黑人没有什么区别，甚至比黑人更阴险狡诈更凶残更可恶。没想到中国人还有这样优雅、博大精深的一面！读者惊呼起来，为自己从前的偏见叹气、脸红。林语堂笔下的中国人性格既有优点也有缺点，正是这种坦诚与来自混乱国家的自信，感动了西方读者。

《吾国与吾民》短短四个月内便翻了七版。中国人能在国际文坛成名，这是开天辟地第一次，是国人的光荣！《吾国与吾民》的成功，让国人对林语堂刮目相看。他成了大红人，无数团体争先恐后邀请他写文章、演讲，甚至有英美的机构邀请他去赴会。

这一年，林语堂刚好满 40 岁，正是一个男人韶华飞扬的大好时光。

第七章　| 生命中另一座重要的城：
　　　　　纽约

（一）离开：像候鸟一样迁徙

赛珍珠要离开中国了。她力邀林语堂到美国写作："Mr 林，中国动荡不安，放不下一张安静的书桌。你是作家，是知识分子，又没办法上前线打仗，你待在这里，只能作无谓的牺牲。你还是到美国写作吧！最重要的一点是，你的文字风格适合于美国！"赛珍珠说得很诚恳。当然，赛珍珠也有自己的小算盘：《吾国与吾民》大受欢迎，林语堂将成为她丈夫出版公司的一棵摇钱树！

林语堂很是踌躇。当初来上海，是因为无数文学师友来到了这里，有人为了淘金，有人为了冒险，上海成了中国人梦想的天堂。然而，几乎所有到达这里的人同时发现这里更像地狱：歌舞升平后面是阴险的暗杀，资产阶级老爷傲慢地伸出脚来，让卑躬屈膝的下人擦皮鞋。《吾国与吾民》虽然大获成功，但左派的围攻让林语堂有些丧气。他不断阐述自己的文学主张，也指出对方的弊病，然而他的呼吁被高涨的革命浪潮淹没了。左派因为尚未掌握国家权力还可以与之论争，右派则根本不允许论争。林语堂失望了。今日无论左派与右派，都有其偏颇之处，有失去个性的危险，若丧失了自己，如何能谋主义之胜利呢？在林语堂看来，唯有救自己，方能救世界。赛珍珠劝说了他很多话，其中有一句让他怦然心动——你的文字风格适合于美国，一定会大受欢迎！

半个月后，林语堂作出了生命中最重要的一个决定：接受赛珍珠的邀请到美国写作。未来是个未知数，他当然知道这个决定潜藏的风险。他没有想到的是，正是因为这个决定，他人生所有的辉煌接踵而至。人的生命是一系列选择的过程，所以人经常左右为难。选择了左边的小路，会向往右边那一条未走的路；选择了右边，又觉得错过了左边小路美丽的风景。但是不管如何，人必须作出选择，并承担选择的后果。全家移居美国谈何容易！一棵树移植到其他地方搞不好就会枯萎，他要有承担后果的胆量。但愿命运之神眷顾于他。

面对一屋子的书，林语堂甚是头痛，但无论如何不能抛弃，必须带到美国去，这是他到美国的精神食粮。至于家具变卖，那是廖翠凤的事。行李太多了，堆积在客厅里，单单林语堂的书就有十几个箱子。

林语堂唯一放心不下的就是《宇宙风》的编辑出版工作。《宇宙风》是林语堂去年刚创办的文艺期刊，初为半月刊，后改为旬刊，是继《论语》《人间世》之后出现的文艺刊物。《宇宙风》没有发刊词，但林语堂在首期《宇宙风》发表的《孤崖"一枝花"》和《无花蔷薇》表明了办刊的主旨："杂志，也可有花，也可有刺，但单叫人看刺是不行的。虽然肆口漫骂，也可助其一时销路，而且人类何以有此劣根性，喜欢看旁人刺伤，使我不可解，但是普通人刺看完之后，也要看看所开之花怎样？到底世上看花人多，看刺人少，所以有刺无花之刊物终必灭亡。"这三大小品文名刊就像林语堂的三个孩子，特别是丰子恺自始至终为《宇宙风》作画作文，《宇宙风》每期销售量高达四万五千份，极受读者欢迎。

就在《宇宙风》创办的时候，家里来了个客人。林语堂打开门："三哥！你来了！快进来！"

林憾庐望着自己鞋子上的泥，踌躇了一下，把鞋脱下，赤脚走了进来："漳州日寇横行，店里遭到打砸抢，只好投奔你来了！"林憾庐本是医生，他跟林语堂一样是个乐天派，成天笑嘻嘻的，很讨人喜欢。林家的兄弟姐妹们直到成年以后仍然保持着童年时的那种亲近，当年全家支持二哥玉霖去圣约翰大学读书，玉霖毕业后留圣约翰大学任教，补贴林语堂在上海读书的费用……一人有难，众人相帮，这是林家的家风，现在三哥有难，林语堂岂能袖手旁观？

林语堂道："你先安心住两天，逛逛大上海。工作你不用着急，我尽力帮你谋一份差事。"

没过几天，林语堂便带着林憾庐跑去找时代书局老板邵洵美："邵老板，我三哥林憾庐从家乡逃难来了，急需谋一份差使。我三哥文学功底深厚，能否让他在《宇宙风》当编辑？"

邵洵美见林憾庐忠厚和蔼，又翻了翻林憾庐发表的文字，不假思索地答应了："本来《宇宙风》就需要编辑，你三哥又文学功底深厚，那就到《宇宙风》从事编辑事务吧！"

旁边的时代书局经理章克标心中甚是不满："这个林语堂，慷书店之慨接济亲属！"早在几年前他就听说过林语堂与开明书店章克标谈版税的精明做派，心中对林语堂有些反感。况且，章克标喜欢在《宇宙风》工作许久的陶亢德，两人观点甚为一致，因此不喜欢又挤进来一个编辑。无奈邵老板同意聘用林憾庐为编辑，他也无法阻拦。

林语堂见章克标神色不悦，装作没看见。其实，《宇宙风》确实需要人，不能因为林憾庐是他林语堂的哥哥，就偏偏不用。再说，他三哥的为人连巴金都很喜欢，为什么要排斥他呢？

林憾庐原为工作发愁得很，没想到轻而易举就得到了一份工作，而且是一份自己喜欢的工作，又如此体面，他真是高兴极了，只有努力工作才能报答弟弟的举荐之恩。但是他兴冲冲到了《宇宙风》后，在陶亢德那里碰了钉子。矛盾升级了。邵洵美做和事佬：《宇宙风》正牌归林撼庐，陶亢德在上海另办《宇宙风乙刊》。

这天晚上，林憾庐如约出现在林语堂家里。林语堂交代他："三哥，我这一去，非一年半载无法回国，《宇宙风》的编辑事务就交给你了！唯有交给你，我才会放心。"林憾庐在《宇宙风》创刊期间就一直从事编辑工作，是《宇宙风》的元老。无论从组稿、编校、跑印刷，还是回复种种来信等方面，都是亲力亲为，极有责任心。弟弟推荐他承担《宇宙风》的编辑工作，让他非常感动。知他者，小弟也！他青年时期从医、经商，那都是生活所迫。只有他自己深深地知道，自己最感兴趣的是文学！他对有关文学以外的任何工作都感到乏味，能从事文学编辑工作，那是一件幸福的事。自他担任了《宇宙风》的编辑，他一直把《宇宙风》当作自己的孩子。

　　林憾庐道："和乐，谢谢你。我一定认真编辑《宇宙风》。不过，陶亢德这人我有些头痛。"

　　林语堂笑道："不仅你头痛，我也头痛。你看着办吧。"这个陶亢德，也是个视文学为生命的人，只是思想激进，原本《宇宙风》里小品文和抗战文字大略各占一半，但陶亢德常常要求把小品文撤掉，全部换上抗战的文字，须知很多读者是冲着小品文来的，若把小品文撤掉，恐怕读者量会急剧下降。

　　"现在物价飞涨，交通和印刷都不方便，困难重重啊。"林憾庐有些担心。

　　"辛苦你了，三哥！"

　　"不辛苦，我会尽力的。对了，这一期有吴光复的文章，他虽是个学生，文笔却很是老辣，你可以看看。"

　　"三哥的眼光总是不错的！"

　　这个吴光复之前偶然间读到了《宇宙风》，喜欢上了这份刊物自由开放的思想和开阔的文学视野，他鼓起勇气给《宇宙风》投稿，没想到半个月后竟然收到了林憾庐的回信："恭喜你！你的稿子很好，我们采用了。本刊取稿绝对的公平，我们只问稿子的本身是否有价值，而不问作者是否有名望。因为我们知道成名的作家是从未成名时慢慢进步而来的，成名作家的作品未必每一篇都有价值，未成名作家也不见得每一篇都无意义。现在中国文坛正需要你们青年人的努力，不要把自己看得太渺小了，要从小处着手去创作未来的伟大。"

受了林憾庐的鼓励，吴光复一发不可收拾，创作发表了大量作品。林语堂知道，三哥经常收到作者的感谢信。三哥是个虔诚的基督教徒，能帮人处尽量帮人，林家人骨子里流淌的血液都是一样的。林语堂和林憾庐都把《宇宙风》看作自己的孩子，所以林语堂离开之前最牵挂的就是《宇宙风》的命运。

不幸的是，在林语堂离开后，林憾庐苦苦支撑了《宇宙风》几年，终于积劳成疾病倒了。在病痛中，他始终顽强地支撑着《宇宙风》的出版，可惜在东方快要露出曙光的时候，他却在黎明之前倒下了，成为林语堂心头永远的痛。这是后话。

（二）成功向西方介绍东方：《生活的艺术》

故土，有着林语堂青年时代的梦。此刻，一个新的梦，在太平洋彼岸晃动。

星期天，《中国评论周报》的桂中枢、朱少屏在国际饭店十四层楼的宴会厅欢送林语堂夫妇赴美。国际饭店坐落在跑马厅附近，是上海最高的建筑，为普通老百姓所仰望，非普通人所能进。参加欢送会的有《申报》《新闻报》《时事新报》《大公报》等中外新闻界人士及好友，林语堂一一向诸位同人敬酒。这一个多月来，上海文化人已多次为林语堂饯别，他也多次谢别，此番是临行前的最后一次大型欢送会，因为第二天林语堂一家就要启程了。东道主桂中枢、朱少屏殷勤招待，中外新闻界人士和来宾们向林语堂夫妇频频祝酒，宾主们谈笑风生，最后合影留念。

林语堂不顾行囊的沉重，把大批线装古籍带到了美国——《廿五史》《文致》《苏长公小品》《苏长公外纪》《和陶合笺》《幽梦影》等，这些书是他写作的法宝，带给他无尽的灵感。廖翠凤虽然有些不情愿，但还是一箱一箱地帮丈夫把书装好。每次他要前往一个陌生的地方，她都是二话没说收拾行装就跟着走。她是他忠诚的信徒和妻子，风风雨雨，相濡以沫，不离不弃。

再次踏上美国的土地，林语堂眯缝着眼打量着这个十七年前来过的地方，不禁感慨万千。十七年前，他只是个不名一文的穷小子，如今他已是荣登美国畅销书榜首的作家。

夫妇俩时常到赛珍珠家里做客。赛珍珠的院子里种满了苹果树，春天，苹果树长出了嫩绿的叶子，开出了一朵朵雪白的花。微风吹来，花瓣轻轻飘落，好像阵阵的花雨。廖翠凤好生羡慕赛珍珠拥有这样美丽的后院！夏天，苹果树的花落了，满树长满了翠绿的、纽扣般大小的苹果，像琉璃球，像翠玉缀满枝头，真叫人满心欢喜。廖翠凤站在树下左看右看看不够，嘴里喃喃道："到了秋天，这么多苹果哪里吃得完？应该采摘去卖啊！"到了秋天，苹果树上挂满了一个个又红又大的苹果，熟透的苹果是红彤彤的，没有熟透的苹果是绿色的，上面还带有大小不一的小点，像女孩脸上的雀斑。廖翠凤凑近去闻一闻，一股淡淡的清香扑鼻而来。赛珍珠把采摘下来的苹果洗净切开端上来，廖翠凤咬了一口那白里带黄的果肉，又甜又脆，廖翠凤大赞："真好吃！"

赛珍珠嫣然一笑："好吃就多吃点！"

因为没有人力采摘，赛珍珠任由苹果掉了满地。廖翠凤心疼得直嘬牙花子：造孽哟，在中国，孩子一年能吃上一个苹果就欢天喜地，可是在美国竟然任苹果掉得满地！什么时候中国人才能过上像美国人这样富足的生活呢？

"尊敬的赛珍珠女士，苹果掉在地上腐烂，你不觉得心痛吗？"

赛珍珠嫣然一笑："没办法呀！苹果太多了！"

廖翠凤问道："不知我可以采摘一些回去吗？"

"当然可以了！你这是在帮我的忙呢！"

廖翠凤采摘了一大袋又大又红的苹果带回家。一大袋苹果一星期内就被孩子们吃掉了。廖翠凤又去赛珍珠家采摘，慢慢地，孩子们变得不大爱吃苹果了，一袋苹果往往剩了半袋，最后枯干腐烂了。廖翠凤叹道："原来任何东西再好吃，也禁不起天天吃呀，人都是喜新厌旧的动物，得时不时变换口味才行！"这时的廖翠凤有点理解赛珍珠了。

家里雇了个黑种女人每星期来打扫一次卫生、洗烫衣服。STELLA 有一张可怕的河马一样的大嘴巴，皮肤黑得发紫。她身上有一股像洋葱一样的味道，夹杂着汗酸，闻起来比狐臭还恐怖，林太乙经过她身边时往往要憋住气。廖翠凤总是烧丰富的中餐招待 STELLA，STELLA 由衷地赞叹："哦，太太，中国饭真好吃，我不要吃美国饭了。"但是，廖翠凤做西餐时，STELLA 照样风卷残云地吃下去。

三个女儿目前都没有入学，因为入学也学不到中文。林太乙 7 点起床后到门外拿牛奶，拿报纸，拾掇房屋，揩拭桌椅。小女儿林相如负责倒烟灰，大女儿林如斯管冲咖啡烤面包。林语堂自己给女儿上课，所教内容甚是杂乱，今天唐诗，明天聊斋，忽而讲历史，忽而讲美国总统大选，忽而讲书法，全无定规。有时也教《教女遗规》，让孩子知道古代对女子的态度。三个女儿都觉得不公平："古代的女子太没有地位了！"她们喜欢朱子的《治家格言》、吕新吾的《好人歌》，因为亲切有味，文字通俗易懂。

朋友替林语堂忧心忡忡："你放任三个孩子天天玩耍，不顾学业空费光阴，太可惜了！"

林语堂心中并不赞同这种说法，但表面上不好辩驳，只能礼貌地微微一笑。这种千篇一律的陈词滥调太多了！今日的学制被众人接受，林语堂独持异议。不是教育专家发疯，就是林语堂发疯！他林语堂疯不疯，无从断定。世上疯人疯事那么多，贤愚不肖，让人眼花缭乱。

林语堂带着孩子们上街。他喜欢甜美的布本克梨和香喷喷的美国苹果，以及那响亮的美国人声调，一切都那么富有活力。不过，他痛恨清汤寡水的蛤蜊汤，不喜欢那些旋转的圆凳，他总是不由自主地想往后靠，总是差点仰翻跌倒。美国生活最大的好处是方便，打电报都不用出门，只需打电话告诉电报局的人，月底电报费连同电话费一起送来。虽然方便，但不见得舒服，到处人头挤挤挨挨，远不如在中国逍遥自在，但中国虽然舒服，生活却不见得方便。林语堂喜欢在家中静静用餐，不喜欢参加鸡尾酒会。酒会上乱哄哄的，要跟一个不相识的人谈论你不感兴趣的题目，又不能打断对方的谈话，只能一味装出绅士的微笑。有人在舞厅里跳舞，一对对贴得紧紧的在音乐里旋转，灯影摇曳，每个人的脸都朦朦胧胧看不分明。空气有些浑浊，林语堂有些喘不过气的感觉。熬到鸡尾酒会散场，如同搭错了好几趟火车，一连数次从曼哈顿车站回来，毫无目的地白费几个小时以后，终于在纽约车站下车。这种酒会让人智力降低，又花费体力。虽然鸡尾酒会让人厌恶，林语堂却敬佩美国的民主政体和信仰自由，人们随时随地都可以谈论时事。

　　所见所闻中西方的对比如此鲜明，让林语堂感触颇深，他要把这感触倾吐到纸上。此时他开始着手创作《生活的艺术》。他花费了两个月时间写成二百六十页初稿，但又觉得不满意。邻居马克前来敲门："林先生，到我房间里喝酒吧！"

　　既然写不下去，干脆喝酒去好了！马克的桌上早已摆好了两个酒杯，还有切好的烧鸡、烧鹅和一碟花生米。马克伸了伸懒腰，一杯啤酒下肚："我的骨头都快散架了，好累呀！我已经连续两星期没有休息了。"

　　林语堂有些同情地望着这个美国中年人："你为什么把自己搞得这么累呢？古代的中国人生活节奏是很慢的，烤个地瓜都能吃上半天。东晋有个叫王羲之的，他和一帮友人出游，曲水流觞作诗，然后有了《兰亭集序》。要是王羲之生活在你们美国，就没有《兰亭集序》问世了。"林语堂特地回家拿了《兰亭集序》给马克欣赏，马克啧啧有声："了不起呀！可我哪有这个闲情呢？我一天不劳动，就马上面临饿肚子的危险。"

看着疲惫不堪的马克，林语堂突然灵光一闪：有了！《生活的艺术》新思路有了！他朝马克鞠了一躬："马克，谢谢你给了我灵感！我要回去创作了，改天请你喝酒！"

回到家里，林语堂把之前的二百六十页初稿全部作废了。因为初稿是从批评西方人的生活入手的，辩论太多，自己读起来都觉得乏味。在美国住了这么长时间，到处是机器轰鸣声，大家都在拼命，街上川流不息。地铁轰然而开轰然而止让人神经紧张。地铁刚停下来，大家蜂拥而入，蜂拥而出，你拥我挤，前有工人汗渍渍的后背，后有小姐高挺的胸脯，让人伸展不得。如若驾小汽车上路，问题更大，汽车挤得水泄不通，前后都是车，把你夹在中间，欲速不能，欲慢不得，一不小心发生车祸，马上有性命之忧。美国人的确需要放松一下了，他们过分讲究效率，讲究准时，希望成功，然而，他们失去了享受悠闲生活的天赋权利，错过了许多闲逸而舒适的可爱的下午茶。而人是需要呼吸自由空气，时不时看看天空及云彩的。

林语堂豁然开朗。没错，作为一个中国作家，他应该提供给西方读者所需要的东西，也就是西方读者所欠缺的东西，他们欠缺的是闲适！林语堂决定改变总体创作思维的基调。《生活的艺术》的思维导向不应是批判一种文化的弱点，西方人也很清楚自己文化的问题在哪里，他们不需要别人帮他们指出来，他们只需要看到他们文化的欠缺之处，如精妙的生活艺术和优雅的性情。林语堂要在《生活的艺术》中展现他的东西文化比较研究观，展现中西方交融的过程，展现他发现的人类的共同天性。所以，《生活的艺术》的逻辑终点应该是向西方读者展示东西文化大融合的前景，让美国人知道中国人如何享受生活。

冲破了"瓶颈"，后面的写作一泻千里，极为顺畅。《生活的艺术》通篇都是以小品文的笔调写成的，林语堂常想，要是自己生在明朝，定然与

188

张岱意趣相投，可以时不时邀张岱于湖心亭上泛舟看雪，抑或品尝螃蟹之美味。林语堂喜欢小品文笔调，可言情，可言志，可闲适，可闲谈。以抒情为主，娓娓道来，无须起承转合自成佳境。读来如与挚友对谈，仿如野老散游，随心所欲快乐至极。初以为只是瞎扯，及至精彩之处，锋芒焕发，诸多入神入意之作，此种境界非说理文所能达到。宛如天地间本来就存在着这么一句话，只是被他无意间说出而已，轻松飘逸，甚得机趣，得性灵之精髓。

昨夜林语堂做了个好梦，睡到自然醒，晨起喝一杯香喷喷的咖啡，读了读刚送来的报纸，没有读到什么乱七八糟的新闻，心情大好。慢步进书房，窗明几净，惠风和畅，此时佳句蜂拥而来。难得有这样自由快乐的时候，此时接到平时讨厌的电话或有意外来访之客都宽恕了。他灵感大发意到笔随，腕下如有神助。笔锋所到之处，如空中之雨纷纷扬扬，自然随性。

这日林语堂写到《旅行的享受》这一章，他回忆起曾经的山中生活，想起傍晚时坐在故乡坂仔松树下观看青山暮影，等到全山尽黑，接天处轮廓分明，俨然一幅黑白画。回观背后的松树，返照的夕阳照着两三根松枝，山光之奇妙让人满心欢喜。林语堂着手写《山居日记》一文，行文摇曳多姿美妙异常："山高飞云快，因近故也。近云飞得太快，则与高层之云作反走势，背道而驰，亦一奇观。西岭一角，云如过客络绎不断飞过，云之走势既快，则来去不定，忽出忽没，近则三丈不见人，窗前如悬白幔，伸手可捉，不三分钟，又对山明朗，毫无踪迹。"林语堂看着自己写下的"窗前如悬白幔，伸手可捉"甚为得意，停笔大叫道："凤啊，十元稿费已得，晚上我想吃红烧猪蹄。"

廖翠凤笑答："早已给你准备好了！"

林语堂有一个预感:《生活的艺术》会大获成功！这是一项开创性的工作，他要在东西方文化中架起一座桥梁。从陆陆续续发表的一些篇章来看，反响很好，他的信心越来越足：以中国的生活经验和思维方式为主导的近情思想，应该是中国知识分子获得精神自由的一条可能性的途径。

《生活的艺术》写了一半，廖翠凤读到稿件中关于随口骂人的苏州船娘、上海的电车售票员等有趣的章节，她对丈夫道："我给你贡献几个细节，既然要写中国人，你还可以写写会讲神话传说的老妈子，写写常常发妙论的轮船上的管事。"林语堂一拍大腿："太好了，稿费分一百美元给你！"写着这些表露自己真情实感的文章，林语堂觉得自己的灵魂紧紧地贴着遥远的中国，和草根亲密地接触着，一个人沉醉着，灵魂轻盈地飘荡着，他觉得心满意足。记得白居易说过："感人心者，莫先乎情，莫始乎言，莫切乎声，莫深乎义。"他现在就是这样做的。

赛珍珠已经拜读了《生活的艺术》中的几个章节。林语堂到她家讨论出版事宜的时候，看见赛珍珠正在泡茶。她的泡茶技艺日益提高。林语堂笑道："赛女士，你也爱喝茶？"赛珍珠笑着请他坐下："我对茶的喜爱是从《生活的艺术》开始的。这本书教会我太多东西了，以前我懂得赏花、赏雪，不懂得听雨、吟风、弄月。原来中国人这般雅致！"赛珍珠不知道，林语堂为了写这本书是多么地投入，遇到某个细节需要考证，就从自己国内带来的古装书中查找，得到后如获至宝。他得意于自己的先见之明——当初笨重的行李，使他今日受益匪浅。他发现了自然和生活中的美，努力探索文学艺术的优雅，追求一种风行水上的人生。赛珍珠太喜欢《生活的艺术》了，这些文章读起来温暖、和平、清明而又绚烂，令人如沐春风，让人忘记了人世间所有的黑暗、寒冷与悲伤。在林语堂的笔下，日常生活中的一切琐事都变得那么有趣，翻开这本书，就好像登堂入室，任由人东西散步，欣赏美景，让你和中国人一起过日子，一起欢快、忧愁。

美国读者犹如发现了桃花源。原来，生活的最高典型是中庸，这是一种介于两个极端之间的一种有条不紊的生活。这种中庸精神在动作和静止之间找到了一种完全的均衡。就如林语堂所说，理想的人物，应属一半有名，一半无名；懒惰中带用功，在用功中偷懒；穷不至于穷到付不出房租，富也不至富到可以完全不做工；钢琴也会弹弹，可是不十分高明，只可弹给知己的朋友听听，而最大的用处还是给自己消遣；古玩也收藏一点，可是只够摆满屋里的壁炉架；书也读读，可是不很用功；学识颇广博，可是不成为任何专家；文章也写写，寄给《泰晤士报》的稿件一半被录用另一半被退稿……这对于那些深陷生活泥沼为工作疲于奔命的美国中产阶层，简直是灵丹妙药！

当散发着墨香的《生活的艺术》样书摆在林语堂面前时，好消息接踵而至。华尔希打来电话："林先生，《生活的艺术》被每月读书会选为本月的特别推荐书！我请你吃饭！"

"真的？"林语堂如在梦中，全身心被巨大的喜悦包围了。造化真是太神奇了，当初考虑到国内对他幽默性灵的责难才远走他乡，没想到竟然成就了他今日的盛名！放下电话，他手舞足蹈狂呼乱叫。他知道，每月读书会在美国影响极大，它拥有数十万会员，定期向会员并优惠提供图书，它的宣传力量很强，它对一本书的褒贬往往决定了该书的销路。如今《生活的艺术》被选中，简直像中了状元，也像中了马票。吴滋在《纽约时报》上给予了高度的评价："林语堂把许多历史悠久的哲学思想滤清，配以现代的香料，根据个人独特的创见，用机智、明快、流利动人的文笔写出一部有骨子、有思想的著作。作者在书中讨论到许多问题，见解卓越，学识渊博，对中西思想有深刻的理解。"林语堂很喜欢这篇书评，说到他心坎里去了！《生活的艺术》是一个了不起的创造！是的，文学永远是个人的创造，是一个从无到有的过程。单纯的学者只寻求事实，而作家却全然不同，他个人的情感、爱憎、意见、偏见都会从笔尖流出，文学就是一个人对人生和时代的反映。

华尔希请林语堂在大饭店吃饭，他把菜单推到林语堂面前："Mr 林，你来点菜吧！"

林语堂毫不客气地点了龙虾、鲍鱼等，接着对侍者打了个响指："来两瓶路易十三！今天不醉不归！"

华尔希心中肉痛，天哪，路易十三一瓶要一千多呀！不过，为了稳住林语堂这棵摇钱树，华尔希豁出去了："好！今天不醉不归！希望你写出更多的杰作，争取摘下诺贝尔文学奖的桂冠！"

林语堂傲然道："相信我！"

两只盛着澄黄液体的透明高脚杯碰在一起，发出清脆悦耳的响声。

《吾国与吾民》《生活的艺术》接连被每月读书会选中，成为特别推销书，这在美国是前所未有的。林语堂被邀出席宴会，遇到了大明星嘉宝。嘉宝送给他五张电影票，邀他一家前去观看她的新电影。大家围着他热烈谈论《生活的艺术》，他应接不暇，连喝口水的时间都没有。他红透了半边天。

《生活的艺术》翻译成多种外国文字，畅销各国。林语堂万万没有想到，他这本书竟然神奇地挽救了一个士兵的生命！澳大利亚炮兵士官皮尔顿特别喜爱这本书。当他战败被俘虏时，他猝不及防被推进了密封的囚车，匆忙慌乱之下，他抓了一本《生活的艺术》塞进了行囊。在战俘营里，战俘过的是猪狗不如的非人生活："你这只猪！赶紧去干活！活没干完不许吃饭！"动作稍微慢一点儿，鞭子就像雨点般地落下。皮尔顿干完活，拖着疲惫的身子回到战俘营里，看着眼前变质的面包，一股绝望涌上心头。同伴一个接一个倒下了，要么生病，要么绝望自杀。夜深人静，皮尔顿把书从背囊中拿出来，仔细端详书封面上的图案。他仔细观赏封面上的每一根线条、每一个色块，每一个符号，就像热恋中的青年看着情人的照片。在一个夕阳西下的黄昏，太阳的余晖把天空中几片羽毛般的云朵染红的时候，他坐在牢房的一堆木头上，把书打开了。他还是舍不得读那上面的字，而是借着黄昏的光，欣赏着扉页上的插图。

同伴们想："这个皮尔顿保准是疯了！"

皮尔顿开始阅读了，读得很慢很慢，他舍不得读得太快，要是读得太快一下子把书读完了，剩下的日子该怎么煎熬呢！他把序文分三次读完，目录中的章节标题又花了整整两个晚上。两个星期以后，他才读到正文第十页。就像一个古董商用心去触摸古董上的每一个斑纹，每一个磕痕一样，皮尔顿用心地阅读着书中的每一个句子，每一个段落。他仿佛可以听到书中所描写的中国瓷器茶具互相碰撞而发出的清脆声响，仿佛可以闻到雪中梅花清冽的幽香。阴暗的牢房也好像变成了中国宽敞舒适的会客厅。

正是这本书，让皮尔顿熬过了战俘营漫长而又黑暗的时光。

周末，林语堂全家在第五大道散步，微风吹拂，十分惬意。书店的窗柜里整整齐齐摆着一排《生活的艺术》，林语堂微笑着走进去看书架上书的情况，读者认出了他："噢，他就是林语堂！"店员和顾客忽啦啦围过来，让林语堂签名。廖翠凤很快乐，自嫁给林语堂后，她好像骑上了旋转木马起伏不停，四周有音乐，有笑声，她渐渐变得和丈夫一样，觉得人生的境遇是神奇的。尤其是丈夫的成功，到处受人欢迎，让她又惊又喜。《生活的艺术》大获成功也让林语堂自信心暴增：今后，他将在文学版图上攻城略地，拓土开疆！

回到家里，桌上堆着四五十封信件，都是林语堂的崇拜者写的。林语堂忙得很，把信递给林太乙："你帮我看吧，挑几封有趣的给我看就可以。"眼看被父亲委以重任，林太乙快活地把信接过来，替父亲回信。由林语堂口述，他的口述头头是道，标点符号、另起段、难写的字都说得清清楚楚。林太乙打字速度很快，父女俩配合得很默契。

林太乙叫起来："爸爸，徐悲鸿叔叔又来信了！他希望你协助他来美国举行画展！还寄了许多画给你！"

林语堂道："这事很好！我会帮他筹措的！哦，这幅画是你徐叔叔送给你的，有题款，你收好。"

此时国内传来了一个不幸的消息：鲁迅病逝于上海寓所。蔡元培参加鲁迅治丧委员会，于次日前往万国殡仪馆吊唁，送上了挽联："著作最谨严，岂唯中国小说史；遗言太沉痛，莫作空头文学家。"在鲁迅葬礼上，蔡元培亲为执绋，并为之致辞，说："我们要使鲁迅先生的精神永远不死，必须担负起继续发扬他精神的责任来。""我们要踏着前驱的血迹，建造历史的塔尖。"吊唁的人络绎不绝。中国的同胞们，团体或个人，男的、女的、老年的、中年的、少年的、穿得整洁和穿得破旧的，成千上万，都一个接一个地排成一长串，带着沉重与悲痛，轮流着在灵堂献上花圈和挽联，在他的遗容前默哀，垂下头，热泪从他们的眼眶滚了出来……

自发前来悼念的群众成千上万，街道上水泄不通，不管鲁迅的棺木走到哪里，不断有路人加入，他们自觉跟在灵柩的后面，高呼着爱国救亡口号，高唱冼星海临时创作的《安息歌》。队伍走过日本人办的国文书院门口时，许多穿着黑色的学生制服、戴着眼镜的日本学生，看到这么长而整齐的队伍，大为惊奇："鲁迅太了不起了！这是一个作家的哀荣！"葬礼俨然变成了民众对日本人的一个示威活动。谁也没有下过命令，也没有预先邀请，而送葬的行列，却有洋洋五六千大众，而且差不多全是青年男女和少年。看到这样的场面，国民党特务不敢轻举妄动。

林语堂得知鲁迅病逝的消息，跌坐在沙发良久，真想插上翅膀飞回中国吊唁鲁迅先生，可惜签证难办！呜呼，鲁迅与其说是文人，不如称为战士。顶盔披甲，持矛把盾交锋以为乐。不交锋则不乐，不披甲则不乐，即使无锋可交，无矛可持，拾一石子投狗，偶中，亦快然于胸中。德国诗人海涅也曾说："我死时，棺中放一剑，勿放笔。"所有的斗士何其相似！于是鲁迅肠伤，胃伤，肝伤，肺伤，血管伤，呜呼，鲁迅是以不起，55 岁英年早逝！

林语堂敬重鲁迅，但鲁迅"至死也不原谅"的想法林语堂不敢苟同。人死了以后一切灰飞烟灭，还有什么不能原谅的呢？死了以后，棺材里要放鲜花，要放茶叶，要放咖啡，放一切美好的自己所喜欢的东西，而不像鲁迅那样要在棺材里放剑。

林语堂写了一篇悼念文章发表在《宇宙风》上："鲁迅与我相得者二次，疏离者二次，其即其离，皆出自然，非吾于鲁迅有轩轾于其间也。吾始终敬鲁迅；鲁迅顾我，我喜其相知；鲁迅弃我，我亦无悔。大凡以所见相左相同，而为离合之迹，绝无私人意气存焉。鲁迅诚老而愈辣，而吾则向慕儒家之明性达理，鲁迅党见愈深，我愈不知党见为何物，宜其刺刺不相入也。然吾私心终以长辈事之，至于小人之捕风捉影挑拨离间，早已置之度外矣。"

　　听闻鲁迅死讯，曾被鲁迅攻击的胡适没有发一句恶言。胡适一直信奉宽容比自由更重要，他很欣赏鲁迅的小说和小说史研究，此时胡适接到许广平写给他的信："兹有《鲁迅全集》，恳请胡先生鼎力设法介绍给商务印书馆，不胜感激。"胡适二话没说，慨然应允，立刻出面推荐，还担任了鲁迅纪念委员会的委员，为《鲁迅全集》的出版奔波效力。胡适的所为让林语堂敬佩。人总是以一己喜好来断定他人，诛心是人类的通病，然而爱而知其恶，恶而知其美，方是持平。能做到"恶而知其美"者，他所见的只有胡适一人！

　　国内所有发生的一切都牵动着林语堂的心。鲁迅去世伤痛未平，震惊中外的"西安事变"发生了。美国的几个团体在哥伦比亚大学举行了一个公开讨论会，很多人幸灾乐祸，认为中国人将同室操戈。林语堂听不下去了，"噔噔噔"跑上台去发表了自己的预言："张学良将军是出于好意！将来中国抗日，还需要蒋介石在国民党中的权威。根据中国人的传统禀性，我认为'西安事变'的结局一定是皆大欢喜！我相信张学良将军不仅会释放蒋介石委员长，还会陪同蒋委员长返南京！"林语堂对自己的预言很有信心，因为他对祖国和同胞有着深切的了解。不久，林语堂的预言变成了现实。美国人朝林语堂竖起了大拇指！

　　但是，林语堂此时对美国人很是不满。1937年日本挑起"卢沟桥事变"，抗战全面爆发，美国国务卿赫尔竟然宣布：美国对日本保持"友好的、不偏不倚的立场"。随后意大利侵略阿比西尼亚时，美国国会竟通过了中立法案，对侵略国与被侵略国一律禁运武器。林语堂看到中立法案后，气得拍案而起："美国人真是太奸诈了！他们这样明哲保身，总有一天会自食其果！"

廖翠凤看到丈夫这么激动，问道："保持中立，这样不是很公平吗？"

林语堂愤愤不平："这种所谓的中立就是用来骗骗你们这些善良而单纯的人！表面上好像一视同仁，实际上则不然。因为，意、日、德等侵略国都有强大的军火工业，他们自给自足，怎么会怕禁运？所以，禁运实际上限制了对被侵略国的援助。法案还命令美国船只不得接近危险地区，又规定物资出口必先付现款，并以外国船只运输。这样一来，海运力量极其薄弱的中国，就难以得到美国出口的物资。所以，中立法案是有利于日本的！"

廖翠凤恍然大悟："原来这里面有文章！"

这时，许多杂志、报纸纷纷约请林语堂表明对时局的观点。美国的《新共和周刊》向林语堂约稿，请他谈谈对中立法案的看法。林语堂撰文痛斥了这些美国的"中立家"。《纽约时报》也请林语堂撰文阐释中日战争的背景。中国驻美大使王正廷请林语堂去华盛顿，向美国人阐述中国的立场。一时之间，林语堂忙得团团转，每天都要执笔至深夜，他连夜写下了《日本征服不了中国》一文，这是林语堂的直觉，也是他对祖国的信心！国家是个人强大的支撑，一个人如果不爱国，覆巢之下岂有完卵！林语堂也爱国，只是他爱国的形式与鲁迅不同！写完后，林语堂不顾夜深，给赛珍珠打了电话："赛女士，我要补充一个章节，麻烦《吾国与吾民》第十三版暂时不要下印刷厂！"

赛珍珠踌躇道："一切都安排好了，而且《吾国与吾民》原稿很好，你到底要加入什么内容呢？"

"很重要的内容！希望赛女士能给我几天时间！"

赛珍珠和印刷厂商量了一下，告诉林语堂："我顶多给你两天时间！你的新书稿要是未能及时送到，那就按原稿开印了！"

"好的好的，谢谢你，赛女士，两天后我一定把书稿拿给你！"

林语堂一口气补写了八十页，变成第十章，加在书中，题目是《中日战争之我见》，表明了他的中国必胜、日本必败的坚定信念。他对祖国的前途充满了信心，他热爱自己的国家，他爱中国！林语堂说："这样一个四万万人团结一致的国家，具有如此高昂的士气，中国将通过战争而获得新生，最终成为一个独立和进步的民主国家！"

眼看时局纷乱，廖翠凤对林语堂道："赛珍珠女士几次问我们一家要不要加入美国国籍，如果要加入，她愿意从中帮忙。我觉得美国对我们挺友好的，加入美国国籍也有利于孩子们的教育。"

林语堂瞪了廖翠凤一眼："你昏了头了！美国刚刚宣布中立法案，等于在间接帮助日本，我怎么能加入美国国籍？"

廖翠凤自和林语堂结婚以来还未见过丈夫瞪眼的样子，她吓了一跳："我也就是随口问问你，征求一下你的意见，你这么激动做什么！好像要你的命似的！"

林语堂脖子一梗，嚷嚷道："比要命严重多了！我们走到哪里都是黑眼睛黄皮肤的中国人，怎么能加入美国国籍？"

（三）《京华烟云》横空出世

大洋彼岸的故国战火纷飞，林语堂四处演讲，他走到哪里，记者便蜂拥而至。作为手无缚鸡之力的文人，他只能以笔和唇舌来进行战斗。他迫切希望着中国的胜利。一个人生活在异国，唯有身后有一个强大的祖国支撑，他在异乡才会有立锥之地，才会有尊严，否则就如丧家之犬任人呵斥踢打。

廖翠凤也没闲着，她是纽约中国妇女战时救济会的副会长，办公室设在古董商姚叔莱先生东五十七街二楼的商店里腾出来的一间小房间。近日为了筹款，她们正在准备组织一个演讲会，请来许多名作家助阵。身为副会长，廖翠凤必须在台上讲几句话，她让丈夫帮她写了演讲词，在家中对着镜子反复练习，林语堂在旁边纠正她的发音。廖翠凤走上台时，林太乙为妈妈捏了一把汗，紧张得低下头简直不敢看。幸亏廖翠凤说得很好，流畅地完成了她的演讲。走下台时，她骄傲地看了丈夫一眼，林语堂含笑向妻子竖起了大拇指。廖翠凤知道，自己是声名显赫的林语堂夫人，丈夫是知名作家，她不能给丈夫丢脸！丈夫肚子里装满了学问，她经常要求丈夫介绍自己喜欢的书给她看。

有时候，廖翠凤甚至比丈夫更忙，中午就在那里吃饭，6点才下班，比林语堂还迟回家。林语堂学习做家务，孩子们也会自己做饭了。

救济会取得了良好的成绩，第一次就汇给了中国政府三万美元！

林语堂向廖翠凤建议："日本出口的生丝86%是销往美国的，在日本的丝货中，妇女穿的丝袜又是最主要的品种。如果全美国的妇女都不穿日本的丝袜，日本的生丝出口就垮了一大半！"

廖翠凤拍手叫绝："你这个主意太好了！我马上在救济会建议，利用各种机会向女性朋友们宣传抗日，抵制日货。由女性朋友们带头，不穿日本产的丝袜！"

女大学生首先起来响应了，先是史密斯女子大学，然后扩展到全美国的各所大学，女学生们一律改穿棉袜。

所有在救济会工作的妇女都是义务服务的，林太乙放学之后也会去那里帮忙。有一次，救济会举行街头募捐，林太乙和另外一个中国女孩拿着箱子站在街头让行人捐钱："先生太太，麻烦您为中国的难民孤儿献一份爱心！"大家看着眼前这个小女孩那张热切的脸，纷纷慷慨解囊。虽然钱不多，但是林太乙觉得自己也尽了一份力量！妻子女儿都如此积极，林语堂也做出了表率，他捐款资助了六名中国孤儿。林太乙笑道："人家都说你在稿费上斤斤计较，像个精明的商人，怎么今日如此慷慨？"

林语堂正色答道："作为男人要努力挣钱，但该花钱时绝不能吝啬。钱藏在我们的口袋里，而不去帮助别人，那钱有什么用处呢？金钱必须要用得有价值，又能帮助别人。别人以为我锱铢必较，那是别人不了解我的缘故。"

林太乙听了，开心地上前亲了亲父亲的脸颊。

林语堂在美国是以写作为生的，他整天不停地写写写。1938 年春天，《孔子的智慧》脱稿后，林语堂本想把曹雪芹的《红楼梦》翻译成英文介绍给西方读者，因为林语堂生平最爱《红楼梦》，这是一部第一流的白话小说，这个世界上再没有比曹雪芹写得更好的人了！可惜的是，《红楼梦》距离现实生活太远了！西方读者能理解那时的生活吗？万一不理解，岂不是等于做了无用功？林语堂灵机一动改变初衷，决定借鉴《红楼梦》的艺术形式，写一本反映中国现代生活的小说，寓抗日救亡宣传于"才子佳人"故事之中。林语堂开始准备写长篇小说了，唯有小说这种伟大的形式才能让读者如见其人，如临其境，明事理，发感情！

林语堂兴致勃勃地向亲友宣布了这一伟大的计划。

郁达夫的回信中持着疑问的态度："你以前从未涉笔小说创作领域，能够写好计划中的鸿篇巨著吗？"

廖翠凤和林太乙也对这部小说创作的成功率表示了疑问。一个平时只写散文随笔、连短篇小说都不曾写过的人，装着天大的胆量，突然要尝试长篇小说，好像太自不量力。可是，林语堂信心十足。他一直深信，一个人只要肯付出努力，结局一定不会太坏。林语堂对女儿说："以前我在哈佛大学上《小说演化》课时，白教授的一句话给我的印象特别深：西方有很多位作家是 40 岁以后才开始写小说！长篇小说之写作，非世事人情经阅颇深，不可轻易尝试。我虽未着笔于小说一门，却久蓄志愿，在 40 岁以上之时，来试写一部长篇小说。而且不写则已，要写必写一部人物鲜活、场面恢宏、篇幅浩大的长篇。我相信，我一定会成功的，我有这个自信。"

43 岁的林语堂把久蓄的宏愿完全寄托在《京华烟云》这部长篇小说上。1938 年 3 月，林语堂开始构思《京华烟云》的人物和情节结构，他把人物的年龄、性格、经历和人物关系等都用图表画出来，笔记本上密密麻麻注满了标记。仅仅打腹稿，他就花费了五个月。林语堂有时从地书桌前喃喃自语状若灵魂出窍，廖翠凤在厨房里喊他："堂啊，吃饭了。"

没有回答。

廖翠凤又喊了一声："吃饭了，饭都凉了！"还是没有回答。廖翠凤跑到书房打开门，大叫："吃饭了！"

林语堂闻声从太虚境界中惊醒过来："你说什么？"

"我说吃饭了！不吃饭哪有力气写！"

林语堂一看表，已经 7 点了。廖翠凤怜爱地将重新加热的饭菜端了上来，她知道丈夫的脾气，当他决心去做一件事情时，常常具有不达到目的誓不罢休的精神。他把所有的精力、所有的学识、所有的条件、所有的一切都投入其中，紧盯不放。自 1938 年 8 月开笔后，林语堂每天早晨伏案写作，平时一天可以写七八页，文思泉涌时多达十五页。书中穿插了许多佳话或奇遇，都是涉笔生趣。

"爸爸，郁达夫叔叔来信了！"林太乙将信递给父亲。林语堂拆开阅读，信上写着对《京华烟云》创作构思的质疑："如今烽火连天，老弟你却在写才子佳人故事，是否不合时宜？"

林语堂动笔给郁达夫回信："弟客居海外，岂真有闲情谈说才子佳人故事，以消磨岁月耶？但欲使读者因爱佳人之才，必窥其究竟，始于大战收场不忍卒读耳。此小说是为纪念全国在前线为国牺牲的勇男儿，非无所为而作也。"林语堂觉得，作为一个中国知识分子，在国难当头的时候，应该把自己的命运和国家的命运联系在一起，投入抗日救亡的时代洪流中。作为一个作家，最有效的武器是作品。演说、宣传和政治论著虽然必不可少，但小说却更具有深入人心的艺术感染力。写作的时候，他的心中充满了激情，廖翠凤跟他讲话他都听不见。即使没有动笔的时候他也在思考，不跟任何人说话。他在小说中赞颂了中国浴血奋战的前线战士与革命志士，并以此激励全体国人为了抗战胜利而努力。他不想当一个拙劣的口号式的宣传家，他要用动人的小说来感动读者！

林语堂借创作之机回味了一下北京的秋天：

"北京有其天然美，城里有湖泊及园林，环城有澄澈的玉泉河，远郊有紫色的西山。天空也出了力，天空若不是那么一种明净的深蓝色，玉泉河的水也不会这么澄澈碧绿，西山的山坡也不会有那一抹淡紫色。"

林语堂边写边在心里赞叹，北京真美。自己前前后后在北京待了三四年，这是自己的福气。所有住在北京的人都是有福气的。这样美丽的河山，岂能容日寇践踏？

林语堂写作时特别喜欢下雨的夜晚。当他写到孔立夫等人的抗日斗争时，听着窗外潺潺的雨声，犹如一种进行曲一般的昂扬和战斗的豪迈。雨水击打着水泥地面，落到地上变成泠泠的脆响，尔后汇聚成溪流，踏着欢快的步伐集体前进。更多的雨水在下水管道中奔流，林语堂歇下笔侧耳倾听，心情无端地激动，仿佛有什么东西在召唤着向前向前，永不止步。奔流本身就是目的，就是美。

全家人都热烈期待着《京华烟云》的问世。特别是爱好文学的大女儿和二女儿，简直着了迷。二女儿林太乙每天放学回来，连大衣都来不及脱，就跑到书房抢先阅读父亲当天写出来的稿子。有一天，林太乙没有敲门就冲进父亲的工作室，发现父亲正在哭泣。林太乙大吃一惊："爸，你怎么啦？"林太乙一直以为只有小孩子会哭，没想到大人也会哭，而且哭得那么伤心！

完全沉浸在自己所创作的艺术世界里的林语堂见到女儿，从角色中惊醒过来，不好意思地说："我在写红玉跳水自杀的故事，太伤心了。"

林太乙拿出手帕帮父亲擦了擦眼泪。林语堂稳定了一下情绪，笑着对女儿说："古今至文皆血泪写成，今流泪，必至文也。你想当作家，一定要记住对人对物葆有十足的兴趣，要比别人有更深的感觉和了悟。要不然，谁会来读你的书？"

女儿们从父亲的话中悟出了一个道理，作家必须要热爱生活，如果对世界抱冷漠态度的人，是写不好作品的。林太乙觉得：天下没有什么比做作家更高尚的了！

林如斯不仅喜欢木兰，她也喜欢莫愁。莫愁，真是一个美丽的名字！让人着迷不已。莫愁是土命，蕙质兰心，她是安静的，耐心的，矜持且稳重，在乱世中把小家庭的日子过得岁月静好，不由得让人想起梁武帝的《河中水之歌》："河中之水向东流，洛阳女儿名莫愁。莫愁十三能织绮，十四采桑南陌头，十五嫁为卢家妇，十六生子字阿候。卢家兰室桂为梁，中有郁金苏合香，头上金钗十二行，足下丝履五文章，珊瑚挂镜烂生光，平头奴子擎履箱。人生富贵何所望，恨不早嫁东家王。"

真美啊，一个美丽的名字后面生发出如此动人的故事，江山锦绣，笑语盈盈，不知谁家女儿名莫愁？

林语堂写到牛素云与牛家大嫂在外面厮混，被人称为"交际花"，败坏姚家的名声，还到处放高利贷，最后竟然当了汉奸，他一边写一边叹道："天哪，天底下怎么会有这样道德败坏的女子？可恨！可恨！"他全身心地投入紧张的劳动之中，为了保证不受任何干扰，他曾住到城外松树林中的夏令营简单的木屋里，把一张桥牌桌子搬到树林里，一个人专心致志地写作。廖翠凤每次来给他送饭，都会嗔怪："头发长得可以扎辫子了，赶紧去理一理！理个头发能费你多少时间？"林语堂头也不抬："不写完《京华烟云》，我就不去理发！"

林语堂把自己当成了囚徒。他没日没夜地写《京华烟云》。他的房间里烟雾弥漫。他一会儿欢欣，一会儿蹙眉，一会儿长吁短叹，一会儿流泪，状若痴傻。

经过一年艰苦的创作，1939 年 8 月 8 日早上，林语堂郑重地向家人宣布："下午 6 点半完稿。"全家人都激动不已。孩子们高兴得鼓起掌来。这一天，林语堂奋笔疾书，写了十九页。写到结尾的壮丽场面时，他被年轻人的爱国主义精神感染了，他的眼眶里充满了泪水。当写到最后一页时，他心情万分激动，把妻子和三个女儿都叫来，让大家围着他的桌子，等他写完最后一句，全家一起见证这个快乐的时刻。

画上最后一个句号，放下笔来，全家都拍手欢呼，女儿们高声唱起歌来，以示庆贺。大女儿林如斯道："恭喜爸爸写出一本现代中国的伟大小说！"二女儿林太乙说："《京华烟云》是首屈一指的杰作！小说开头姚家逃难的场景，让我想起了《圣经》中的《出埃及记》！"

林语堂毫不谦让，喜滋滋道："那当然，你老爸是谁，是大名鼎鼎的林语堂呀！我现在写过几本好书了，尤其以写《京华烟云》自豪。"他望着三个慢慢长大、亭亭玉立的女儿，这三个孩子当中，谁可以成为木兰？他希望三个女儿都是木兰式的人物，都是道家的女儿！林语堂大声宣布："晚上我请全家吃龙虾饭！"

林太乙俏皮道："爸爸，你要多写长篇，每写完一部长篇，我们就可以多吃一顿龙虾饭！"

林语堂向女儿保证："我争取一年写一部长篇！"他的职业经常变动，没有一份稳定的工作。妻子和女儿都需要抚养，他必须承担起一个丈夫和一个父亲的责任。如果停止写作，是没有人为他代付生活费的。他知道，自己离开文字就不能活，心不能活，身也不能活。他注定要写一辈子。今年他从银行里取出了一万六千美元，兑换成十万银元，转存入中国银行里，存期为二年。银行职员告诉他："恭喜你，先生，两年后你可以得到七又四分之一厘的利息。"林语堂大受鼓舞，他仔细为三个女儿的将来打算着：本来银行里共有四万美元，他尝试着将一部分兑换成中国银元，看来此事可行。第二天，林语堂再接再厉，一鼓作气将剩余的二万三千美元兑换成十三万银元，分七年、十年和十四年长期存款，这样，三个女儿到了 22 岁时，都会有十万银元的嫁妆！

廖翠凤对着林太乙笑骂道："看把你馋的！"其实，廖翠凤也很赞成女儿的提议。她对丈夫说："先去理个发吧，你头发长得像从深山里出来的野人，龙虾店的老板是不会让你进门的。到时我和女儿们在里面吃，你就站在外面看着我们吃饭好了！"林语堂乖乖去理了发，瞬间从一个邋遢汉变成了英俊的中年男子。

吃完龙虾饭，林语堂立即把书稿杀青的消息电告赛珍珠夫妇。赛珍珠一翻开《京华烟云》即不忍释去，这本书内容丰富，堪称近现代中国的百科全书。它细节真切，生活气息扑面而来，结构如玉树琼枝，风格明快，主导情志向上，是中国现代文学史上不可多得的带着史诗性的力作。

赛珍珠兴奋地复电说："Mr 林，你没有意识到你的创作是多么伟大。"

好运气挡都挡不住，幸运之神再一次眷顾了林语堂。1939 年，《京华烟云》由纽约约翰·黛公司出版后，又被美国的"每月读书会"选中，成为 12 月特别推销的书。《时代周刊》发表书评说："《京华烟云》是现代中国小说的经典之作。"这部呕心沥血的力作是林语堂小说艺术百花园里最美丽最鲜艳的花朵，这朵灿烂的鲜花根植于民族精神和爱国主义的土壤。这阶段所有与林语堂接触到的人，言必谈及皇皇七十万言的《京华烟云》："林先生，您创作了如此了不起的作品，从此，中国文学史上一定会有您的名字！"

林语堂倍感欣慰，他像个农夫一样安然享受着辛勤耕耘所得来的果实。这部小说耗尽了他所有的阅历与感悟，在写作过程中，好几次他眼前发黑差点栽倒在地。在写作的过程中，他越写越对中国的抗战充满信心，他对女儿说："战争是人类所厌恶的，所有的独裁暴君都将受到诅咒，你们可以睁眼看，自杀乃是独裁暴君的唯一出路。"果然，五年后林语堂的预言应验了，第二次世界大战的发动者之一希特勒穷途末路，用一颗子弹穿过了自己的头颅，结束罪恶满盈的一生。三个女儿对父亲佩服得五体投地："爸爸，你真是个了不起的预言家！"

林语堂现在有一桩心愿，他想把《京华烟云》翻译成中文，这本书写的是中国，理所当然要有中文本！但是他太忙了，根本腾不出时间来做翻译工作。他的作品被翻译成很多种文字，有些译本极烂，幸亏他看都没看，否则不知该会心痛到何等地步，就像心爱的女儿被人糟蹋了一样。他想到了老朋友郁达夫，郁达夫是翻译《京华烟云》的最佳人选！他迅速给郁达夫寄去了五千元并说明了自己的意愿。郁达夫很痛快地答应了，着手翻译了前几章。可惜，过后郁达夫与王映霞的婚姻破裂了，心情苦闷，整日借酒消愁，翻译工作停顿了。而此时日本却有了好几个《京华烟云》的日译本！日本舆论界哀叹："怎么日本国没有一个像林语堂这样可以在世界上争取同情的作家？真是憾事！"

大女儿林如斯极力称赞父亲的作品："《京华烟云》最妙的是它的哲学意义！一翻开书，起初觉得如奔涛，然后觉得幽妙、流动，最后觉得雷雨前之暗淡风云，让人恍然大悟何为人生，何为梦也，让人拍手叫绝！"此时的林如斯从陶尔顿中学毕业后在哥伦比亚大学旁听。

紧接着，林太乙也中学毕业了。林语堂参加了女儿所在学校陶尔顿中学的毕业典礼，看着表彰台上的女儿，林语堂倍感骄傲。回到家里，林太乙对爸爸说："爸爸，我想进耶鲁大学学习。"在学习的路上，她一直走得很艰辛，父母一直像候鸟一样飞来飞去，她的学业也一直断断续续，常要转学，她读了几所小学都数不清了，有时既要学法文又要学中文还要学英文，她读得好辛苦。

林语堂摇了摇头："你没必要上大学。要知道，在图书馆里什么都可以学到。很多大学教授都照本宣科，你一星期可以自学完的书，他要讲一学期。他们那是在误人子弟。社会才是最好的大学，你应该去社会做事！"

林太乙着急起来："可是，我的同学都上大学了！我要是不上大学，我要做什么？"

林语堂道："别急，爸爸推荐你去大学里教书。耶鲁大学的亚洲研究所缺乏中文教员，你去很合适。"

"教书？大学？我自己只是个中学生咧！"林太乙惊讶得大叫起来。

"对，到大学里教中文。你不用害怕。对于外国人来说，他们的中文水平就是小学生，你教他们绰绰有余。"

林太乙有些迷茫。父亲是个大学者，他的认识应该不会错。可是她还是觉得哪里有些不对："爸爸，你说不用上大学，那你自己为什么上了圣约翰大学，后来还继续深造，拿了硕士学位和博士学位？"

林语堂道："你不知道，我在圣约翰大学学得多难受。老师太教条太死板了。幸亏到了外国，教授知道我学习能力强，准许我不用去听课，我照样以全优的成绩获得硕士学位。"

林太乙说不过父亲，只得顺从地接受了父亲的安排。她通过考试，成了耶鲁大学里一名最年轻的助教，大部分学生年纪比她大。下课后，学生热情地问她："老师，您是哪所大学毕业的？"林太乙尴尬地回答道："我没有上过大学。"她狼狈地离开了，留下学生困惑不已："老师没上过大学？怎么会来教我们？"虽然后来林太乙凭借自己的努力获得了大学文凭，但是，她常常觉得遗憾。大学校园多浪漫啊！青春的少男少女在课堂上一起讨论，课后一起在草地上漫步。不得不说，因为父亲的决定，她错过了人生中最美好的一个篇章。

林相如转眼也中学毕业了。大姐对相如说："你一定要上大学！不上大学会成为你这辈子最大的遗憾。你看看我就知道了！"

林太乙给妹妹打气："你不要再听爸爸的意见了！爸爸的那一套只适合天才。我们还是按照寻常人的人生轨迹来走吧！"

林相如点点头。她接到哥伦比亚大学的通知书以后，直接把通知书递给了爸爸。她垂着头，等着与父亲辩驳一番。没想到林语堂高兴地说："好样的！能考上哥伦比亚大学，有本事！趁着大学还没开始，暑假好好玩一玩！"林相如有些惊讶："爸爸，您同意了？"

"同意。你二姐常埋怨我没让她上大学，造成她一辈子的遗憾。再不让你上大学，恐怕也会落得你一辈子埋怨。如今家里经济条件允许，完全可以养得起一个大学生。"

林相如欢呼起来，相比之下，自己比两个姐姐幸运多了！

林语堂在欣慰的同时，对大女儿和二女儿有些愧疚。自己太固执了，以致两个女儿的成功要比别人付出双倍的努力。

《京华烟云》的热销给全家带来了巨大的快乐，廖翠凤连走路都脚底生风。不过，廖翠凤看完《京华烟云》后心里非常不舒服，脸上乌云密布，一声不吭坐在沙发上，连晚饭都没做。林语堂回到家里，高声叫道："我回来了！"奇怪的是，妻子并没有像往常一样迎上来。再到厨房一看，冷锅冷灶，林语堂甚是诧异，这才发现妻子坐在沙发上一动不动。

"你怎么啦？是哪里不舒服吗？"林语堂摸了摸廖翠凤的额头。

廖翠凤把头扭开："心里不舒服。"

林语堂丈二金刚摸不着头脑："我哪里惹你啦？"

廖翠凤把《京华烟云》扔到丈夫跟前："你为什么在小说里写木兰竟然动了让丈夫纳妾的念头？太可笑了！姚木兰好歹也是个受过高等教育的现代女性，她容忍得了丈夫纳妾？"

林语堂赔笑道："那不是小说嘛！"

廖翠凤更加发作起来："小说小说，作者内心怎么想的，他就在小说里怎么写！怪不得你那么喜欢《浮生六记》里面的芸娘，因为芸娘大张旗鼓地为丈夫纳妾！怎么，你很羡慕是吗？可惜我不是芸娘，也不是姚木兰！纳妾，你想都别想！"

林语堂搂住妻子："哪个男人不想着三妻四妾？说不想，那都是假的。"

廖翠凤霎时瞪大了眼睛腾地想站起来，被林语堂按住了："你别急，先听我说完。我只是想想罢了，你看我，有哪里不规矩？那么多洋女人追求我，假装晕倒让我搀扶的，裸体跳进河里追我们的船的，你见我动心了吗？我早就认定了，只有你最适合我。"

见廖翠凤脸色有些松动，林语堂趁机说："今天领了《京华烟云》的版税，我带你去首饰店买首饰！当年你卖首饰陪我留学读书，我说过要加倍地补偿你！今天兑现我的诺言！"廖翠凤嗔道："算你有良心！"

到了首饰店，林语堂指着玻璃柜下闪闪发光的戒指、项链、手镯对廖翠凤说："老婆，随你挑！"廖翠凤眉开眼笑，细细看了一遍，指着一枚价值一千元的 3.38 克拉的钻戒道："我要这一枚！"

林语堂付了钱，当场把钻戒戴到廖翠凤的右手无名指上："老婆，今天终于把你当掉的镯子还给你了！而且是十倍！"廖翠凤看着手上这枚向往已久的钻戒高兴得合不拢嘴："你果然守信用！我没有看错人。"

《京华烟云》虽然大获成功，但纽约的生活费用太高了，林语堂决定全家旅居欧洲，他总是说走就走，既是个行动派，又是个浪漫派。

在欧洲，林语堂亲自教女儿学中文。晚饭后，林语堂把手朝女儿一伸："最近的游记完成了没有？拿来给我看看。"

大女儿林如斯捧来了她的《弗洛兰斯游记》。

二女儿林太乙捧来了《游英记》《冬季游雪记》《探火山口》《比国访僧记》。林太乙道："爸爸，你先看我的，我写得多，我态度比姐姐认真。"

林如斯道："爸爸，你先看我的，我虽然只有一篇，但我篇幅长，以质取胜。"

林语堂笑着拍拍两个女儿的脸蛋："先看谁的都没有关系。等我把你们两人的游记看完了再一起发表议论。"半小时后，林语堂拍掌宣布："你们的游记不错！已经到了可以发表的资格。我准备加上我的《抵美印象》《美国与美国人》等文章一并寄给上海的黄嘉德，由西风社编入《欧美印象》

出版。"

姐妹们盼呀盼呀，终于收到了《欧美印象》的样书。林太乙翻了翻目录，欢呼起来："哎呀！里面有老舍、冯至的文章！啊，我们和名作家并肩了！必须喝香槟庆祝一下！"

（四）养女金玉华

《京华烟云》的成功，让林语堂大受鼓舞，他要继续创作长篇小说。然而在欧洲生活，小说题材很少，又不了解中国抗战的实际情况，巧妇难为无米之炊。林语堂萌生了回国的念头，当他把回国的想法说出来时，立刻得到了妻子和女儿的热烈赞同，因为，她们也想念家乡了，她们也想回国看看。特别是林太乙，初到国外时的新鲜已经冷却了，虽然她还清楚地记得第一次喝可可茶那种甜美的感觉。可可茶再好喝，也比不上在中国可以平易自然地谈话，无须用手语指手画脚了。

1940年夏季，经过一番联系和准备，5月下旬林语堂一家到达香港，然后换乘飞机到重庆。途经香港时，林太乙见到了大姑和堂姐钦容、二伯和堂哥国荣、三伯及堂哥伊仲、伊磐，还有二舅、姨母及桐姐、师基兄。众多亲戚聚集在一起热闹极了，林语堂在九龙海边租了五个房间。几年时间，物是人非，大姑丈去世了，大哥也去世了，二哥失业。侄子林国光在内地银行做事。大姐林瑞珠骨瘦如柴，满面皱纹，从前一对亮晶晶的眼睛也失了神，不过依旧伶牙俐齿。她滔滔不绝地评价沦陷区的生活，评论殖民地的香港。"物价飞涨啦！以前可以买一袋米的钱现在只能买一斤米！汪精卫真是不要脸，竟然做了汉奸！杜月笙虽是个流氓，却还有些骨气！"

林语堂的三哥林憾庐一直热切地与林语堂讨论时事。从一千万人转移到内地的大迁徙，到苏俄对中国的态度，日本鬼子在国内肆虐的情形、日军四万人登陆大亚湾占领广州、山西阎锡山组织军民牺牲救国大同盟、成立新军及工人武装自卫队等情形，两人直说到深夜。林语堂赞道："三哥，你有满腔爱国热情呀！"

林憾庐摇摇头："满腔爱国热情没用呀！我只是一介默默无闻的书生，手无缚鸡之力。不过你就不同了，你的文字影响很大，文坛上很多人在谈论你，咱们家和廖家都以你为荣！"

兄弟两人在酒店餐桌上畅谈。

从香港到了厦门，廖家人分外惊喜。时局纷乱，廖家的豫丰钱庄破产了：由于海外和内地往来的公司欠巨款不还，豫丰钱庄只能恶性倒闭。讨债者查封了廖家所有的产业，大哥早就抽鸦片死了，余下的二十口人都没有工作，全靠廖悦发的一点储蓄过日子，生活极为惨淡。廖悦发脾气越发暴躁，他苦心经营半生的商业帝国轰然倒塌了。小舅子廖超群经常自己一人坐在一张小桌子边吃吐司喝牛奶茶，他有胃病，他不谈政治，不谈论日本人，更不谈共产党，似乎对这个人世充满了厌倦。

四年不见，妹妹和外甥女都变了。廖翠凤变得比以前更加摩登。她身着旗袍，脚上是时髦的皮鞋，手上提着个大皮包，脸上淡抹脂粉。金耳环金戒指明晃晃的，腕上的金表一看就是高档货，一副贵太太的模样。她的头发前面梳得光光的，后面盘着一个大发髻。林如斯17岁，已经是亭亭玉立的少女。林太乙14岁，梳着两条辫子，活泼调皮。小女儿林相如10岁，文文静静，很听话。

廖翠凤的姐姐拉着三个外甥女左看右看："啊哟，一定是天天喝牛奶皮肤才会这么白。你英语讲得真好，你还会讲厦门话勿？"吃饭的时候，姐姐对廖翠凤道："内地很穷，四川有很多老鼠，日本飞机轰炸得很厉害。干吗要到重庆去呢？你们不怕吗？"

廖翠凤道："语堂要去那里演讲。反正他走到哪里我就跟到哪里。"

表姐们穿着白底印小碎花的西洋布做的宽宽的旗袍，脸上干干净净，没有抹脂粉。她们有点木讷，只谈家常，不谈时事。

林语堂拿了两千元给廖翠凤："这点钱，你拿去给爸爸、大姐他们用吧！让他们不要发愁，只要我林语堂在，每年都会贴补廖家的！"

　　廖翠凤感激地看了丈夫一眼。

　　拿着林语堂给的贴补，廖悦发羞愧难当："女儿当初的选择没错！"他病倒在床多日，骨瘦如柴，命运彻底把他击垮了。廖翠凤握着父亲的手："爸爸，你安心养病，很快就会好起来的！"廖悦发无力地摇了摇头："我是不行了……翠凤，你要好好过日子……"

　　廖翠凤含泪点了点头。

　　走完亲戚，林语堂一家飞到了重庆，因为重庆方面邀请他进行多场的演讲，大家迫切地想从林语堂身上得到他们所关心的政治问题的答案：美国朝野对于中国的态度究竟如何？

　　林语堂一家在重庆北郊、嘉陵江西岸的北碚蔡锷路买下一栋二层四间的小楼房住了下来。

　　终于安顿下来了！可以伸伸懒腰了！林太乙大声宣布："我明天要睡到中午！"

　　然而，她并没有睡到次日中午。因为凌晨一点的时候，他们被凄厉的警报吓得魂不附体。

　　廖翠凤埋怨道："语堂，你为什么不调查清楚呢？选择一个这么可怕的地方！跟安逸的美国相比，真是天堂与地狱的差别！"

　　"别说了，快，快跑防空洞！"

　　防空洞大约七十尺深，是马蹄形的，两端是出入口。林语堂拿着手电筒带着一家老小慌里慌张跑进去，隧道当中有一排长板凳，靠壁两边也有长板凳，墙上挂着小油灯。洞里很潮湿，无数蚊子嗡嗡乱飞。里面大约挤了两百人，人人手里一把扇子。林语堂刚坐下来，有几个外国人过来和他交谈。好久没讲英语了，有一种陌生的快乐。飞机投下炸弹，防空洞震动了几下。熬过漫长的五个多小时，洞里的电灯亮了，警报解除了。

第二天清早，林语堂的侄子林国荣来看大家。林国荣在中国国货公司做会计，他的宿舍中弹了，炸得面目全非，只能躺在公司地板上睡觉。10点，警报又拉响了。一家人在防空洞口向小贩买了十几个煮鸡蛋才钻进防空洞去。吃完鸡蛋就无所事事了，也不知坐了多久，坐得屁股酸疼。洞里人乌泱泱一片，又是黑漆漆的，根本没办法起来走动，万一踩到别人的脚是会被人咒骂的。地面又湿又滑，很容易摔跤。好座位不容易找，有时运气不好，身边的人身体腌臭，空气污浊不堪，实在是难熬。可是再难熬也还是得坐着不动。因为一旦你起来之后，位子很快就被人占了。

　　林国荣对坐在一旁的林太乙说："好羡慕你能去美国呀！"

　　一旁的林语堂听了，开口道："国荣，你是个求上进的好孩子，将来有机会我帮你出国。"

　　林国荣太高兴了，没想到跑个防空洞，还可以改变自己的人生！

　　下午4点，警报好不容易解除了，林太乙的背僵硬得几乎站不起来。她一脚踩在一洼水里，溅得一身泥水，灰头土脸地走出来。阳光刺眼，很久才能适应。谢天谢地，这次没有炸在附近。

　　跑防空洞的日子里林语堂并没有闲着。他一直在思考国家的命运：外交便是打牌。第一，要手中有牌。第二，要认清手中各牌之轻重而先后耍之，先后不明，好牌仍可输局。中国之牌并不坏，贤者惜之。第三，打牌最忌露字。手中牌露，有牌不如无牌。故持牌以九十度为宜。一片丹诚即全牌露面也，彼方认我不能奈他何。故方不听，计不从，而我亦实不能奈他何也。

　　月色很美，但日本人的飞机永远在重庆上空盘旋，让人胆战心惊。战争的阴云时时刻刻聚拢在人们的心头。林语堂睡不着，他失眠了。窗外悬着两个红灯笼，本来人们应该在灯笼下赏月品茶，可是日机轰炸下的国土满目疮痍，覆巢之下无完卵，大部分家庭支离破碎，不是失去了儿子，就是失去了丈夫。不久，电灯突然熄灭了，紧急警报拉响了，如狂人的哀号，林语堂觉得自己的心脏快被扯出来了。一家人又钻进防空洞里，口干舌燥，坐在地上熬到凌晨1点才出来。三个女儿都没脱衣服就倒在床上睡觉。不到一小时，警报又拉响了，只得又跑。大家坐在洞里直到凌晨4点。这次日本人没有轰炸重庆，出来时天已微微亮了。一家人在二十四小时内跑了三次防空洞，只睡了四个小时，每个人双眼带着血丝，蓬头垢面精疲力竭，廖翠凤平日里的风度全不见了，她闻见自己的嘴里因睡眠不足而散发出的恶臭。

1941年8月9日，重庆遭到空前大轰炸，一共来了八十一架飞机。轰隆！轰隆！轰隆隆！炸弹扔个不停，几百枚炸弹像疾风骤雨，声音越来越大，廖翠凤让孩子们闭着眼睛，捂住耳朵。可是每个人吓得魂飞魄散，就像有巨人拿锤子敲打着头颅似的。突然，轰的一声巨响，仿佛山崩地裂了，一阵狂风从洞口横扫狂袭而来，尘土沙砾扑到脸上，痛得人不能呼吸。原来是一枚八百磅的炸弹落在洞口。

林太乙睁开眼睛时，眼前漆黑一片。有人擦了火柴，点亮了小油灯。林语堂全身酸痛得不得了。从洞里出来，宣传处行政楼被炸毁了，烈焰腾腾。长官的房子倒是没有炸倒，墙上嵌着许多炸弹碎片，让人胆战心惊。到处都是火光，黑烟弥漫。恍惚中林太乙绊到了什么东西跌了一跤，待她定睛看清楚眼前是一具被炸死的男尸，吓得她尖叫起来！男尸的鲜血流在牙齿上，黄中带红，分外狰狞。林太乙想跑，却双腿发软，怎么也挪不开脚步。被父亲挽回家后，林太乙就发起了高烧，晚上噩梦连连。廖翠凤整夜守在女儿床头，拧湿毛巾给女儿敷上，等毛巾发热后又浸回冷水里再敷上。冷毛巾触在额头上，林太乙依旧两颊烧得通红，眼神涣散。

这简直是非人的日子！

林语堂产生了离开的念头。与其这样提心吊胆天天跑防空洞，还不如在国外继续用笔为抗战呐喊更有意义。在国内，像他这样的人有成千上万，他在国内所做的工作，成千上万的人都可以做。但是，如果他到美国就大不一样了，没有几个人能做他在美国的工作！林语堂决定回美国。只是他在美国是游客签证，往返美国要频繁签证，非常麻烦。思前想后，他接受了蒋介石委员长"侍从室顾问"的头衔，这样取得的官员签证长期有效，可以免去看签证办事处人员的嘴脸。一时之间，国内文艺界传得沸沸扬扬。林语堂没有作任何辩解。战乱频仍，交友难，做人更难，朋友越来越少，而剩下的少数友人大都自身难保。林语堂感慨："并不是作家不肯放开政治，而是政治不肯放过作家！"临走之前，他将重庆北碚的住房连带家具捐给中华全国文艺界抗敌协会使用，这套四室一厅的房子，买的时候很贵，家具设施一应俱全，可以卖掉，也可以出租，也可以托人代管。但是，林语堂却把它捐出去了。文艺界的朋友们当初成立"中华全国文艺界抗敌协会"时，林语堂身在国外没有参加深以为憾。"文协"的主席老舍是自己的老朋友，就把房子捐给文协吧，就这样定了，也算对文协尽一份心力。

老舍拿着林语堂留下的信甚是感动："鄙人并未得追随诸君之后，共纾国难，而文字宣传不分中外，殊途而同归。"原来林语堂并非鲁迅所说的无情之人！

林如斯很想留在国内做抗日工作，母亲对她说："你还小，应该到美国去好好读书，为国家效力的机会多的是，不学好了本事，怎么去工作嘛！"廖翠凤当然不放心让大女儿孤身一人留在国内。

"有很多人比我还小，他们都在工作！"林如斯努力想说服母亲。

"他们没有机会读书。如果有机会，他们也一定会好好学习的。你现在有学习的好机会，要珍惜！"

第二天的轰炸比前一天更加厉害。林语堂一家人走下码头的三百级石阶，准备乘小渡船往飞机场的方向去。天气酷热，抬头看山岩上太阳已经高悬，警报又要来了。国荣大哥递给林太乙一串葡萄："带着路上吃，免得口渴。你记得把国外的见闻告诉我呀！像你小小年纪可以四处开眼界，多少人羡慕不来！"他转头对林语堂说："叔叔，商业区都炸得认不出了，大火还在烧，没办法扑灭。唉，真是一场噩梦。"

一路上处处都是烧毁崩塌的房屋，到处残垣断瓦触目惊心。许多人抬着棺材沉默地往前走，在战争期间，死亡都让人变得麻木了。路上人很多，有的抱着婴儿，有的背着老人，向乡下或向防空洞走去。昨天轰炸得太厉害，今天大家不等拉警报就先去躲起来，毕竟小命要紧。

　　回到美国后，林语堂在东河边八十一街买了一套漂亮的公寓。公寓有两层，楼下书房放着四壁图书，客厅宽敞整洁还有厨具齐全的厨房。楼上是三个卧室及一个工人房。廖翠凤用洪亮的声音指挥清洁女工打扫。清洁女工推着真空吸尘机像坦克车轰隆隆地攻进书房，林语堂抬起头："啊呀，凤呀，等我写完再让她清理书房，可以吗？"

　　廖翠凤斩钉截铁："不行，我吸完尘灰之后还要清洗厨房的地板。"

　　林语堂此时的名望达到了高峰，文坛上提起林语堂三个字，无人不知无人不晓。但是在家里，他也得乖乖地听妻子的指挥。他能写下这么多文字，也许是因为妻子总是热情地说话，他几乎没有开口的机会，所以他的观察力和感受力变得特别强。

　　林如斯跟着父母亲回到美国以后，寝食难安。父母老了，妹妹尚年幼，他们回美国是对的。但她正值青年，她觉得自己应该把一腔热血洒在日寇轰炸下的重庆，她希望自己做一个普通的中国青年，穿草鞋，吃糙米，住帐篷，和日本人战斗到底！

　　时机替林如斯完成了心愿。1943年3月1日，宋美龄到美国做抗日宣传，林如斯在纽约火车站向宋美龄献上了鲜花。宋美龄夸她："小姑娘，你很了不起，你的父亲也很了不起！"

　　林如斯激动地向宋美龄表示："我要回国效力！"

　　廖翠凤苦苦哀求挽留，无奈林如斯心意已决，早已私自联系好了工作的地方。无奈，林语堂只好安慰妻子说："你放心吧，如斯工作所在的医疗队队长是林可胜先生，他当时就保护过我们，是我的老朋友，你还有什么不放心的呢！"

美国医药助华会设在昆明。林如斯穿着护士服，忘我地工作着。伤兵很多，她日夜忙着护理伤兵，工作虽然艰苦，但她却感到很快乐。工作队里的汪凯熙医生非常照顾她，往往她一抬头，就会触碰到他正关注地看着她的眼神。林如斯瞬间脸红了。汪凯熙医师是个很爱国的年轻人，忠厚诚恳，家境也很优越。他对她的情意她是知道的，单单他看她的眼神就让她心慌意乱。不过，汪凯熙稳重有余，显得有些沉闷，而且，他一心扑在工作上，很少时间和她花前月下。林语堂夫妻俩得知汪凯熙医师的情况，非常满意。特别是廖翠凤，那是丈母娘看女婿越看越中意。夫妻俩打算等女儿和汪凯熙医师的感情再成熟一些，就为他们在美国举办订婚仪式。

此时，肩负美英援华物资任务的滇缅公路被日军切断了，这条大动脉一断，形势越发严峻。在日军侵占缅甸前，美英盟国一直漠视这条战略公路的重大作用，铁蹄下的中国在痛苦地呻吟。弱国无外交！生活在强权政治的世界里，林语堂一方面是深受国际公众崇敬的文化名人，另一方面他又是备受强权政治欺凌的弱国国民。祖国的屈辱，就是他的屈辱。目睹美英等盟国对中国的傲慢态度，林语堂愤而写下《啼笑皆非》：

"国际形势的发展，使人迷离恍惚，如在梦寐间。回想起来，一片漆黑，只记得半夜躺在床上憋闷，辗转思维，怎样攻破这铁一般的对华封锁线。半夜不寐，恍惚有人打我一记耳光，耳鸣眼昏，不省人事。在我国与日本作殊死作战时，谁打中国的耳光，就同有人伸手打我一样。"他的心在哭泣，所谓"笑"，只是无可奈何的苦笑和轻蔑愤怒的冷笑。

林语堂心里对英美亚洲政策深为不满，对中国的前途充满了忧虑。他对美国大声呼吁："不要妄信武力！弱之胜强，柔之胜刚！"可惜，美国在第二次世界大战后的所作所为，无情地打破了林语堂的幻想！绵羊幻想豺狼放下利爪，那只是做梦！

老舍看了这本书有些诧异："这本书是政论内容，但林语堂希望把它写成学术著作，可惜政治学、军事学不是他的所长，他试图从哲学和道德的角度来谈论国际政治及战争策略，内容上显得不伦不类，理论上又捉襟见肘。语堂怎么写出这样的文字来？他退步了！"

面对如潮的批评，林语堂的心刺痛了，特别是郭沫若的《啼笑皆是》给了他迎头一闷棍。长夜漫漫，他反省着自己的观点到底错在哪里。苦闷的时候林语堂喜欢到郊外去透透气。漫步在林荫树下，林语堂想，人得意时信儒教，达则兼济天下；失意时信道教，寄情山水，得失之间摇摆不定。人的信仰危机在于，经常改变信仰。想到此，他笑了笑，摇了摇头。

1943 年秋，林语堂决定再次回国到敌后多地考察。廖翠凤很是担忧："我真不明白你们父女俩怎么啦！好好的美国不待，非得回国内，国内可到处都是炮火！特别是重庆，那里是个是非之地！你忘了跑防空洞的日子了吗？"林语堂安慰她："你不明白。我这叫明知山有虎，偏身虎山行。待在美国根本无法真切了解国内的抗战事实，我回国有双重的任务，既可以把国际政治动向报告给国人，也可以把中国的抗战事实报告给国际，我希望中国能被盟国理解、接受。你放心，我会注意安全的。"

10 月 24 日，林语堂应中央大学之邀，发表了题为《论东西方文化与心理建设》的演讲，他在台上慷慨陈词："桀骜不驯与叩头谢恩，两事都行不得，都不是大国之风！妄自尊大与妄自菲薄，都不是大国之风度。最要紧的是与外人接触时，须有自尊心，不必悖慢无礼，也不必卑躬逢迎，不卑不亢，是为大国的风度。须重塑民族精神，增强国民意志，树立良好的国际形象，进而争取国际社会的支持。"台下听众有的鼓掌喝彩，有的却交头接耳窃窃私语，对林语堂在抗日战争紧要关头大谈中西文化沟通大不以为然："当务之急是打败日本，哪有闲暇考虑文化建设问题？"

郭沫若面露讽刺："有些人东方既未通，西方也不懂，只靠懂得一点洋泾浜的外国文，捡拾一些皮毛，在那里东骗骗西骗骗。"

田汉也说："林语堂原不过做做投合洋大人需要的文化贩子而已。"

林语堂被误解了，而且，这误解来自跟他一样爱国的人。林语堂感到一种无法对话的悲哀。人们对世界潮流缺乏了解，不理解他那超越于民族和党派的立场。

林语堂依旧忙碌着，或乘车或乘飞机，辗转于重庆、宝鸡、西安、成都、桂林、衡阳、长沙、韶关等地发表演说。记者争相提问，其中一个不怀好意的记者问道："请问尊敬的林先生，在共产党积极抗日的时候，您却接受了蒋介石侍从室'顾问'的头衔，不知您如何解释？您怎么这样敌我不分？"

记者等着看林语堂的笑话。

不料林语堂却理直气壮地回答："我虽然挂名蒋委员长侍从顾问，但我并没有向中央政府拿过一文钱，只是为拿护照方便一点儿而已，我问心无愧。"

国内的一切现实让林语堂心意难平。报纸上报道两个日本兵由苏州到南京一路追杀中国的溃兵，打赌谁先杀满一百人。即使在文明最原始的阶段，人类学中也找不到人类为娱乐而杀人的记录！还有各种各样骇人听闻的暴行，狂笑的士兵把婴儿抛向空中，用刺刀接住，当作一种运动；遮住眼睛的囚犯站在壕沟边，被当作杀人教育中刺刀练习的标靶。这些暴行让人义愤填膺！

在西安，林语堂遇到了沈兼士。沈兼士对林语堂说："分别几年，物是人非了。鲁迅先生去世了，我们少了一个斗士。而周作人在北平做日本御用的教育官长。中国青年被日本人关在北大沙滩大楼，夜半受酷刑号哭之声，惨不忍闻，而周作人竟然装聋作哑，视若无睹。"

林语堂感慨道："他们周家两兄弟，是两个极端。鲁迅先生极热，周作人则极冷。两人都是深懂世故。周作人太冷，所以甘作汉奸。"

林语堂四处演讲的时候，被安排到西安一家孤儿院认领几个孤儿救济。战火纷飞，很多无辜的孩子失去了父亲母亲，变成了可怜的孤儿。那天到孤儿院，一个12岁小女孩优美的舞姿吸引了林语堂的注意力。她像一只亭亭玉立的小天鹅翩翩起舞，让观众忘记了外面轰隆隆的炮火和人世间的一切烦恼。这个眉清目秀的小女孩长着一个可爱的小酒窝，始终甜甜地微笑着。一曲舞毕，她又坐到钢琴边开始弹奏，啊，是林语堂最喜欢的《蓝色多瑙河》。优美的钢琴声像潺潺的流水在林语堂耳边流淌。林语堂仿佛置身于幽静的多瑙河畔，陶醉在大自然中和大家一起翩翩起舞。抒情明朗的旋律、轻松活泼的节奏，以及和主旋律相响应的顿音，充满了欢快的情绪，使人感到春天的气息已经来到多瑙河，春天的多瑙河多么值得赞美！起伏、波浪式的旋律使林语堂幻想着在多瑙河上无忧无虑地泛舟。林语堂陶醉地闭上了眼睛。耳边响起了掌声，林语堂从幻想中清醒过来，他摸着小女孩的头问她："你叫什么名字？今年几岁啦？"

"我叫金玉华，今年 12 岁。"女孩脆生生地回答。

"钢琴一定要好好练，舞也要坚持跳，生活一定会越来越好的！"林语堂叮嘱女孩。

金玉华听话地点点头："林叔叔，我认真弹琴跳舞，以后你再来看我好吗？"她已经从刚才院长的介绍中得知眼前这位和蔼可亲的叔叔就是享誉中外、大名鼎鼎的作家林语堂先生。这是多么幸运呀！大作家竟然来观赏她的歌舞表演和钢琴演奏！

林语堂郑重地点了点头。到了院长办公室，林语堂问孤儿院院长："不知这个小女孩家庭情况怎样？"

"她父亲在战争中丧生了，家中还有母亲和哥哥。玉华在孤儿院里可以受到比较好的教育，而且能够节省开支，所以她哥哥就把她送到这里来了。"

此时林语堂心中涌起一阵冲动：他要收养玉华！他要把玉华带到美国！一个花朵般的女孩子，她应该拥有更好的前程！虽然自己拥有三个女儿，但她们都已逐渐长大，他希望有天真烂漫的儿童与他做伴，所以他决定把玉华收为养女，带她去美国。

院长听后，沉吟道："林先生有这样一番好意，我先替玉华谢谢你。不过孤儿院有规定，你可以认她为女儿，并且为她提供教育费，但不能离开孤儿院。"

林语堂道："既然她母亲还在，就先征求一下她母亲的意见吧。"

听了林语堂的建议，玉华的母亲又惊又喜，简直如在梦中。女儿竟然还能有如此造化！能够见到大作家一面已经是莫大的荣幸，如今林语堂先生要认玉华为义女，简直想都不敢想！

玉华和她的母亲在惊喜中答应了林语堂的提议。林语堂离去后，玉华的哥哥回到家中，母亲欢天喜地告诉了他林语堂先生要认妹妹为义女的消息。哪知玉华的哥哥瞬间沉下脸来："她又不是真正的孤儿，有妈妈在，有哥哥在，为什么要送给别人抚养！"这个刚成年的男孩子，刚刚找到了工作，正是可以帮妈妈挑起家中大梁的年纪，他觉得这真是一件丢脸的事！这是对他的侮辱！难道靠他的双手养不活妹妹吗？

母亲没料到儿子反应这么激烈，柔声劝慰道："林语堂先生博学多才，家庭条件好，玉华要是能够得到林语堂先生的教诲，是她上辈子修来的福气！应该珍惜呀！孤儿院的其他孩子非常羡慕玉华呀！只恨自己没有碰上像林语堂先生这样的好人！"

做哥哥的一跺脚，将桌子上林语堂送来的糖果蜜饯统统扫到地上，甩手进里屋去了。尽管做大哥的反对，玉华妈妈还是很坚持："你刚才不在家，我已经答应了林语堂先生，人要讲信用，不能出尔反尔！"

出国手续很麻烦。抗日战争结束后，林语堂费了九牛二虎之力，总算把玉华接到了美国。14岁的玉华，长得眉清目秀，又弹得一手好钢琴，博得了林语堂的欢心。她进了家门后，很有礼貌地朝廖翠凤喊了一声："妈妈！"怯生生的。廖翠凤强颜欢笑道："你到了！路上辛苦了，你先洗漱休息一下，晚饭马上就好。"

之前，丈夫说要收养女儿，廖翠凤是坚决反对的："咱们已经有了三个女儿，要收养也是收养个男孩，为什么收养个女孩？"

林语堂揽着妻子的肩膀哄她："你不知道，这个女孩子多么讨人喜欢！

长得好看，又能歌善舞，你要是看见她，保准你也会喜欢上这个孩子的！"

廖翠凤的眼泪滴了下来："早知道你这么喜欢孩子，我就不应该听你的话去结扎！要是没有结扎，我还能生育！说不定我能生个男孩子！"丈夫这样先斩后奏，廖翠凤觉得很痛苦。

回到美国休息了几天，林语堂开始着手把在国内看到的战争的暴行都写进了长篇小说《风声鹤唳》里。他要把中华民族的灾难和抗战的真相告诉全世界。战争，是人对人造的罪孽！战争摧残了百姓，制造了民族的仇恨，给人们带来巨大的痛苦与灾难。那些发动侵略战争破坏别国百姓幸福的人，是人类的死敌！这部描写男女主人公在民族解放的抗战中重获新生的长篇小说，后来被美国《纽约时报》誉为中国版的《飘》。

这天，林语堂完成了当天的写作任务，一家人开始吃饭。玉华夹起一块肉放进嘴里，却哇啦啦吐了出来。只见她脸色苍白，用手捂着胸口，一脸痛苦的模样。家里的人都吓坏了，林相如赶紧跑过去帮忙抚着义妹的胸口。廖翠凤倒了一杯水给玉华："怎么啦？是路上劳累吗？""不错，从中国到美国坐船非常辛苦，当年廖翠凤新婚后出国坐船，也是吐得稀里哗啦的。"

玉华摇了摇头。廖翠凤觉得奇怪，是饭菜不合口味吗？别的不敢说，她的炒菜水平是众人公认的，在外名字响当当的，语堂的朋友个个馋着想来家里吃她做的菜。这到底是怎么啦？

林语堂道："如果吃不下，就先回卧室休息一下吧。明天我带你到医院检查一下，也许是水土不服的缘故。"

廖翠凤把玉华扶到卧室躺下，帮她掖好被子，对玉华道："你要是半夜饿了，喊我一下，我起来给你做吃的。"

玉华感激地点了点头。

第二天到了医院，听林语堂诉说了情形，医生见玉华脸色苍白，帮她听了听心脏，开了一张单子："先去做一下心电图吧！"

检查结果出来了：玉华患有先天风湿性心脏病！这是一种难以医治的

疾病，恐怕寿命不长！

全家人都吓了一跳。拿了药回到家里，玉华吃了廖翠凤做的一碗面线，然后吃了药又昏昏睡了。

下午，林语堂正要写一篇政论文章，妻子推门进来，问他："我要出去买些肉松。你觉得肉松好呢还是肉酥好？肉酥比较容易消化，但肉松更香一些。还有鱼松，要不要？牛肉干呢？牛肉粒呢？牛肉配酒很好，有辣的和不辣的，你要哪一样？每样要几斤？多买几斤吧！小孩子爱吃，送朋友也好。"林语堂哭笑不得，他知道，在妻子心目中，买肉松的事比他的文章重要多了。也许妻子是对的，文章可以晚些时候再写，下午不买肉松的话，晚上孩子们就没菜下饭了。因此，他耐心地听完妻子的话："那就每样都买一些吧！"

买完肉松回来，廖翠凤对丈夫说："玉华这孩子这个病，谁也说不准。万一有个好歹，人家还以为我们虐待了孩子，到时还不找我们拼命！我一路上想来想去，还是赶紧把她送回去吧！"

林语堂皱起眉头："她才来多久？就这样把她送回去，面子上多难看啊！"林语堂的心很疼。这孩子，真是命运多舛，看她小脸苍白，原以为是营养不足，只需多吃点牛肉就可以好起来，之前他乐观地以为凭妻子的厨艺，一年以后玉华保准迎风就长，哪知她竟然患有先天性心脏病！

廖翠凤不容置疑："别的事我都听你的，但这次我一定要做一回主！现在送回去虽然面子上难看，但总比万一哪天玉华心脏病发作她母亲与大哥来找我们拼命强！"

林语堂明知妻子说得有理，可是他的心里好难过。他希望玉华能过上好日子，哪知自己竟然这样无能为力！

妻子打通了越洋电话，帮玉华买了回国的船票。

动身的那天，玉华抱了抱林语堂："爸爸，我回去了，你要好好保重身体！我会给你写信的！"玉华哭了。林语堂也潸然泪下。多么乖巧的孩子呀！

她一句怨言也没有，还让他好好保重身体！

金玉华站在回国的船只上，任由海风拍打着她的衣裳，她的眼里噙满了泪水——为什么自己的命运就像这海水一样浮浮沉沉？才短短几个月，发生的一切就像一个梦。她就这样又回到了国内母亲和哥哥身边，成年后结了婚，40岁去世。

玉华被迫离开，对林语堂来说是一个沉重的打击。但他的伤心没有办法对人讲，他不敢在夫人面前表露出来，怕夫人伤心。在他心灵深处，藏着几个伤痕，他毕生不能忘怀。

廖翠凤知道丈夫伤心难过，但没办法呀，万一玉华出了什么事，她负不起这个责任。看见丈夫伤心，廖翠凤也难过得哭了。

（五）多年友谊的破产

每当林语堂写作写得手指发麻、腰酸背痛的时候，他就想，要是能有一种便捷的、操作简单的中文打字机该有多好！市面上的打字机大部分是英文的，中文打字机极为烦琐，需要大盘大盘的铅字，林语堂最近迷上了发明中文打字机。他乐观地相信自己会成功。要是研制成功了，可以造福千千万万中文写作者，这将是他送给千千万万同胞的一份大礼！而且自己也可以申请专利，也算一笔不小的收入。他写作了半辈子，一方面是基于对文学的爱好，心中有感而发，写作带给他很大的快乐，但他的写作有一部分是胸中有块垒非写不可，另一部分却是为了挣稿费。他没有固定的工作，没有养老金，手停口停，时常处于危机感之中。要是打字机能够申请专利，那基本上可以一劳永逸地解决他和廖翠凤的养老问题。从此，他再也不需要为稿费而写作了，只需要我手写我心，写自己喜欢的文字就可以，从此，他可以实现一个文人最大的自由。

发明打字机另一个重要的原因是，林语堂对机械有着浓厚的兴趣。小时候，他负责从水井里打水灌满水缸，既辛苦又劳累。因厨房与水井只有一墙之隔，林语堂自从学会虹吸原理之后，就梦想着设计一个自动抽水的装置，能直接把水井里的水引进厨房的水缸里。让他兴奋的是，经过他的研究设计，他竟然成功了！后来，林语堂在中学物理课上看见了一幅活塞引擎图，他产生了浓厚的兴趣，立志当一名物理教员。青年时代，在参观海军装备时，他又对轮船上的蒸汽机着了迷。那艘雄伟的军舰一直深深地刻在他的脑海里。早在1929年时他就写过一篇《机械与精神》的文章，谈到西方的机器文明是西方人精益求精的精神产物。西方人具有勇于改进的精神，于是物质上不断发达，而中国人一味保存东方"精神文明"，即使把《大学》《中庸》念得熟烂了，汽车还是造不出来，除了买西洋汽车没有办法。若不痛改前非发愤自强去学一点能深化出物质文明的西洋人精神，将来的世界恐怕还是掌握在机器文明的洋鬼子手中。今日的中国，必有物质文明，然后才能顾及精神文明。中国必须向西方学习，只有洗心革面，彻底欢迎西方的物质文明，才不会继续老态龙钟下去。

初入圣约翰大学时，他注册文科而不入理科，完全是一种偶然。他说过："如果等我到了50岁那一年，我忽然投入美国麻省工学院当学生，也不足为奇。"果然，到了50岁这年，他虽然没有成为工学院的大学生，却专心研制起中文打字机了——不到黄河心不死！早在1916年，他就深深着迷于中文打字机及中文检字问题。后来，他在上海买了《机械手册》，进行自学。他把各种型号的外文打字机买来，想从外文打字机的结构中得到灵感，从而制造一台方便的中文打字机。他这样做并非蛮干，而是相信自己有这个能力，因为自1921年他留学归国在大学执教后，着重于语言学的教学与研究，对汉字的音韵和笔画都有自己的心得，初步形成了一种上下形检字法，这是一个很重要的基础。

一台初级打字机他拆了又装装了又拆，到处摆放着拆散的打字机零件，"有不为斋"简直变成了打字机修理厂，廖翠凤进来的时候都要小心翼翼，唯恐不小心碰到或踩坏了什么重要的零件。

经过多年断断续续的研究，林语堂发明了"上下形检字法"，取字的左边最高笔形及右边最低笔形为原则。放弃笔顺，只看几何学的高低。根据这个"上下形检字法"，他发明了在键盘上用窗格显示首末笔的办法。他为自己的奇思妙想而得意——真是了不起的发明创造！

廖翠凤责怪丈夫为了发明中文打字机把老婆女儿全忘了，眼里只有打字机的零件。林语堂振振有词："一点痴性，人人都有，或痴于一个女人，或痴于太空学，或痴于钓鱼。痴表示对一件事的专一，痴使人废寝忘食。人必有痴，而后有成。你就等着你的丈夫有所成吧！"

此时林语堂已在国外出版了七八本畅销书，累积了十几万美元的财产，他认为在经济上已具备了研制中文打字机的财力，所以他不打算求助什么基金会的资助，否则以他在美国的声望，如果提出一项有关中文打字机的发明计划，是会得到某些基金会的资助的。林语堂几乎走火入魔了，他竟然忘记了一件很重要的事情，他没有认真地估计成本，也没有设想一下可能遇到的各种问题，只是每天清晨起床，坐在书房的皮椅子上，抽着烟斗沉思，画图，排字，把键盘改了又改，仿佛着了魔似的，连写作都暂时搁浅了。

眼见林语堂的书如此畅销，其他出版社蠢蠢欲动，纷纷派代表前来鼓动林语堂与他们签约。这天门铃响了，是一个金发碧眼的中年男子。中年男子掏出名片自我介绍道："Mr 林，我是希尔顿公司的经理。"来者都是客，林语堂将琼斯让进客厅。琼斯落座后单刀直入："尊敬的 Mr 林，我想跟您约一部长篇小说。我保证，我们公司付给您的版税一定高出于约翰·黛公司。"

林语堂抽了一口烟，吐出一阵烟雾："琼斯先生，谢谢您的好意。但是您忘记了，我和赛珍珠女士有着将近二十年的友谊。正因为有了赛女士的邀请，才会有《吾国与吾民》的问世。我的成功和赛珍珠女士是分不开的。

她亲自为《吾国与吾民》撰写序言，并给予极高的评价。实际上她用自己诺贝尔文学奖得主的声誉为我作了信用担保。有了她的锦上添花，《吾国与吾民》才会畅销。没有赛女士的扶植，就没有我的今天。而且，我刚到美国时，我就住在赛女士宾州的住宅里，才会有后来《生活的艺术》《京华烟云》等作品的诞生。你说，我会背叛这样一个忠诚可靠的朋友吗？再说了，我最近正在发明中文打字机，暂时停止了写作。"

琼斯试图再努力劝说林语堂，不料林语堂竟然下了逐客令："尊敬的琼斯先生，我今天还另有要事，恕不能奉陪了！"

话已至此，琼斯只好起身讪讪而去。

想到琼斯的拉拢，林语堂微笑着摇摇头。赛珍珠是林语堂在美国关系最为密切的朋友。为了推广林语堂的著作，赛珍珠在"全美图书展览会"上特意举办了一个"林语堂比赛"，从此，大部分美国人才记住了"林语堂"这个中国人的名字。林语堂是不会背弃赛珍珠的。

《京华烟云》出版后，赛珍珠推荐林语堂为诺贝尔文学奖候选人，可惜正值欧战，诺奖停办。他们都欣赏对方的才华，珍惜与对方的友谊，不过，他们的政见慢慢地变得不同，赛珍珠在她的《龙种》一书中暗示中国前途在西北，而林语堂在《枕戈待旦》中却把希望寄托在重庆。关于政见的不同，也许哪天应该找赛女士好好谈一谈。

不一会儿，门铃又响了，林语堂半打开门，看见门外又站着一位金发碧眼的美国人。林语堂问："先生，您有事吗？"

青年男子道："林先生，我想跟您谈谈您的版权合作问题。"

林语堂一口谢绝："不好意思，我的版权全部卖给约翰·黛公司了。"

青年男子急切道："我能进去跟您详谈吗？"

"对不起，我没有时间。"林语堂把门关上了。走进书房之前，他叮嘱廖翠凤："以后凡是来谈版权、版税的人一概谢绝。"廖翠凤连忙点点头。

林语堂为人简单，他跟约翰·黛公司合作近二十年了，一切都轻车熟路，每次签合同时都是赛珍珠拟好后他稍微看一下就签了，他从没有想过要改弦易辙。现如今他在中文打字机上投入了七万多美金，倾注了大量的心血，不能半途而废。

廖翠凤忧心忡忡："你这样会把咱们的积蓄花光的，到时我们要怎么生活？"她一想起新婚时在美国过的拮据的日子就不寒而栗。这几年好不容易过上了宽裕的日子，她可不想再过那种痛苦的生活。

林语堂目光炯炯："你要对你的丈夫有信心！要是成功了，申请了专利，那我们下半辈子就衣食无忧了！"

不料，中文打字机的发明难度超出了林语堂的想象。一切从零开始，林语堂现在做的是一件"无中生有"的活儿。样机的零件都需要人工制造，在高度机械化的美国工业社会，手工制造的费用特别昂贵。但已经开了头，开弓没有回头箭，既然已投入大量的精力和财力，就不得不硬着头皮继续再投资，否则前面的投资就会打水漂。付出的时间和人力也是无法计算的，他亲自到唐人街请人排字铸模，终于在纽约郊外找到一家极小的机器工厂制造零件，并且请到了一位意大利籍的工程师协助解决机械方面的问题。林太乙此时在哥伦比亚大学选修课程，没课时经常陪父亲到工厂监督工作。越接近成功，碰到的难题越多，经济支出也越大。这架打字机像一个永远填不满的无底洞，一声不响地吞噬了林语堂的十万美元。

廖翠凤一天问十几次："你的打字机到底什么时候成功？实在不行就算了吧！"

林语堂道："要是所有的发明创造都那么容易成功，那么全世界的人都是发明家了！什么叫实在不行就算了吧？你见过你丈夫有实在不行的时候吗？"他就像一只一千瓦亮的灯泡，有着超人的精神，超人的创造力，灿烂得令人炫目。

廖翠凤叫起来："可是家里连买菜的钱都没有了！"丈夫某些方面很随和，但对某些事却固执得要命，实在让她气恼。

眼看父母亲就要吵起来，林太乙怯生生地问："爸爸，你要是弄个纸型键盘，不就可以向人推销吗？"

　　林语堂一愣，坚决地摇了摇头："纸型键盘只是理论，跟实际打字又是两码事。模型一定要真实，可以真正打字，这样才有说服力！"

　　妻子的话在耳边回响，林语堂觉得自己应该去向赛珍珠的丈夫华尔希预支一些稿酬。自己为约翰·黛公司立下了汗马功劳，华尔希应该会预支给他几万美元的稿酬吧！赛珍珠夫妇俩与他有将近二十年的交情，而且又住得近，找他们借钱最合适。

　　林语堂再一次来到了赛珍珠家里。他是这里的常客，对这里的任何一个家具包括一草一木都清清楚楚。来的路上，林语堂还在盘算着借来的钱要留多少作为改进打字机之用。家庭开销能省则省吧！

　　一旦要开口借钱，林语堂有些吞吞吐吐了。借钱是天底下最丧失颜面的事情，不到万不得已，他绝不开口借钱以至于遭人耻笑。1939年他存在国内银行的三张长期存单由于抗战后物价飞涨简直成了一堆废纸，实在是造化弄人哪！没想到今天竟落到向朋友借钱的地步。不过，赛珍珠是他的老朋友，应该不会耻笑他。

　　听他说明了自己的经济现状后，赛珍珠惊呼道："我的老朋友，你怎么可以把所有的积蓄都投在明快打字机上呢？现在中国战火纷飞，即使明快打字机发明成功了，也没有哪家公司会草率投产，你真是不明智啊！"在赛珍珠看来，在这个时节发明中文打字机简直是异想天开，根本不知道猴年马月才能成功盈利。任何一个精明的美国人是绝不会白白把钱扔进水里的。

　　林语堂窘迫地挠了挠头。他决定不再兜圈子了，直接开门见山："我想跟您借一万美元。"

　　"一万美元？"赛珍珠再次惊呼起来。

　　林语堂的心一沉。赛珍珠的反应出乎他的意料。在他想象中，赛珍珠会一边同情地说着"我可怜的朋友"一边快速从保险箱里取出一万美元毫不犹豫地交到他手里。怎么会这样?

这时,赛珍珠的丈夫华尔希开口了:"Mr林,真对不起,最近公司资金有点周转不灵。抱歉啊!"说着习惯性地耸了耸肩。

林语堂简直难以置信,犹如当头棒击,他把目光转向赛珍珠。只听这位多年的老朋友道:"真对不起,手头确实没有多余的资金可以借给您。帮不上您的忙,实在抱歉!"林语堂只觉血往上涌,他不再多费唇舌:"既然如此,那我告辞了。"他跟跟跄跄离开了这个熟悉的客厅。遥想当年他在美国留学捉襟见肘之时,老友胡适毅然决然寄给了他两千美金,而且做好事不留名。对比赛珍珠,中国朋友与西洋朋友的差别何其大也!原以为中西互补,全世界的人性都是相通的,哪知西洋人的价值观与中国人如此迥然不同!

碰了这么大一个钉子,林语堂愤愤不平。资金周转不灵?骗鬼去吧!《大地》已为赛珍珠带来了四十万美元的版税,加上自己这么多年来约翰·黛公司创造的利润,赛珍珠夫妇囊中绝对肥得流油。再看看他们夫妇俩的别墅跟生活水平,哈哈,如果赛珍珠没钱,那全世界都是穷人了!他们如果要利息就明说好了,他林语堂一样会照付的,赛珍珠夫妻俩何以这样无情?连个借贷的机会都不给,难道怕他还不起钱?还是怕他赖账?或者怕他太长时间不还账又不好意思向他催讨?林语堂越想越气愤,又盘算着如果到银行借贷,手续极为烦琐,还得找人担保,想起来就头大。

回到家后怎么跟妻子交代呢?妻子正热切盼着他拿钱回去呢!一分钱都没借到,真是难以启齿,这是他作为一个男人的严重失败!他不敢直接回家面对妻子,在公园呆坐了一个小时才回到家里。霓虹闪烁,可他的内心分外凄凉。当他带着一身露水回到家中时,意外地发现客厅里坐着希尔顿公司的琼斯经理。

廖翠凤埋怨道:"你怎么这时才回来?琼斯先生等了你一个晚上了。"

一边又小声解释道："你别生气，现在家里不是缺钱吗，我就把琼斯先生留下来了，说不定能带给我们额外的版税。"

琼斯看见林语堂赶紧站起来身来："尊敬的 Mr 林，我又来打扰您了，恳请您不要赶我走，给我几分钟宝贵的时间。"

林语堂刚在赛珍珠那里碰了壁，这琼斯来得正是时候，他怎会把琼斯赶走？他和颜悦色道："请坐。"

琼斯恭恭敬敬坐了下来："林先生，您是个重感情的人，我敬佩您。上次您说跟赛珍珠女士是好朋友，所以不会把版权卖给我们公司。可是，您把赛女士当朋友，人家却没有把您当朋友呀！"

"何以见得？"林语堂有些惊讶，自己去赛珍珠家借钱被拒绝，这是刚刚发生的事情，只有他和赛珍珠夫妇俩知道，琼斯怎么会知道？难道赛珍珠夫妇把他借钱的事迫不及待当作笑话到处宣传？不至于吧！一想到这，林语堂愤怒得血往上涌。

不料琼斯先生的话更让林语堂大吃一惊："林先生，经我们多方打探，我们才知道，您每出版一本书，约翰·黛公司都从中提取了 50% 的版税！"

"真的吗？你是不是以小人之心度君子之腹？赛珍珠是我的老朋友，她不会这样做的！"林语堂大吃一惊，他知道，在美国出书，一般来说，出版社都只提取 10% 的版税。如果琼斯所说属实，那赛珍珠这个人就太可怕了！这算什么朋友！

琼斯微笑着把自己苦心收集的证据放到林语堂面前。

林语堂瞪圆了双眼。如此巨大的经济损失，他竟然在吃亏了十九年后才如梦初醒，真是傻到家啦！傻到被人卖了还帮人数钱！林语堂感到了人生的幻灭。

林语堂愤怒了，没错，他是一个忠厚的人，但他不是一个笨蛋。他坚决请律师帮他收回在约翰·黛公司所有作品的版权。赛珍珠接到了律师函，赶紧请人从中斡旋，愤怒的林语堂一丝商量的余地都没有。赛珍珠惊呼道：

"天啊，我的老朋友怎么了，他是疯了吗？"

漫长的官司就像没完没了的梅雨季节，不知何时结束，不知何时才能等到结果。林语堂的心情就像雨天里的霉菌那样烂透了。幸亏做古董生意的好友卢芹斋借给林语堂一大笔钱，他又向银行贷款，这架备字七千个的中文打字机原型才没有胎死腹中。

打字机终于艰难问世了！这是林语堂全家难忘的一天。上午11时，林语堂夫妇和二女儿林太乙从工厂把打字机取回家中，就像从医院抱回初生的婴儿。这个难产的婴儿越看越可爱，它耗费了他十二万美元和多年的心血……林语堂随便捡起一张报纸让二女儿试机，不管字打得快慢，能打出字来，就是成功。林太乙开始在键盘上敲打，林语堂屏住呼吸，廖翠凤则眼睛一眨不眨地盯着女儿的手指。字打出来了！虽然打起字来声音很大，有时也会跳行，但发明总算成功了！每个字只按三键，每分钟可打五十字，不需要经过复杂训练，任何人在获得指导后都可以进行操作。林语堂欢呼起来！

这架打字机的诞生，在汉字世界里，是一项革命性的创举！

外面正下着倾盆大雨。林语堂把打字机小心翼翼地装在一个木箱里，木箱外面再包上油布，兴冲冲叫了一辆出租汽车赶到雷明顿打字机公司在曼哈顿的办事处，因为雷明顿公司正在等着观看这架打字机的示范表演。如果表演成功，该公司将投入生产。大家都在盼望着这架打字机产生奇迹！林语堂仿佛看见漫天的美钞正向他翩翩飞来。

公司十几位西装革履的职员正襟危坐在长方形的会客厅里。打字机放在客厅中央的桌子上，林太乙端坐在打字机前面。林语堂简单地介绍了这项发明的重要意义，阐明了打字机的操作原理，然后信心满满地指示女儿开始做示范操作。客厅里一片肃静，每个人都以审视的目光注视着林太乙的一举一动。"咔嚓"一声，林太乙按了键，可是打字机竟悄无声息；再按一键，还是没有反应，又按键，打字机像死去了一般岿然不动！会客厅里悄然无声，林语堂蓦地变了脸色。头一天晚上在家里试打的时候还好好的，怎么偏偏在这节骨眼上出了毛病！他的心像掉进了冰窖。林太乙更是脸色大变，紧张尴尬得不得了，口都干了，一阵手忙脚乱的操作，打字机还是不听使唤，纹丝不动。专家们开始窃窃私语：这个林语堂，也许是个疯癫的发明家和幻想家？林语堂感到情况不妙，他赶紧走到打字机旁，亲自试打。会客厅里静悄悄的，只有林语堂的操作声……经过几分钟的摆弄，林语堂确定打字机是坏掉了。汗水源源不断地从林语堂额头上淌了下来——老天爷在戏弄他！林语堂尴尬地向大家鞠躬："对不起，在家里试验了好多遍，可能是淋了雨打字机出了故障，我一定把它检修好。浪费大家的宝贵时间，让大家失望了！"

回家的路上，廖翠凤和林太乙都吓得不敢说话。大雨打在出租车的车窗上，林语堂沉默地望着窗外，他的心翻滚着——明天的记者招待会要不要取消呢？原先是想把今天在雷明顿公司示范表演的消息及时通报给新闻媒介以期一炮打响，可是现在第一次公开试机失败了，明天难道把这出师不利的消息告诉新闻界？如果取消原来的议程吧，也总得向人家解释清楚原因……当务之急是设法排除打字机的故障！这样一切问题就会迎刃而解。

回到家里，林语堂急忙给那位意大利工程师打电话。工程师赶来了，察看了几分钟，发现有颗螺丝松动了，他用一把螺丝刀把螺丝重新拧紧，试打了一下，打字机又打出字来了！林语堂长长舒了一口气，一颗悬着的心总算放下了，原来只是小毛病而已。造化弄人啊！肯定是车上颠簸螺丝才松动的，可惜给雷明顿公司留下的印象已经无法挽回了，关键时刻掉链子！现在只能靠记者招待会尽力挽回中文打字机留给雷明顿公司的糟糕印象了！

第二天如期召开了记者招待会。林语堂骄傲地指着打字机对记者说："这架明快打字机是我送给中国人的礼物！"各大报刊以显著版面刊登了林语堂发明中文打字机的消息。林语堂把自己的住宅向公众连续开放三天，前来观看和试验他新发明的人络绎不绝。一大拨客人蜂拥而来，林太乙自豪地为客人表演打字。因为对父亲的发明略有帮助，她内心骄傲极了，觉得这部打字机就像她身上一小部分似的。

这时，邮差送来了一封信。林语堂拆开一看，原来是中国驻联合国军事代表团团长何应钦参观了中文打字机之后来的函："明快打字机是第一部无须记得字位或字码，甚至无须看键盘即可打字的打字机。只凭这个键盘，明快打字机已经比其他所有中文打字机高明。本人诚挚向所有用汉字书写的人推荐。"林语堂顿时眉飞色舞，连何应钦都肯定他的发明，成功指日可待！

正当鲜花、贺电、贺信和参观人群像潮水般地涌向林宅时，林语堂又接到了一封意想不到的挂号信，原以为又是一张贺信，没想到竟是那个意大利籍工程师写来的："林先生，明快打字机是我制作发明的，你篡夺了我的发明，你将很快接到我的律师函。"林语堂冷笑起来："连一个中文字都不认识，如何能发明中文打字机！可笑，可笑！天下好利之徒如此多也！这个无耻之徒在报纸上看到明快打字机的轰动效应，还以为可以赚多少钱呢！"

这封信真是太意外了！实在令人恼火！林语堂只好找律师来应付这个工程师。这个汤姆，只知其一，不知其二啊。林语堂真希望明快打字机像汤姆认为的那样有利可图，可事实是残酷的：虽然样机已研制成功，但必须生产销售才能获利。林语堂虽想方设法与多家公司联系，电话机都打得发烫了，但由于中国燃起了内战的烽火，精明的商人们没有一个愿意对一项销售市场不稳定的商品大量投产。所以，竟没有一个资本家愿意接受这项新发明。负债累累的林语堂失望至极，在客厅里来回踱步，抽着烟盒里最后一支烟。他曾经预计过发明打字机的风险，但他太乐观了，没想到有朝一日会落到如此糟糕窘迫的地步！回想这几年他每天起早贪黑，忙得忘了吃饭，忘了喝水，忘了夫人的生日，不停地计算，不停地计算……辛苦了如此之久却坠入了命运的深渊。更可悲的是，外面报纸上还有人说他因为发明中文打字机大大发了一笔横财！

廖翠凤没想到小家庭又一次落入了负债累累的田地！在林语堂《生活的艺术》畅销之时，他的版税丰厚。巅峰时期供养着老丈人家十几口人。世道艰难，老丈人的钱庄破产了，大舅子不学无术，林语堂时常拿钱接济岳丈家。廖翠凤自豪了很长一段时间，当初要嫁给林语堂时，母亲曾经忧心忡忡提醒过她："林语堂是个穷小子！"廖翠凤想都没想就回答道："穷有什么要紧！他那么有才华！我相信他的前途一片光明！"事实证明自己的眼光是对的。廖翠凤拿钱回家时，感觉特别扬眉吐气。她庆幸自己的眼光。哪想到命运再一次捉弄了她！

廖翠凤越想越伤心，每次伤心时就忍不住流泪。家里的气氛前所未有的沉闷，爱说爱笑的廖翠凤脸上的笑容消失不见了。结婚二十多年，廖翠凤总是与丈夫同甘共苦，在打字机制造过程中，她眼看多年的积蓄逐渐减少，以致借债，心中焦虑万分。但她还是心怀侥幸，把希望寄托在丈夫发明成功后所得到的补偿上。现在希望破灭了，她怎能不伤心呢！长期以来，她精打细算，苦苦支撑。房租，水电，伙食费、人情世故等，一分都不能拖欠。口袋空空，到了菜市场上鱼摊买鱼，赊账的话真的说不出口。她涨红了脸："老板，我今天忘了带钱，明天再给你吧！"

老板痛快地答应了："行！你先把鱼拿去吧！"

第二天，廖翠凤见了那鱼摊绕道走。又过了几天，鱼摊老板喊住了廖翠凤："林夫人，上次的鱼钱你还没给呢！"

廖翠凤结巴起来："最近手头紧，能否宽限几天？"

"手头紧？"老板不相信地大叫起来，"大名鼎鼎的林夫人会没有钱买菜？听说林语堂先生的打字机发了大财！林夫人，你这样就不对了吧，我们小本生意的，赚钱不容易，做人要厚道……"外面谣言满天飞。廖翠凤无奈，只好将口袋里准备买肉的钱给了老板。谁知道她每天因为欠债而终日以泪洗面呢！老板不高兴地收下了，翻了一个白眼。廖翠凤提着空空的菜篮子，一路哭回了家。即使在这样艰难的情况下，廖翠凤也坚持不在外人面前诉说丈夫的不是，她从没有当面骂自己丈夫的坏习惯。一直以来，他们夫妻都是患难以共，廖翠凤从来不会在困难面前袖手旁观冷言冷语讥讽丈夫。

哎，妻子从前的笑容是那么甜美，林语堂真希望妻子能继续开怀大笑，他不想看见廖翠凤忧心忡忡的样子，不想看见她的眼泪。哦，凤啊，请你原谅我！原谅我的任性！他捏捏妻子的鼻子，夸妻子的鼻子好看："只要有你这根逢凶化吉的鼻子在，你怕什么？你丈夫一定会东山再起的！"但平时很管用的这一招此时似乎失灵了，廖翠凤依旧愁眉不展。

林语堂很痛苦，但他不后悔。因为发明中文打字机过程中所遇到的困难，是奋斗者在前进途中的挫折。智慧对于人的作用，就是要竭尽全力地达到自己所企望的目标。林语堂默默吞噬着破产的苦果，反思着当初的莽撞。上帝给了他教训：雄心是生活的动力，也是一切灾难的渊源。现在，他简直是陷入命运的黑洞里了。这时他想起了父亲在他小时候常常告诉他的话，说他曾亲眼看见多少贫穷之家兴盛起来，多少富贵之家衰亡下去，最重要的事就是不要全部依靠着金钱，人应当享受财富，也要随时准备失去财富时应当怎样过日子。

人总是要活下去的。林语堂打起精神来，准备了几万字材料和数十幅图表，锲而不舍地向美国专利局申报专利。后来总算有一家默根索拉排字机公司与林语堂签订了合同，他们准备着手研究制造打字机的可能性，为期两年，每六个月付给林语堂五千美元，林语堂总共得到了二万五千美元。投入了十几万美元，只收回个零头。但林语堂总算完成了自己的一个心愿，否则，他这辈子会永远带着这个遗憾，心有不甘。

经济破产给生活带来极大的威胁，林语堂必须马上工作挣钱。东方不亮西方亮，陈源打电话告知他："语堂兄，我想提名你担任联合国教科文组织美术文学组主任一职，不知你愿不愿意？"

"当然愿意了！太好了，你真是个好人！"林语堂宛若抓住救命稻草，马上申请离开美国到法国。林语堂既感激又意外，20世纪30年代他和陈源打过笔仗，没想到陈源不计前嫌。

还有两天就要启程了，美好的明天在招手，终于否极泰来可以脱离困境了。突然，一张美国税务局的催款单飞到了林语堂面前："林语堂先生，请您缴清积欠的个人所得税三万美元！""我的天呀！开什么国际玩笑！"林语堂拍着额头大叫。现在让他拿出三百美元都有困难，更不要说三万美元！若不能缴清欠款，就不能离开美国，只能坐以待毙。林语堂心里打了个寒战，不敢再往下想。

就在一筹莫展的时候，古董商卢芹斋先生再次像天使般从天而降。他是林语堂的朋友，给林语堂送来了一张一万元支票。林语堂非常感激，心里涌起一股热流："卢先生，等我有了版税，一定连本带利归还！"林语堂瞬间快活起来，难题迎刃而解了，最重要的是，妻子破涕为笑了，他总算在妻子面前维持了做男人的尊严。他真感激他的朋友，总是能够帮他从困境中解救出来。记得刚结婚时出国留学没有学费，是老朋友胡适慷慨解囊分两次共寄两千元支票给他。这些都是他没齿难忘的。这个世界要是没有了朋友，那该是多么的灰暗！

还差两万美元，林语堂只好向银行贷款。他的房子是租来的，无权抵押。那个金发碧眼的银行职员看了林语堂的申请表，狐疑地问道："先生，您要贷款两万元，您拿什么来抵押呢？"

林语堂指了指自己的大脑袋："我拿我的大脑做抵押。这大脑里面装着无数将要诞生的杰作。"

职员大笑起来："先生，我相信您的大脑里面装着无数将要诞生的杰作，但是，我们看不见。我们要的是看得见的东西。"美国人既有浪漫的一面，又有务实的一面，这个银行职员颇有耐性，启发林语堂道："先生，您要是没有实业，可以请你有房产的朋友当担保人。"

林语堂请一位朋友做担保，才拿到了贷款。

积欠的个人所得税终于缴清了。林语堂带着希望前往联合国教科文组织，准备担任艺术与文学组主任一职。可惜，新的烦恼马上来了。天天要准时上班下班，整天忙于开会写备忘录，林语堂非常不习惯，疲惫不堪，异常烦躁。如果继续这样下去，所有的写作灵感都会被扼杀，最终沦为一架赚钱的工具。

经过深思熟虑，林语堂辞职了。廖翠凤很担心："堂啊，你忍受一下吧。要是没有了固定收入，又欠着外债，我们要怎么生活？"

林语堂安慰她："放心，有我一口饭吃，肯定也有你一口饭吃。"

他发现，自己除了年轻时的几年教学生涯外，后来没有哪样工作能干满半年以上——当老师除了上课，其他时间是相对自由的。他天生不习惯于秩序，还是写作最适合他——可以在夜深人静时奋笔疾书，次日再睡到日上三竿。他为自己的缺乏耐心感到羞愧，然而，他确实太爱自由的生活了。

（六）近情之人：苏东坡的知己

虽然没有了固定饭碗，但林语堂的写作一直很顺利。随着时间的推移，林语堂国际声誉也在不断提高。1942 年，纽约艾迈拉大学授予林语堂荣誉文学博士学位。在潮水般的掌声中，林语堂上台接过了大红证书。回到家，林太乙惟妙惟肖地模仿校长的腔调给廖翠凤听：

"林语堂，哲学家、作家、才子，是爱国者，也是世界公民；您以深具艺术技巧的笔锋向英语世界阐释伟大中华民族的精神，获得前人未能取得的效果。您的英文极其美妙，使以英文为母语的人既羡慕钦佩又深自惭愧。我们盼祷您不断以中英文表达人类高尚的精神、标准，那是人类共同的愿望。

鉴于您的卓越成就，艾迈拉大学得颁赠予您荣誉文学博士学位，倍感荣幸。"

"妈，你是博士的夫人啦！"

廖翠凤笑着拍了林太乙一下："你是博士的女儿了！"

1946年，林语堂又被美国威斯康辛贝路艾特大学授予荣誉人文学博士学位。

林语堂成了非官方的中国大使。他卓越不凡的写作使他成了东方学者，世界文士，具有国际思想，为中华民族扬眉吐气。而此时，他的老朋友胡适先生正在华盛顿担任官方正式的驻美大使。因为胡适是美国人所熟悉的中国文化名人，七七事变不久，胡适就被中国政府任命为驻美特命全权大使。胡适上任后，积极争取美国朝野支持中国抗战。他发挥了擅长演说和善于社交的优势，到各地巡回演说，行程一万六千英里，发表演讲百余次，差不多平均每天有一次。胡适离职后，仍留在美国，而且还和林语堂同住在纽约。因为民权同盟的不愉快，两人有些疏远了，林语堂一直记得在同盟大会上胡适被开除会籍时看他的那一眼。胡适于他有恩，可是，他只能站在客观事实面前发表意见。如今时过境迁，他乡遇故知，胡适又是个慷慨大度之人，两人很快又恢复了交往。

夜深人静，林语堂扪心自问，这么多年与这么多人的恩恩怨怨，是非得失，实在令人感慨。这一辈子，有时人负他，有时他负人，这一笔糊涂账要怎么算得清？

最近，林语堂一直在研究苏东坡，准备写《苏东坡传》。也许，苏东坡是自己的前世？苏东坡的精神与林语堂特别契合。他不仅从苏东坡的著作中汲取了精神营养，还从苏东坡身上看到了自己的身影。与苏东坡相遇，其实是与第二个自己相遇。苏东坡作品中流露的是作家的本性，亦庄亦谐，真挚诚恳，完全发乎内心，字字皆从单纯的肺腑中流出。苏东坡一生载歌载舞，即使忧患来临，也是一笑置之。这种名士魅力让无数中国的读书人爱慕、倾倒，林语堂希望自己能够为这个心目中的理想人物立传。

林语堂阅读了苏东坡本人的大量史料，编写了《苏东坡年谱》，研究了《南行集》《钱塘集》《超生集》《黄楼集》《昆陵集》《兰台集》《海外集》等苏东坡诗文的早期版本，还对苏东坡的家庭和家族的情况作了考证，遇到有互相矛盾的说法时，他多方考证并加以自己的判断。他再一次庆幸自己在1936年举家迁到美国时不顾旅途的遥远和行囊的沉重，把自己认为有用和重要的参考资料、珍本全都带到了美国。

《苏东坡传》正式动笔。林语堂如今以英文写作为主，因为英文可以让西方读者更流畅地阅读。他的大多数手稿是手写的，一行行密密的英文草书写在笔记本右边的那一面，空出左边的一整面的空间，留给修改补充时用。要修改的字句，通常用深色的颜色笔涂去，然后在涂去的地方依次编上号码，在左边那一面空白的地方，按号码写上修订后的内容。他的手稿整洁、清楚，很容易排印和校对，不像其他作家那样龙飞凤舞，出版社非常喜欢这一点。

一些精彩情节翩翩而至，虽然不是字字有来历，但熔铸了林语堂对苏东坡的独特认识和理解。苏东坡一生坎坷，擅于苦中作乐，这一点是林语堂最为欣赏的。常人以为苏东坡的不规矩之处，正是林语堂所偏爱的，他要写出苏东坡性格复杂性和矛盾性。苏东坡作为一个天才的创作者，总是向朝廷耿直进言，在朝廷眼里，他永远是一个反对派。站在永久反对派的立场上，皇帝看他越来越不顺眼。而不愿扭曲天性的苏东坡，看到不平之事永远仗义执言。他一直在批判，一直在抗议，正直的人听了拍手称快，奸诈小人则恨之入骨，有无数暗箭躲在苏东坡的身后。他不谙人情世故，坦白率真，有话就说，不计后果。疾恶如仇是苏东坡最可贵的地方，却也因此而闯祸。苏东坡对弟弟子由说："我自知，经常说话不计轻重得罪人。但我感到不对时，好像吃东西发现了一只苍蝇，不把它倒出来，永远于心不安的。"

由苏东坡想到自己，林语堂很是感慨。看来天底下的笨人不只自己一个，自己干过的傻事不知有多少？从在《语丝》上发表文章声援刘和珍被北洋政府通缉，在厦大被刘树杞耍得团团转，提倡"我口写我心"被左联批判得狗血喷头……哎，自己永远学不会食肉动物的聪明！看来，苏东坡和自己一样笨，所有的文人基本上都是如此蠢笨……人生难得一知己，有时一辈子都找不到一个，只能在孤独苦闷中结束自己的一生。林语堂寻寻觅觅，终于在大宋王朝中找到了苏东坡这个知己的背影。

　　写作的时候，林语堂是一定要抽烟的。抽了烟后，他变得神清气爽精力充沛，神采奕奕，锋发韵流，胸中了无障碍，文字于笔下汩汩流淌。之前他戒过一段时间的烟，只因医生一直警告他尼古丁的危害。戒烟期间朋友来访，朋友吸着烟高谈阔论，他怅然若失又不好意思当场破戒，朋友问他任何话题，他无精打采，含糊回应。朋友回家后写信给他："你近来怎么完全不同了？完全没有了以前的犀利与爽快，谈吐竟大不如从前了。这是为何？"林语堂恍然大悟：香烟是自己的灵感之源啊！他又吸起烟来了。

　　抽完一斗烟，林语堂开始写苏东坡贬遣黄州。这一段是苏东坡的一个转折点，此时天性意气风发的苏东坡已经逐渐成熟起来，因为现实太严酷了。苏东坡陷入了非自耕不能度的困境，再度贬遣惠州，最后流放到海南岛。苏东坡流放海南岛时，下雨天时茅屋漏水，所有的水盆都用来接水了，一整个晚上都是叮叮咚咚大珠小珠落玉盘的声音，所有的地方都是潮湿的，墙角里甚至长出了一朵小蘑菇，苏东坡觉得自己整个人都快发霉了。这时候，苏东坡盼望能够有一壶好酒来暖暖身体。苏东坡美梦成真了，天亮后好友送来了美酒和牛肉，苏东坡也不客气，大声招呼侍妾朝云一同前来分享。苏东坡有一个很幸运的地方，就是他拥有一个红颜知己朝云为妾，朝云说苏东坡一肚子的不合时宜，并自愿随他到戍所惠州，她成了一个虔诚的佛教街主，把从前的歌衫舞扇抛到一旁，专心致志于佛经。可惜朝云早死，按照她的意思，葬在一座佛寺的附近。苏东坡为她写了一首凄美的词：

玉骨那愁瘴雾，冰姿自有仙风。海仙时遣探芳丛，倒挂绿毛幺凤。素面常嫌粉污，洗妆不褪唇红。高情已逐晓云空，不与梨花同梦。

苏东坡有朝云是他的幸运，林语堂则庆幸自己有贤妻廖翠凤。遥想当年的情景，那必定是一段短暂而温暖的时光：

喝下几口酒，全身暖和起来，苏东坡起身拿了一瓶药水给好友："我看这海南多瘴疠之气，我自己研制出了驱除瘴疠的药水，效果挺好。你拿去分给附近的百姓吧！"好友大喜，忙不迭接过连连称谢："你这是造福百姓，我替大家谢谢你了！"

想到这里，林语堂也觉得心里暖暖的。苏东坡真是一个温暖的人！苏东坡是近情之人，林语堂喜欢像苏东坡这样的人，可惜历史上的独裁者都是不近人情的，所以这个世界才会产生这么多的悲剧。不近人情者是最愚蠢的，不近人情的政治让人绝望，不近人情的艺术是低劣的艺术；而不近人情的生活则是动物式的生活。

《苏东坡传》写到一半，传来一个噩耗：好友郁达夫在新加坡被日本宪兵秘密杀害了！郁达夫于1938年年底赴南洋，从事海外抗日文化工作，写了大量战斗性的政论、文评和杂感，早期文学中的感伤情调和中年行事中的名士做派已经荡然如洗了。新加坡沦陷后，郁达夫在苏门答腊与日本宪兵部苦心周旋，暗中保护和营救了不少印尼群众和华侨。不料有民族败类告密，在人民欢庆抗战胜利之秋，郁达夫在离祖国千里之遥的岛国荒野上被残酷地杀害。林语堂潸然泪下。这是一个唯一支持他、鼓励他、声气相通的好友，两人天各一方却心心相通，如今痛失知己，唯有在太平洋彼岸遥祭一杯薄酒，为好友洒一掬热泪。命运实在是叵测啊！

悲痛中的林语堂三天无力动笔。他闲翻着其他人所写的苏东坡传记，再一次被苏东坡感动了。苏东坡之所以能在逆境中保持心理平衡的原因是苏东坡深通易理、洞悟生死的宗教修养，从而获得了精神上的寄托。应该以苏东坡为榜样，微笑地接受挫折所带来的后果。正如莎士比亚所说："人们在被命运眷宠的时候，勇、怯、强、弱、智、愚、贤、不肖，都看不出什么分别来；可是一旦被幸运抛弃，人生开始惊涛骇浪的时候，就好像遭遇了龙卷风，柔弱的都被卷得七零八落，唯有有毅力和操守岿然不动。"逝者已矣，愿郁达夫在天之灵安息！林语堂振作起来，继续写《苏东坡传》。

相比之下，夫人廖翠凤显脆弱多了。在因为发明"明快打字机"而负债的严峻事实面前，原先精明能干的廖翠凤竟变得有点唠叨，成天重复地说："我们没有钱了，我们欠人家钱……"也许，正是苏东坡的精神力量，使林语堂这位不走运的发明家这几年来经受住了破产的打击，在一连串的波折面前，始终保持了乐观的态度。他希望自己一生能够像苏东坡一样过得快乐，无所畏惧，像一阵清风度过了一生，顺乎本性，来去无牵挂。

孩子们都盼着父亲的书赶紧出版。她们都知道父亲的规矩，每年要出版一部作品，只要新作品问世，他就会给自己放一个月或两个月的假，带全家外出旅游，在旅游中享受大自然。在林语堂的感觉中，大自然富有神奇的声音、色彩、形状、精神和气氛。在大自然这个疗养院中，能洗涤写作带给他的疲惫，还带给他无尽的灵感。

眼见父亲一本接一本地出版著作，大女儿林如斯、二女儿林太乙都确立了写作的志向。林太乙问父亲："爸爸，你现在总共写了多少作品？"

林语堂掐指一算："几百万字应该有了吧？单单《京华烟云》就七十万字。"

大女儿林如斯正捧着《唐人街》看得入迷。小说里写了汤姆在学校遭到白种少年的欺侮，二哥对他说："你站起来打一架，他们就喜欢你。你若不打，他们就不喜欢。抬起下巴，面对世界，我就是这样。"母亲反驳："打架不好！"父亲则主张既不软弱屈服，也不打架，绕道避开。汤姆采取不失尊严也不打架的方法。时间长了，汤姆的智慧和人品赢得了同学们的尊敬。林如斯希望自己也能像父亲一样创作出栩栩如生的人物来！

林语堂成了纽约的名人，相识遍天下，知心朋友却不多。他常常去拜访胡适，两人谈笑时总是乐呵呵的，因为两人都是不可救药的乐天派。此时胡适正受国内批判，被骂得狗血喷头，说他资产阶级思想十分严重，是美国的走狗。胡适一向是乐观的人，总觉得这种局面不会长久。他觉得越批判，越能加深国人对五四思想的印象。回想那时学术平等，思想空气自由，胡适无比怀念那样的时光。他对林语堂道："批判我的思想，等于重新温习我的书，我并不难过。难过的是一些活着的朋友因我受罪受苦！有时翻看批判我的剪报，不禁想念许多朋友，终夜不能安睡。"

林语堂安慰他："你启发了当代人的思想，为当代人树立了楷模，你对发展科学、民主制度及革新的信念都是我所感佩的！你这样被连篇累牍的批判和围剿是不公正的！相信这一切都会过去！"

胡适点点头："是的，一切都会过去的！我受了十多年的骂，从来不怨恨骂我的人。有时他们骂得不中肯，我反而替他们着急。有时他们骂得过火了，反而损害自己的人格，我替他们不安。当然，如果骂我而使骂者有益，便是我间接于他有恩了，我是情愿挨骂的。"胡适微微一笑，指着满墙壁的书对林语堂说："我现在正在写《中国哲学史大纲》，哪有时间理会外人骂我什么！"

林语堂道："你一定会成功的！你也别太辛苦了，周末一起钓鱼去！"

两人相约去钓鱼了。云影倒映在碧绿的湖水中，一群群鲈鱼在嬉戏，它们时不时浮到水面，弄出些小气泡小水涡，纯粹而明净。在静谧的湖水旁，林语堂和胡适抛开俗务各执一把钓竿，谁钓着鱼谁没有钓着都无所谓，怡然自得。手拿钓竿，与湖光山色相对，烦恼尽消，野鸟乱啼，古木垂荫，顽石嶙峋，鱼虾乱跳，各有其生命，各有其境界。刹那间，恍然人世之熙熙，是是非非，都可以原谅了。人事短暂，唯有流水永恒。

人生在世，林语堂读懂苏东坡已年过半百。

（七）栽了个大跟斗：南洋大学

写完《苏东坡传》《朱门》以后，林语堂四处收集题材准备创作下一部长篇小说，却因为南洋大学事件搁浅了。半年的南洋大学工作，完全打破了他生活的平静。

应邀去南洋大学担任校长一职之前，林语堂给赛珍珠发了电报告别，虽然他们曾经对簿公堂闹得很不愉快，但毕竟他们有着多年的友谊。左等右等，林语堂没有接到赛珍珠的电话或电报，林语堂感觉很悲哀："我看穿了一个美国人！"

1954年8月，载着林语堂一家人的飞机终于降落到新加坡了，一股热风迎面扑来，到处是叫卖椰子的声音。此时他已年近六十，到了一般人要退休的年纪，但有这么一个大好机会了却他生平办大学的夙愿，他满怀热情重新披挂上阵了。林语堂眯缝起眼睛打量着这座城市。但愿这次办大学能够成功！回想起三十几年前在厦门大学国学院的经历，林语堂很是感慨。当初到了厦门大学，原本雄心勃勃要大展身手，哪知人事纷争，财权掌握在理科主任刘树杞手中，自己不得不离开厦大，败走麦城。这次他一定要吸取前车之鉴，把财权抓在自己手里。校方让让林语堂单独住一幢漂亮的花园洋房，还划拨了一辆起码与马来亚大学校长的座车同样大的轿车给林语堂使用，这样的诚意让他很是感动。

林语堂之所以来到南洋大学担任校长，也是因缘巧合。一个人跟一座城市是有缘分的。新加坡是华人人口比例最高的一个国家，华人占全国人口的75%。1953年1月16日，新加坡福建会馆召集理监事联席会议，福建会馆主席陈六使在会上分析了新、马华文教育情况及未来华人前途后，提出必须兴办一所华人大学。陈六使大声宣布："我愿意捐款五百万元，为建大学竭尽全力，甚至破产也在所不惜！"

台下响起了雷鸣般的掌声。一石激起千层浪，各大报纸拥护之声四起，许多华人社团或个人纷纷发表声明，表示全力支持。1953年2月10日，马来西亚和新加坡二百九十七个华人主要社团代表共同推举陈六使和十二个华人团体组织了筹备委员会。2月10日，筹备委员会举行首次会议，决定学校定名为"南洋大学"。这是一个刚刚诞生的婴儿，需要多方的呵护！

陈六使出任南洋大学筹备委员会主席，新加坡福建会馆带头捐出五百英亩土地作兴建南洋大学校舍之用。接着新、马各地纷纷成立了"南洋大学筹备委员会分会"筹集建校基金。整个新、马华人社团掀起了踊跃捐款的热潮，上至殷商巨贾，下至劳动阶层，多则几十万元，小则几块钱的零用钱，三轮车工人义踏，理发工人义剪，的士司机义载，文艺工作者和学生义演，小商贩义卖，集腋成裘，涓滴成海。人们争相捐献的感人场面，为海外华人办学历史所罕见！

现在当务之急的是缺少一个具体运作的校长，那么，由谁来当校长呢？这是执委会首先要考虑的问题。校长必须具有国际声望而又为南洋人士所崇仰者。这样，可供选择的人就很少了。执委会先后向胡适、梅贻琦发出邀请，都被婉言谢绝了。胡适在美国，梅贻琦在中国，他们都有熟悉、舒适的工作环境，不愿到异国他乡重新创业。试想，一所大学百废待兴，需要花费多少心血！从师资到招生方方面面举步维艰，谈何容易！

面对两位大师的拒绝，陈六使焦虑不已。群龙无首，长此下去是万万不行的。校长的人选应该尽快确定下来。历史上还没有出现过一所没有校长的大学呢！他的一个部下灵光一闪："陈主席，您觉得林语堂先生怎么样？"

陈六使眼睛一亮："林语堂！好呀！两脚踏中西文化，我怎么把他忘了？真是急糊涂了呀！"

执委会很快通过了邀请林语堂担任校长的决议，并委派连瀛洲赴美国征求林语堂的意见。与此同时，陈六使写了一封信给林语堂："假如我们现在不设法保存我们的文化，十年之后，我们就不是中国人了，望先生共襄盛举！"自 1953 年开始，陈六使一直担任南洋大学执行委员会主席，为南洋大学付出了大量心血。

1953 年 12 月，华联银行董事经理连瀛洲专程飞到纽约与林语堂商谈。林语堂郑重其事开了口："南洋大学的创建，事关重大，必须群策群力，备有充分基金及开办费，务求在师资与设备方面达到世界第一流大学之水准，才不至于误人子弟。并且要有充足的建校基金，至少要二千万坡币。大学行政由他负完全责任；大学要有极其纯正的非政治目标；大学教员享有绝对的思想自由；南大无论在精神上、物质上都应该成为第一流的大学。要实现上述目标，到 1954 年年底必须筹到三百三十万美元，到 1955 年年底也必须再筹得同样款项。"这些是林语堂经过深思熟虑的。

连瀛洲有些为难。到 1954 年年底必须筹到三百三十万美元，到 1955 年年底也必须再筹得同样款项，这个条件实在难以做到！据他所知，目前认捐的筹款一大部分尚未到账，而且似乎后续乏力。他不是主席，不敢马上答应林语堂。即使是陈主席，他一个人也不能做主，需要经过董事会同意呀！他告诉林语堂，他会把先生的这些意见转告给主席和董事会。临走之前，连瀛洲非常诚恳地对林语堂说："林先生，大学董事会是非常有诚意来邀请您的，请您好好考虑考虑。如果一时难以达到先生的要求，还请先生的条件能够降低一些。"

林语堂点点头："只要你们竭尽全力，大家目标一致，我们一定会合作愉快的。"经过与连瀛洲的多次接触，林语堂感受到了对方的诚意。他几经慎重考虑，给陈六使写了一封信，请连瀛洲代为转交。林语堂在信中一再强调办校一定要有雄厚的资金，否则办校可能中途夭折。他总感觉资金似有疑问，与连瀛洲几次面谈总有出入，而且到底能否一次性筹足资金，颇有问题。陈六使收到林语堂的信后，以董事会的名义同意了林语堂的各项要求，回信表示：

"南洋大学决不能低于马来亚大学的水准！为办好南洋大学，如有需要，愿牺牲我的全部家产。"

1954 年初，陈六使又在复信中告诉林语堂，南大建校基金已筹到四百万美元："欲募足先生面示瀛洲兄之数，谅无困难。南洋华裔慷慨好义，几千万元本非难事。必要时弟仍当继续贡其绵薄。"

南大执委会的诚意让林语堂非常感动。1954 年 5 月 3 日，他正式受聘，出任南洋大学校长。1954 年 2 月，在新加坡岛西端海滨一块五百英亩的土地上，推土机开始破土，南洋大学即将诞生。

林语堂准备到新加坡扎根了，他四处物色合适的教员，并且打算让二女儿林太乙出任校长秘书，二女婿黎明任行政秘书（相当于副校长的职权）。内举不避亲，他非常欣赏女儿女婿的才华，有他们两个助他一臂之力，相信办学会事半功倍。他知道，外面一定有人暗地里说他任人唯亲组建"林家班子"，这样见识短浅的人不必理会。他还盘算着聘请一位经验丰富、曾经建造多所大学的建筑师来设计大学的校舍，在他的想象中，南洋大学一定要建造得比北大、清华还要漂亮；制定了一个建校的经济预算；组织一套有效率的工作班子同往新加坡。

林太乙内心非常矛盾，当她吞吞吐吐告诉丈夫关于父亲的决定时，黎明叫了起来："我在联合国任翻译，这是一个非常稳定的职业，当初千辛万苦争取到的，对侨居美国的文科留学生来说，这是非常好的差事了。我怎么能草率地放弃呢？"

林太乙搂着丈夫撒娇："你就帮帮爸爸吧！爸爸很需要你。办学千头万绪，他又没有三头六臂，一团乱麻单靠他一人实在无法厘清。"

黎明思绪很乱："这么重大的事，容我好好考虑考虑。"

林太乙道："你在联合国只是一个普通的职员，可是到了南洋大学担任的是行政秘书，哪个年轻人能一步登天担任行政秘书的？"

听了林太乙的话，黎明有些心动了。然而，辞去这个金饭碗，实在需要胆量。黎明还是犹豫不决。第二天，林语堂打电话问黎明决定了没有，黎明说再考虑考虑。林语堂有点生气了："我请了那么多位教师他们都去，难道你不去？你在哥大师范学院是念教育的，最适合到大学里工作了。你堂哥林国荣都答应到南洋大学任文学院会计长了，做女婿的反而这样犹犹豫豫？"林国荣是林语堂二哥林玉霖的儿子，先前在国内银行工作，和林语堂一家一起跑过防空洞，林语堂夫妇都喜欢他，帮助他实现了留美的愿望。林国荣抱着报恩的心态，叔叔一邀请他到南洋大学工作，他马上爽快地答应了。

老丈人的一番话终于让黎明下定了决心，他毅然辞去了联合国的职位。林语堂携家带口，偕同妻子、林太乙夫妇和三女儿林相如等人乘机飞到了新加坡，受到南大执委会主席陈六使及执委会连瀛州、黄奕欢、陈锡九等以及侨众代表共二百余人的热烈欢迎。

"文章可幽默，作事须认真。"第二天，林语堂在中华总商会召开会议。以南洋大学校长的身份当众宣布了办学的两大宗旨：一、学生必学贯中西，所学能有所用；二、除文、商两学院外，设理工学院，使人人有一技之长，学以致用。还宣布大学里实行导师制。

南洋大学男女学生兼收，成了林语堂改革现代教育制度的试验田，受到了社会民众的热烈拥护。记得他在上海东吴大学教书时，他从不考试，而是以学生在课堂上的表现来打分。林语堂还亲自选拔了一个由专家、学者组成的实力雄厚的工作班子：

文学院院长熊式一
理学院院长胡博渊（前国立交通大学校长）
先修班主任黎东方
图书馆馆长严文郁
大学建筑师杨介眉

会计长林国荣

　　林语堂在心中畅想着南洋大学的未来蓝图。学生将在自由自在的校园环境里学习生活，耳濡目染，潜移默化，按照学校的标准去发展和成长，在道德、情趣、志向上得到最好的熏陶。课堂上要充满讲学谈学的氛围，而导师要担负起引导这样的氛围的使命。

　　但事情似乎有些不妙。林语堂以为南洋大学就像一张白纸等他描绘，没想到大学校舍早已破土动工，因为校董有的是建筑公司的老板，这样大的工程，岂能让肥水外流。杨介眉站在尘土漫天飞扬的挖土机边急了："林校长，南洋大学的校舍不仅早已设计了图纸，而且都破土动工了。我根本没事做，不知你请我来做什么？"林语堂的脸红一阵白一阵。自己在美国费了九牛二虎之力才请到了富有经验的建筑师杨介眉来新加坡帮他设计"第一流"的大学校舍，现在竟然无用武之地，陷入骑虎难下的局面。按照林语堂的心意，他是希望南洋大学的校舍完全由杨介眉来设计的，可是校董事会早已通过了对校舍设计的决议，他一人的力量根本不可能来改变先前的决议。

　　面对杨介眉的责备，林语堂觉得甚是窝火。如果要解聘杨介眉，那要另付一大笔违约金，实在令人烦恼。他只得安慰杨介眉："杨先生，实在抱歉，你少安毋躁，我去跟陈主席商量一下看这事究竟如何解决为好。"林语堂亲自到陈六使办公室与陈六使商量，陈六使有些惊讶："林校长，当初我们谈好的，校董事会争取筹措到建校的资金，并没有说校舍的设计由您来决定呀！"

　　林语堂当头挨了一闷棍："我看过杨介眉先生的建筑作品，都是一流的。我把他推荐给董事会，希望后面的校舍建筑都由杨先生来设计，我保证，南洋大学会变成一所像公园一样优美的大学。我们现在设计的图书馆太高，教授宿舍太密，道路不合理，这一切都要重新设计和改建。我预算了一下，要集资两千万元。"

陈六使摇摇头："很抱歉，这个数目太大了，这个难题短时间内无法解决。目前认捐款只有一千多万元，而且还没收齐，但以后我们会继续展开募捐，力争达到两千万元。校董事会决定的事没办法再更改了。因为所有的重大项目开支都要集体讨论并决定，不是我一人所能主张的。您要相信，我们所请的设计师也是一流的。"在白手起家的董事会眼里，一流大学所需要的漂亮校舍并没有那么重要，他们更看重的是经济、实用，因为他们的血汗钱都是凭借节俭和艰苦奋斗所得。他们觉得，林语堂对于建筑外观的标准显得奢侈、无理，有些过分了。

林语堂郁闷地告辞出来，心头蒙上一层浓浓的阴影。回到家里，女佣端上来几样咖喱菜，每一样菜都烂糊糊的。而林语堂性喜清淡，他皱着眉头勉强尝了一口，气得大叫起来："给我换一个厨子！"

工作上的事没一件顺心。走在校园内，看到正在建设的图书馆林语堂就觉得堵心。校董事会在他到来之前批准的关于校图书馆的设计极其糟糕，光线非常差，藏书的地方也极少，而且已经率先开工建造。木已成舟，回天无力了。林语堂痛心至极。学校图书馆是一所大学的灵魂所在！想当年他读大学的时候，在图书馆耗费了多少时光，他时常在图书馆流连忘返，甚至经常忘记了吃饭。他就像一只快乐的猴子在图书馆里快乐地穿行，可是，现在的丛林七零八落了！

林语堂接着发现，建筑地盘的契约有营私舞弊的猫腻：挖土机东挖西挖，显然用不必要的工程来增加报酬。不仅如此，他们没有事先征询工学院院长的意见就开始建造工学院大楼，工学院院长怒气冲冲来找林语堂发泄，林语堂心中对校董事会更不满了。昨天，杨介眉已经离开南洋大学了，这真是一个不吉的开头。林语堂揣着一肚子气去找校董事会理论。校董事会成员有的不在，有的打哈哈。林语堂突然悲哀地发现，他想在一帮老练的商人的眼皮底下建立一块纯净的学术飞地，简直是痴人说梦。校董事会的宗旨在于用最少的钱办最多的事，而他的想法是力求尽善尽美，多花一点钱自有它的价值所在。有时深夜林语堂扪心自问："我来南洋大学到底是对还是错？自己只是一个不懂人情世故的书生，去创办一座大学，是不是吃力不讨好呢？"

深夜里，林语堂的香烟还一亮一亮的。本来，林语堂想写几个字用以平复自己烦躁的情绪，哪知笔头竟像秃了似的，一个字也写不出来。不只是今夜写不出来，他已经一个多月未写一字了，这对于他是从来没有过的。所有的灵感似乎都被烦心事吓跑了。他懊恼地将纸团成一团扔进废纸篓里。廖翠凤道："很晚了，你怎么还不睡？"

"我睡不着。"林语堂道。

"睡不着？"廖翠凤深感诧异，丈夫从来都是一个乐天派，一沾枕头便睡着的，如今这是怎么啦？

"你先睡吧。"林语堂道。这些糟心的事，他不愿意让妻子知道，他希望在妻子面前能够维护一个做丈夫的尊严。

校舍一边在建设，筹款一边在进行。南洋华人觉得在这块英国殖民地上有一所以中文为主、发扬中华文化的大学，是所有炎黄子孙的光荣，所以筹款得到了当地华侨的普遍响应，大家有钱出钱，有力出力。穷苦华侨对南大的一片赤忱，更是令人感动。在新加坡街头，一度还出现过的士司机和三轮车工友们为南大而义务劳动的动人场面。到1954年年底，收到捐款只有一百三十万美元，而且大半来自三轮车工友、理发师、小贩、店员等新加坡的穷人，林语堂既感动又沮丧，有一种现象让他特别愤慨：与劳苦大众的热情形成鲜明对照的是，商人的捐款越来越少！

林语堂不得不又去找陈六使主席了。进了门，陈六使赶紧让女佣奉茶，林语堂勉强抑制住心中的怒气："陈主席，现在校舍建设经费已经告罄，您之前答应捐献一百七十万美元的，现在只有四十万美元到账。烦请您将剩余的一百三十万美元打进学校账户来，以作表率作用。"

陈六使道："我答应的事一定会做到的。只是，目前橡胶园资金周转困难，等手中的这批橡胶出手，我一定马上将钱打到学校账户。"

既然陈主席承诺了，林语堂只好告退。目前所筹到的款项离原先预期的三百三十万美元相差甚远。他伸长脖子等呀等呀，一个月过去了，陈六使的资金还是没有到位。林语堂已经催了三四次，连他自己都觉得厌烦了。更让他绝望的是，其他商界领袖，包括华商总会主席，认捐的款项也是迟迟不见踪影。

南大校董们对林语堂的态度越来越冷淡，每次接到林语堂的催款电话，校董们就觉得头大，后来一看到是林语堂的电话，能避开的就尽量避开。他们甚至觉得，林语堂携其家人东来，存心要汲取华侨的血汗。这个林语堂，要么是个吸血鬼，要么就是个书呆子，他一心一意想着南大，哪知校董们的生意需要打起十二万分的精神打理，稍有不慎便会满盘皆输，校董身后有一家子老老小小小，事务繁忙得焦头烂额，面对林语堂整天死缠烂打，都吓得退避三舍，仿佛看到了狗皮膏药一般。

慢慢地，谣言出来了。一些报纸说林语堂浪费大学的钱，说他是美国特务，甚至说他的英文很蹩脚……林语堂感到很痛苦。他一直拿苏东坡为自己打气，自己再苦再难，有苏东坡那么坎坷吗？

有家小报刊登了一个人的照片，并加以说明："林语堂的兄弟，是一个吸毒的承办丧葬的人。"多么恶毒的攻击！廖翠凤肺都快气炸了，眼泪扑簌簌往下掉。林语堂看到后，搂住妻子的肩膀安慰道："这人的面貌倒有点像我。"廖翠凤抽噎着擦擦眼泪，打开门准备上街买菜，忽然看到门框下一个棕色信封，原来是一封匿名信："姓林的，马上辞职，否则要你的命！！！"后面那墨水淋漓的三个大大的惊叹号看了触目惊心。廖翠凤的脸都吓白了，她跺脚骂道："意见不同可以协商呀！怎么使这么下三烂的手段！这是南洋啊，怎么倒像 20 世纪 30 年代的上海！这日子没法过了！"

为了安全，林语堂第二天手忙脚乱搬了家，廖翠凤不时左顾右盼，唯恐有歹徒跟踪。因为害怕，她整宿整宿睡不着，犹如惊弓之鸟。为了打消妻子的神经紧张，林语堂给警察局打了电话，新加坡当局派了一名便衣警察来保护他的安全，同时还把紧急呼救的电话号码抄给了林语堂。林语堂对妻子说："这下你总放心了吧！晚上你就安心睡吧，别再睁着眼睛了！"廖翠凤仍然惊吓不已："虽有紧急呼救的电话号码，可远水解不了近渴，万一真有歹徒行凶，还是防不胜防呀！"廖翠凤打破脑袋也想不明白，丈夫高高兴兴上任校长，怎么会引来这杀身的恐吓！

　　匿名信搅乱了林家正常的生活秩序，全家都生活在不安和恐怖之中。已经身为人母的林太乙告诉幼儿园的老师："我会自己亲自来接孩子，不能让任何人把孩子领走！"

　　面对泰山般的压力，书生气十足的林语堂还是强行推出了建造"第一流大学"的预算案，校董会惊呼："这样庞大的预算数字！吓死人！我们根本承受不了！"林语堂四处奔走呼吁："必须花重金，才能建成一流的大学！"

　　但是，他受到了冷遇。

　　在1955年2月17日举行的南大校董会新加坡执委会上，陈六使主持会议："同意预算案的人举手。"

　　竟然没有一个人举手。林语堂几乎坐不住了。

　　"反对预算案的人举手。"

　　哗啦啦，除了林语堂之外，所有的手都举起来了。

　　林语堂的脸涨成了猪肝色。他痛心极了，钱是花在学校身上，又不是花在他身上，为什么就没有人理解呢？

　　陈六使说："林校长，你看，预算案失败了。说实在话，你太奢侈了。我们这些校董都是白手起家，很多人都亲手割过橡胶。你知道割橡胶有多苦吗？割橡胶非常费力，一会儿就累得精疲力竭。而且天还没亮就要起来割胶了。胶汁流动的快慢和数量，与温度和空气湿度有密切的关系。清晨是一天中温度最低和湿度最大的时间，同时，橡胶树经过一夜休息，体内水分饱满，树叶的蒸腾水分也最少，所以这时候割胶最好。赚过辛苦钱的人，才会知道如何珍惜金钱。"

另一个校董阴阳怪气道："林校长是不当家不知柴米贵呀！"

另一个校董说："林校长是大文豪，稿费多如长江水，所以出手阔绰呀！哪像我们这么穷酸！"

林语堂的脸红一阵白一阵，若论身家，在场的每一位校董都比他有钱，他只是一个靠稿费过活的文人苦力。他决定跟校董会力争到底，他的性格一直是不撞南墙不回头的。

第二天，《南洋商报》上刊出了南大校董会新加坡执委会昨日会议的情况，并公开发表了攻击林语堂的文章。这时，林语堂与执委会之间的分歧完全曝光了。南洋大学还未招生上课，而校董与校长之间已经对立到水火不容的地步，社会舆论哗然。林语堂这次拍案而起了！原本他还指望能够和平解决分歧，不料却被商报曝光了，言辞对他极为不利，他决心捍卫自己的权利。否则，要这个空头校长做什么？

林语堂当即向当地中西各报发表书面声明：

本人见报载南大新加坡执委会关于本大学之水准及执委会与校长间职权分配之态度，极为诧异。此息若确，则本人及教职员为了创办第一流大学之一切辛苦努力，将尽归乌有。本人已以此意告知执委会主席陈君六使，陈君将于明日与本人及教职员作非正式谈判，甚愿双方歧见借此可以获得解决，又希望借此最后一次之努力，使星马学子，可得受高等教育之机会，而不辜负他们求学之热诚。

倘双方仍不能获得解决方案，本人自当向社会公布前后经过，以明真相，特此声明。

一怒之下，林语堂聘请了美籍律师马绍尔，准备诉诸法庭，用法律解决争端。这实在是万般无奈之举，打官司的精神损耗和心理压力他早就领教过了，如果能够协商解决，他又何尝愿意诉诸法律呢？

马绍尔虽然加入了美籍，但他是华人，很了解陈六使等华侨白手起家的艰辛。在他的印象中，陈六使先生是一个值得敬重的人。他劝告林语堂："林先生，您息息怒。陈六使先生重金聘请您来担任校长，他内心是敬重您的。况且华侨创业维艰，还望您体谅。如果上了法庭，那事情就不可收拾了。我建议双方协商解决，如果您同意，我愿意从中代为调解。"马绍尔一番话说得非常诚恳。他的个子高大，让人极有安全感。

林语堂深吸了一口气，强迫自己暂时冷静下来。是啊，要是伤了和气，双方是两败俱伤，他不仅害女婿丢掉了金饭碗，还会殃及他请来的十几个教授失去教职。他默认了马绍尔的提议。

马绍尔于 2 月 18 日下午到达陈六使的办事处，表达了希望和平解决矛盾的愿望。陈六使看着他扬了扬下巴："林校长竟然请了律师？其实并没有什么大不了的事情，只是观点不同，何必如此伤和气呢？"

经协商决定，第二天双方在国泰大楼晤谈。空气异常紧张，双方剑拔弩张。一边坐着校执委会代表：陈六使、高德根、黄奕欢、林庆年、秘书王世熊等人；另一边坐着林语堂、胡博渊、黎东方、黎明、杨介眉、严文郁，俨然是两军对垒。律师马绍尔以调解人的身份参加。林语堂积攒了多天的火气终于对着陈六使火山一样喷发了："陈主席，我问你，是谁邀请我来担任南洋校长？既然邀请，为何全无尊重？难道你们只是需要一个傀儡？我再问你，是谁答应要筹款到六百七十万元？是谁说愿意牺牲一切家产来办校？请问，做到了吗？做到了吗？"

陈六使生平除了在昭南时代被日军拘去受过刑之外，从未有如今日之受人当面呵斥侮辱，他被林语堂的火气吓坏了。他说："林校长，吵架是解决不了问题的，大家心平气和谈一谈。大家一心要创办南洋大学，有钱出钱，有力出力，但事情不可能一帆风顺，短时间内办不到的事情我们可以缓一缓，等以后有了财力再办。事缓则圆，操之过急反而无益。您的设想很好，就是校董会都觉得不太切合实际。"

林语堂冷笑："诸位，昨天的《南洋商报》想必大家都看过了，我知道陈六使先生是《南洋商报》的主席，昨天所载是你主使的。"他大手一挥，愤怒地指向陈六使。

坐在旁边的林庆年赶紧插上来为陈六使解围："林校长，您误会陈主席了。我也是商报董事。六使是主席，实际上除了报社有事开会大家才到之外，平时不论主席还是董事都不干涉报社的事。"

林语堂哼了一声："你们同穿一条裤子，同一个鼻孔出气。你们会行棋，我会看棋。谁都不是傻子。"

紧接着，林语堂连珠炮似的指责陈六使背信弃义。陈六使双手一摊："林校长，您说您当初收到我的信，说到1954年年底要捐足三百三十万美元，但是，您不知道，信是秘书写的，我只不过是在信上签个字。如今局势多变，筹款一时不能完成还请您多多谅解。我是已经尽了最大努力的，在座诸君都可以证明。"

黎明在一旁干着急，他真怕老丈人和校董事会闹翻。大家都是有身份有地位的体面人，如此吵成一团实在不应该。再者，他已经辞去了联合国秘书的职位，倘若他因此事再失去南洋大学的职位，要去哪里找一份合适的工作呢？黎明既着急又发愁，连连劝解老丈人好好说话。

林语堂好不容易平静下来，拿出一张字条要陈六使签字承认其中的条件。陈六使未予一看，也不敢看，对林语堂道："林校长，我无权代表南大答应您任何条件，校长如有意见或条件，宜以书面送达委员会，由委员会再行讨论。"说完，陈六使吓得由客厅退到厨房，从厨房后门溜走。这一天的谈判历时四个半小时，毫无结果，每个人都口干舌燥，精疲力竭。

谈判失败了。黎东方对林语堂道："校长的火气真大，你要和这批人干到底。你是个斗士，是个绝不含糊的英勇斗士！"

回到家，黎明泡了一壶热茶递给老丈人："爸爸，他们固然有不对的地方，但是，在这种情况下您也应该让让步。您看，我们从美国到新加坡是破釜沉舟的，我都从联合国辞职了，太乙也辞职了，是准备在新加坡扎根的，现在刚刚来几个月，大家就闹得这么不愉快，今后将要如何相处呢？"

女婿的话有道理。林语堂郁闷地点了点头。星马各界鉴于此事影响到中华文化教育前途，纷纷发表意见，一致希望南大执行会及校长双方能以大局为重，以最妥善、最合理的办法解决分歧，切勿使一腔心血付之东流。至于预算案的分歧，应以尽可能节约开支为最高原则。谁说第一流的大学就一定要耗费巨资建成宫殿式校舍？陈嘉庚先生创办厦门大学时还借过集美大学做校舍呢！而且，富丽堂皇的大学校舍，也未必是造就人才、培养人才的必要条件。20世纪40年代昆明的西南联大，条件那么艰苦，还不是照样培养出了那么多人才？

接下来的谈判长达三星期之久，执委会方面对林语堂的预算方案提出了各种具体的修改意见，在这三星期中林语堂也慢慢冷静下来了，他作出了让步，同意把总预算从一百九十万美元削减到七十万美元。为了表示解决争端的诚意，林语堂还同意将设计和建筑大学校舍的责任交由一个委员负责。执委会方面提出的条件，他全部无保留地加以接受。事已至此，林语堂也无可奈何了，这场拉锯战耗尽了他的心力。

问题似乎可以解决了。但是，林语堂突然接到了南大校董们的要求："林校长，请详尽列出计划在1955年购买的九万本图书的书名和作者的详细表册。"林语堂如实上交了详细表册。没想到，这似乎是一个圈套。3月21日，支持执委会的报纸用大号字体的标题登载一项消息，说林语堂提出"一项无法接受的要求，要独自控制大学的几百万元款项"。

林语堂的人品受到了严重的质疑，很多华侨以为林语堂假公济私肆意挥霍着他们的血汗钱。林语堂爱惜自己的名誉就像鸟儿爱惜自己的羽毛，他与他所举荐的十一位教职员于3月28日集体辞职以示抗议。林语堂的辞职声明一发表，陈六使感到过意不去："那我以私人名义捐款十万美元，支付林语堂先生等十二人的退职金吧！"

这事对双方都是一个教训，原来选一个校长是这样不容易的事，遴选校长时一定要特别审慎，一定要建立执委、校方协调的机制。

合则留，不合则去。自 4 月 9 日，林语堂开始办理移交手续，归还校方档案、家具、器材以及未用完的经费。林语堂病倒了，高烧不退。人在病中特别软弱，想起这噩梦般的半年，林语堂心灰意冷。

外头传闻沸沸扬扬，廖翠凤都不敢上街买菜了，怕别人指指点点。昨天她去买菜时，邻居杨教授的太太也去买菜，廖翠凤正站在一个鳗鱼摊前，她喜欢尝试新鲜事物，想让厨子用鳗鱼做一个新菜式。杨太太凑上前来："哎，林太太，我听说你家林校长挥霍学校的公款，是真的吗？"

当着她的面说她丈夫的坏话，这个杨太太真是岂有此理！廖翠凤撂下脸来，没有好气地说："胡说！这是造谣！诽谤！"

那个杨太太见势不妙，赶紧走开了："我先到那边买点虾。"

廖翠凤气得浑身打哆嗦。

林语堂找老朋友徐訏大倒苦水。徐訏旁观者清，说出了惊人之语："语堂，你是天真了些！你熟读《红楼梦》，应知凤姐之所以坐稳大观园，是因为她带来了丰厚的嫁妆。如果你稍稍了解南洋的社会，来南洋做校长之前，要是能先接洽一笔洛克菲勒或福特基金的捐赠，那事情就顺利多了。这正如做人家媳妇，带一笔嫁妆过来才有底气。此番你空手而来，自然更应当了解这些侨领对于大学是带着投资的想法的。并不是天底下人人都像你这样知道什么是第一流大学，你忘了，校董们毕竟是商人……"

林语堂目瞪口呆，辩解道："事情之所以闹到不可收拾的决裂地步，皆因陈六使在《南洋商报》公开批评我。要是他不先公开批评，私下先同我商谈，应该有商讨的余地。"

徐訏道："你也有不对的地方。谈判时你应当先平易地问问陈六使，也许事情还有转圜的余地。可惜你当时控制不住自己的脾气，当场责难陈六

258

使先生。试想，陈六使先生是华侨领袖，何曾受过这种气？你也太鲁莽了！倘若你能一言不发，对陈六使先生笑笑，不同他争利争是非，悄然引退，那才是最超脱的幽默态度！"

林语堂黯然道："要是早点听听你的意见就好了！可惜事情如今已无法挽回！"

林语堂的另一个老朋友钱穆写信给他："我对你的办学理想表示理解，但新加坡侨界的无力配合也值得同情。你和南大执委会之间，殊途未能同归，一方力求完美，一方只求简洁朴素，两边不可调和。双方又缺乏了解和沟通，以致造成今日之局面。"

廖翠凤得了神经衰弱症。她不敢看报纸，怕上面所有大骂丈夫的文章。可是她又想看看，到底是谁在哪家报纸上刊登了什么样的言论，这样才能知道反对丈夫的人是谁。她强烈要求尽早离开这个是非之地，越早越好。在南洋，她是一刻也待不住了，心力交瘁的林语堂也正有此意。

4月3日，林语堂一行人接受了遣散费。来新加坡之前是众多的赞美，如今是众多的指责与批评，他如坠云端，这一跤跌得很惨，跌得他头破血流，他的自尊心与自信心受到了严重的伤害。他也认清了自己，只适合从事创作这样一个人可以独立完成的工作，而其他事务因为都要涉及与别人的关系，事情一复杂，他往往没有耐心与手段与去面对。今后还是多写一些吧！

深夜里，林语堂吐出一个烟圈，发出一声喟叹。这阶段发生了太多的事，二女婿因为他丢掉了饭碗，大女儿如斯刚刚离婚，整天悲痛欲绝神思恍惚，而妻子也如惊弓之鸟，以前的开朗完全不见了，就像太阳被乌云遮住了脸。他必须掩饰自己的伤口，用自己的快乐去感染妻子和女儿——医治妻子和女儿的心灵创伤，是一个丈夫和父亲义不容辞的责任。他对廖翠凤说："我们去欧洲游玩吧，反正手里有这么一笔钱。大家都开心一点。"

4月17日，林语堂一家飞离新加坡时，许多学生和各团体代表去机场欢送，陈六使也亲自到场相送，而新加坡当局则派配枪的警察到现场保护。林语堂和陈六使握了握手，两人相对无言。黯然离职，这是林语堂人生中栽的最大的一次跟斗。看着脚下杂乱的行李箱，林语堂想，到处漂泊难道是自己的宿命吗？新加坡之行被无数华侨富商耻笑，也许，这些华侨眼里，自己就是一条丧门狗吧？林语堂再次想起了苏东坡。苏东坡第一次被贬谪到黄州，发明了好吃的东坡肉；第二次被贬谪到惠州，写下了"罗浮山下四时春，卢橘杨梅次第新。日啖荔枝三百颗，不辞长作岭南人"的快乐诗句；第三次被贬谪到儋州，还自嘲"以日光充饥"。苏东坡过的是前途无望、愁云惨雾的囚徒生活，却能够放杖而笑，不计得失，达观如此，自己应该向他效仿才是！他在心中吟哦起苏东坡的诗句："人生到处知何似，应似飞鸿踏雪泥。泥上偶然留指爪，鸿飞那复计东西。"那就再当一次飞鸿吧！

林语堂迈步朝机舱门走去。

离开新加坡后，林语堂在日记中反省道：我支撑了五十天。中间有许多波折，有过多次受人诬蔑而又毫无希望的谈判。事实显示，除非我完全放弃我的立场，否则我不能不辞职，我已经无法守卫我的阵地，因为校董们都认为阵地上的守军——我和我的同事——是可以被牺牲的。我冷静地根据常识命令全体撤退。此次风波最根本的原因是，我试图用美国的方式，以西方的价值观，去为华侨建立一所旨在保存中华文化的大学，这显然是新加坡侨领们难以接受的。

（八）在旅游中医治心灵的创伤

旅行一向是林语堂忘掉烦恼的灵丹妙药。林语堂想带全家人一起畅游欧洲，静下心来充分地享受自然，就可以忘记人世间你争我夺的烦恼。他们准备来一段流浪式的旅行，尽情浪费时间，忘掉身上的职责，轻松如天地间一沙鸥。没有来往信札没有嘘嘘好问的邻居没有来客没有目的地，不知道下一站往哪里去，甚至不知道从何处而来，最好是连自我的姓名都忘了更妙！林语堂说："干脆在此地隐居起来好了！"

廖翠凤急了："我才不要呢！连买一块肥皂都买不到！"她时刻不忘洗衣服是她的责任，她喜欢全家人都穿得干净而体面。

一路上他们信马由缰。到了奥地利，林语堂带领全家凭吊了天才音乐家莫扎特的墓。站在莫扎特的铜像面前，林语堂流下了激动的眼泪："我喜欢莫扎特音乐的缠绵细腻，让我想起一种含泪的笑。"林如斯也流下了眼泪。林语堂知道，女儿的泪不是为莫扎特而流的，是为自己夭折的婚姻而流，为狄克那个混蛋而流。林语堂对妻子和三女儿说："你们先到前面看看吧，我和如斯在这里再逗留一会儿。"

林相如和廖翠凤会意，往前走了。林语堂关切地握住女儿的手："如斯，你还这样年轻，生活要朝前看。一次婚姻失败了并不可怕，我们争取第二次婚姻成功，就像考试一样，人是不可能每次考试都成功的。人的心思太复杂了，宛若深渊难以捉摸。正因为人有弱点，有不可抗拒的情感，有不可意料的挫折，这个世界才有各种滋味，这个世界才多姿多彩，这样的生活才值得一过。你看，人人都会犯错误，所以生命才会千姿百态。假如人人都幸福，照这种逻辑发展，生活就一点趣味都没有了。"

林如斯漫不经心地把玩着一根草茎，惨然一笑："爸爸，你说的道理我都懂。可是，我就是提不起精神来，狄克把我全身的力气都抽走了。就好像玩具拼图少了一块，再也拼不完整了。"她现在总是徘徊在残酷的现实与软弱的幻想之间，这种病是功能性的，由于脑部的构造损坏所致。

林语堂爱怜地摸了摸女儿的头发："慢慢来，我年轻时失恋的时候，也是哭瘫在地上的。不过你离婚已经快半年了，我劝你还是找一份工作，空闲时可以看看书，可以试着翻译一下唐诗。手头有了事做，就不会胡思乱想了。"林语堂知道女儿一向喜欢诗，在哥伦比亚大学时跟诗人马克凡多伦学过写诗。

林如斯点点头："爸爸，我努力看看吧。等这次游玩结束回美国，我马上找份工作。"

林语堂握了握女儿的手，想把自己的力量传给女儿："憨囝仔，你要像河流一样，你看它从高山深谷流出，遇到高山巨石便绕道而行，在暂时的悲鸣呜咽中继续人生的旅程。"

林如斯感激地看了父亲一眼，也用力握了握父亲的手。

游玩结束了，两个女儿与父母依依惜别回到了美国。林语堂夫妇仍然留在法国坎城。廖翠凤无论旅行到什么地方都是要去礼拜堂的。这一天，她再次劝林语堂同她一起去，心情低落的林语堂答应了。台上的牧师正在布道，他温柔地对信徒说："我们要爱上帝，爱邻居，才可以得到永生。"牧师的声调朴素而挚爱，这句话就像云层之上的一道光突然射进林语堂的大脑里。在这个世界，有时是别人伤害自己，有时是自己无意间伤害了别人，如今他遭遇失败，不应该心怀怨恨，要爱自己的邻居。心胸开阔了，人才会得到真正的自由。他开始跟着夫人去礼拜堂了，他的心开始安静了下来，不再像前几个月那样焦灼与煎熬。他原本颇为怨恨陈六使，现在想来，陈六使自掏腰包出了十万美元的赔偿金，又亲自前来机场送行，也算颇有君子风度。这件事对林语堂不愉快，对陈六使来说也不愉快，陈六使其实也不容易。在礼拜堂里，林语堂几个月来的怨恨慢慢飘散了。

廖翠凤很欣慰，丈夫以前一直不信教，这曾经让她很苦恼。这么多年了，她一直希望自己去教堂时丈夫能陪在她身边，两人同进同出。可惜丈夫一直说世上没有神灵，凡事只能靠自己双手，她已经死心了。不料在新加坡摔了一个大跟斗后，丈夫竟然醒悟了。

在这座犹如世外桃源的小城里，没有人认识林语堂，林语堂上街不必担心被小报记者认出来纠缠半天，他在新加坡绷得紧紧的神经终于彻底松弛了下来。走在一群陌生人中间，没有知名作家带来的压力，没有吵吵嚷嚷的社交活动。他可以随意在街头要上一杯酽酽的咖啡，像一个没有教养的人一样随便往长椅上一坐，漫不经心翻看当天的报纸，偶尔张大嘴巴打一个长长的哈欠，别人用异样的眼光看他一眼，他也不在乎，干脆再发出一声兴奋的叫喊。他要释放自己，这个社会的压力把人都压成不像人样了，他要减压。他还饶有兴味在观看大街上来来往往的人，白、黄、红、黑各种肤色都有，各种各样的服装，各种各样的发型。年青女郎兴奋地随着乐队的伴奏起舞，风情万种地在街头公然卖弄风骚，流浪的艺术家唱着忧伤的歌，旅游者瞪着惊奇而又惶惑的眼睛……

　　林语堂还与廖翠凤手拉着手一起上街买菜。廖翠凤心满意足，挽着穿着舒适便服的丈夫的手，她觉得那样踏实，头顶上的阳光那样明媚，蓝天白云是那样璀璨悦目。他们买了满满一篮菜，一人提着菜篮子的一边回到家。廖翠凤做了叉烧猪蹄，林语堂守候在旁边看着妻子在油锅里翻动猪蹄。廖翠凤是个左撇子，林语堂好像突然发现了一个大秘密似的大叫起来："哦，我知道了，炒菜的时候一定要用左手拿锅铲，这样炒出来的东西才会香！"廖翠凤忍不住笑了，把丈夫推出厨房："你别在这里添乱。很快就好了，你再耐心等一会儿。"不一会儿，廖翠凤果然端出了香喷喷的叉烧猪蹄，尔后又变魔术般地端出了清蒸鳗鱼、清蒸螃蟹、清蒸白菜肥鸭，特别是蒸烂的鸭子吃起来又嫩又滑，连骨头都可以吮吸其甘美的汤汁，白菜在鸭油里蒸烂了，入口即化。林语堂心满意足饕餮了一顿，过后捂着圆滚滚的肚子道："凤啊，幸亏你能做一手好菜，美食真是人生最大的安慰与乐趣啊。"

　　廖翠凤笑道："幸亏你是个贪吃鬼，我的厨艺才有用武之地。"

　　林语堂大笑："凡是人，身上都有这么一个叫作肚子的无底洞。"

　　身心得到放松，林语堂又有了创作的激情，这个犹如匠心独具桃源的小城给了他灵感。在南洋大学的半年，林语堂的创作一片空白。风波过去之后，林语堂开始构思长篇小说《远景》。他把主人公劳士放在太平洋一个地图上找不到的自由自在的小岛，这里是一个世外桃源，充满道家的浪漫与性灵。劳士只恨一件东西，就是教条。死水才会发臭，活水不会，教条就是心灵的死水。劳士既爱幻想，又很实际，认为人少不了四样东西，即食物、休息、工作和爱。人类不能挨饿，否则就会掀起战争。劳士生活在这个岛上，自由而快乐，犹如身处一个美好的梦境，简直像那只在水天之间自由翱翔的黑天鹅。1955 年，林语堂将《远景》一书交给另一家出版社，廖翠凤问道："以前你都是把书送到约翰·黛公司出版的，这次真的不与他们合作了？"林语堂叹了口气："我去新加坡前给赛珍珠打了电报，她毫无回应。我们的关系彻底破裂了。"林语堂心中惆怅不已。无论如何，赛珍珠曾经是他生命中的贵人，可惜他们的友谊再也无法挽回了。

虽然在新加坡白白耗费了半年时间，但所有的经历都会成为作家宝贵的人生财富，这世界上没有一个人会无缘无故地走进别人的生命里。无论遇到谁，他都是生命里该出现的人，没有偶然，都有使命。南洋大学之滑铁卢，让林语堂再一次意识：自己不适合行政工作，最适合自己的就是创作再创作！ 1963 年，林语堂创作了长篇小说《赖柏英》，小说的背景在新加坡。新加坡这座城市商业和船运特别繁忙，移民多得像天上的星星一样数不清，大伙儿离开家乡的时候都梦想要发财的。大多数人忙着糊口，没有时间伤春悲秋，有的码头工人成天累死累活只换得一碗饭吃，少数人凭毅力、辛劳一文文节省而闯出了名堂变成了富翁，更多的是成千上万赚不到旅费回中国的移民。有些人因为寂寞想家，绝望中精神失常。这里是著名的国际港，有一套英国法律、公理，聘用警察、公仆、银行和财政的制度，对象却是生活习惯和社会标准完全不同的人。林语堂把主人公取名为杏乐，杏乐感受着东西方冲击的痛苦。林语堂很清楚地知道，杏乐身上有自己的影子。

《赖柏英》充满了浓浓的乡情。身在异乡回忆起家乡，林语堂觉得自己仿佛回到了快乐的童年时光。离家千万里的炎黄子孙，不论时日多长，甚至隔了几代，都会与家乡保持情感上的联系。就像郁达夫眷恋他的浙江山水，沈从文笔下的湘西风土人情，无不寄寓了作家的乡情。林语堂爱自己的家乡几乎到痴迷的程度。乡情让人从亲切的事物中感受到美。乡情让人在平凡朴素中发现自然美、生活美、人情美。林语堂觉得自己生来是山里的孩子，永远是山里的孩子。他家附近的山才是真正的高山，不像新加坡这里的小丘陵。真正令人敬畏、给人灵感、诱惑人的高山，一峰连着一峰，神秘、幽远、壮大。人若在高山里长大，山会改变他的观点，进入他的血中。山能压服一切。山使你谦卑。记得父亲对他说过，每座山上的风景都不一样，人生就像不断地登山，当你爬过一座座高山，看过很多不同的风景，那么你的世界就不一样了，就会变得越来越广阔。他虽然在南洋大学这座高山上跌了跟斗，却也收获了异样的风景，明白了自己的长处与短处。

林语堂一如既往写着，廖翠凤一如既往忠心耿耿为丈夫提供着后勤服务。林语堂帮她出主意："你这一手好厨艺，实在应该推广！你应该出一本美食书！"廖翠凤眼睛一亮，真是个好主意！可是她会做菜，不会写，于是她拉上同样热爱厨房的三女儿林相如一起合作。林相如有个聪明的脑袋，正在哈佛大学攻读生物化学的博士学位，她不仅会做学问，做菜方面也极有天赋，记得张大千到家里造访时，廖翠凤做了一个新鲜大鲤鱼头，林相如则为张大千做了一个煸烧青椒四川菜，就着台湾花雕下酒，深得张大千的赏识。张大千乌髯可掬，威仪棣棣，林相如喜欢张大千的大师气象。得到了资深美食家的赏识，母女二人信心倍增，一本美食书就这样新鲜出炉了！

拿着新出版的《中国烹饪秘诀》，廖翠凤笑容满面。这是她和女儿共同出版的书，内页插图非常精美，图片上的美食让人垂涎欲滴，而且做法非常详细，这绝对是送给广大家庭主妇的一份厚礼。食色性也，胃口满足了，家庭生活也和谐多了。丈夫著作等身，自己终于也出书了，从今天开始，自己也是出过书的人了！想到这里，笑容从她脸上荡漾开来。当然，她要感谢丈夫，她亲爱的堂，没有他，就没有这本书的顺利出版。

林相如奔进家门："获奖了！获奖了！《中国烹饪秘诀》荣获法兰克福

德国烹饪学会大奖！"

"真的吗？"廖翠凤兴奋得手舞足蹈。

林语堂道："老婆，恭喜你！你现在成了众多家庭主妇的偶像了，影响比我还大！"

妻子和女儿喜讯不断。二女儿林太乙在电话中告诉林语堂一个好消息："爸爸，香港的《读者文摘》委任我当中文版总编辑！"

"太好了，祝贺你！你完全配得上这个职务！"此时林太乙已出版了六部小说，还受联合国文教组织委托，正在将中国古典名著《镜花缘》译成英文。她非常感激父亲，自己之所以走上写作这条路，完全是受父亲的影响，她从小所见所闻都是父亲指给她看，说给她听的，是父亲打开了她的眼界，教她欣赏世界的美妙，培养她对世界的感受。父亲还告诉她，人在世界上只有一次生命，所以对人应该仁慈，而且要享受生活，这样一生才不会白过。

第八章 | 一株开花的老树：
定居台湾

（一）亲切的乡音

一眨眼，自己竟然快 70 岁了！人这一辈子真快呀！林语堂两个女儿、女婿都在香港工作。香港物质生活很丰富，只是在殖民地的土地上，总觉得有哪个地方不对劲，所以林语堂还在纽约待着。他现在是一株鲜花盛开的老树，季节已经进入乐天知命的时候，褪去负累，自由自在成为生命的主题，就像那树上的鸟儿悠然啼鸣，怎么舒服就怎么歌唱，怎么舒服就怎么活。难道人会不如一只鸟儿？作为灵长类的人，更应该见素抱朴，坐忘守一，更多地向着内心深处的世界攀缘。

在纽约，朋友们劝林语堂一家加入美国国籍，劝他们买房子扎根安家："你为什么宁愿年年月月付房租，太不划算了！"

林语堂笑着摇摇手："入美国国籍要跪在美国国旗下宣誓效忠美国，这一点我永远也做不到。"

归根结底，美国不是落叶归根的地方。林语堂想好了：到台湾定居！那里可以听到家乡闽南语，也有许多老朋友。廖翠凤的姐姐廖翠岚住在台南的山村，林语堂的侄媳妇也在台湾，这一切都让人倍感欣慰和亲近。至于台湾文化界，林语堂的同乡、旧友及学生在台者极多，早已去台的胡适、蒋梦麟、梅贻琦、罗家伦、曾虚白、李济、黎东方等都是他的老友，马星野、洪炎秋、陈石孚、何容等人都是他的学生。1957年，时任"中央日报社"社长的马星野来到纽约，这位昔日的学生对林语堂说："老师，您回台湾看看吧！近来台湾掀起了中华文化复兴运动，要将台湾打造成国际汉学中心，急需海外文化学者回台助力！"马星野此番来纽约除了公事之外，还有一个任务，就是极力敦请声誉在外的林语堂回到台湾。

林语堂决定先回台湾看个究竟。

1966年1月26日下午2时半，林语堂夫妇搭乘的飞机在台湾松山机场降落。

马星野早就预料到这种盛况，所以事先请了黄肇珩小姐在林语堂访台四天内，客串做林语堂的临时秘书。

那天，冬阳艳丽，狂热的人群包围了71岁的林语堂，他红光满面精神矍铄，不停地和欢迎者握手。在论语时代，林语堂曾在幽默小品文中调侃过西方"握手"礼仪的不卫生和缺乏美感，现在，他忘情地把手交出去，当年幽默小品文上那些话，早已丢到九霄云外！人逢喜事精神爽啊！

突然，他向后转，悄悄地向刚结识不久的临时女秘书黄小姐发问："我可以拿下脖子上的花环吗？"原来，欢迎者所赠送的花环实在太多了，一只只叠起来，快要挡住他眼镜了。黄小姐赶紧帮他取下了那些五彩缤纷的花环。

"留一个吧！"黄小姐建议。

林语堂笑了，笑得那么纯真，那么朴实。

27日下午，马星野在自由之家举行了欢迎林语堂的酒会，岛上的文化界名流几乎都到了。

林语堂夫妇住在统一饭店，短短四天，访客无数，使林语堂应接不暇。访台期间，他收到最多的是名片和书籍。他留下名片，带走书籍。秘书黄小姐面对着成堆的书，感到难于处理，忍不住问："林先生，您要读完这儿的每一本书？"

"我不会读完，我会翻完，找我喜欢读的。"

"用什么标准？"

"没有一定的标准，但必须合我的口味。"

"什么口味呢？"临时秘书黄小姐原是记者，记者的职业习惯，使她凡事都喜欢刨根问底。

林语堂叼起烟斗，思索着如何向黄小姐说清楚：什么是自己的口味。他说："没有冗长的诡论雄辩，没有满载冷酷的逻辑，不需要费很长的时间。"这就是他的口味。在他看来，即使天下所有人都视之为无聊的书，或一般书评家所轻视的书，只要合他的口味，他都喜欢读。

林语堂随手拿起一本封面艳丽的小说，翻了翻，又放回书堆上。读不下去的书，让别人读去吧！

黄小姐由衷赞叹道："林老师，您真是一个坦率和洒脱的读书人！要是所有的读书人都像您这样坦率和洒脱就好了！"

十几天里，林语堂陆续参观了台湾"中央研究院"等地方。遥想三十八年前，"中央研究院"刚成立，他应第一任院长蔡元培先生之邀出任"中央研究院"国际出版物交换处处长。此时蔡元培先生早已经驾鹤西去，当年在亚尔培路上那幢楼房里办公的同事也所剩无几。好友胡适也在"中央研究院"欢迎新院士的酒会上因心脏病猝发而辞世。如今他的寓所被辟为胡适纪念馆，林语堂参观了纪念馆，久久站立在胡适像前，眼前浮起一幕幕往事：助学金之恩、民权保障同盟之怨、纽约邻居之谊——往事如烟啊！

从"中央研究院"出来，林语堂顺便拐到便利店里买东西，没想到，店老板竟然用闽南语问他："有新鲜的咸水桃，要不要买一些回家？"

咸水桃！儿时的咸水桃！林语堂顿时两眼放光，漳州东门的咸水桃！还有刚从奶牛身上挤下来的新鲜牛奶！儿时的欢欣喜乐顿时涌上心头。恰好店里没人，林语堂便与店老板闲聊起来。不知不觉大半个上午已过，林语堂道："老板，给我称两斤咸水桃！"其实，林语堂的牙齿已经咬不动桃子了，但耽误了人家大半个上午的时间，林语堂觉得心里甚是过意不去。老板称了两斤，看着剩下的七八个桃子，问道："不然剩下的这七八个一齐买了吧？味道真的挺好！"林语堂爽快地点点头："好吧，那就一起买走吧！"老板接过钱，脸上喜形于色。桃子要是卖不掉会烂掉的，钱虽不多，但是白捡了一笔钱，他很高兴。看到老板高兴，林语堂也很高兴。台北就是这样热闹，有人情味。走出便利店，林语堂听到老板娘用闽南语骂小孩："夭寿哦！你这死孩子！"林语堂在亲切的骂声中顿觉遍体通泰，如听天籁。

正是这些美味的咸水桃和亲切的乡音，让林语堂下定了定居台湾的决心。消息传开以后，一时众说纷纭。当时众多台湾青年纷纷到美国、德国、法国等欧美国家留学，台湾的青年羡慕美国的文明，因为隔壁的草地特别绿，在饭馆里看到别人点的菜总比自己点的菜好吃，外国的月亮总是比较圆的。很多人说："林语堂之所以回台湾，一定是想做官！"每个人拭目以待。

林语堂应邀去蒋介石官邸做客。官邸周围种植着茂盛的竹林，不仅可以当作围篱，增添了几分清幽隐秘，也增添了几分诗性。耳边传来潺潺的水声，那是大屯瀑布在奔流。不远处若隐若现的绿色山脉，是宋美龄夫人最喜欢远眺的地方。整座官邸前院富丽而后院粗犷，两者交织而成一种融合了自然之美的独特情调。白天可以凭栏遥望淡水河与基隆河这两条如飘带似的河流，辽远广阔的风光让人心胸开阔无比。入夜时分，沿河两岸泸州、北投、社子岛的万家灯火闪烁着映入眼帘，明亮的夜台北就这样静静地被簇拥在四周山脉的怀抱里。在一片灯河中，最醒目的是一条条由无数路灯绵延而成的曲线，中间穿梭着忙碌的车灯，构成了一幅流动的图画。而穿城而过的基隆河、淡水河就蜿蜒在灯的海洋中，宁静山中与都市繁华二者相得。

士林官邸所在的阳明山美景给林语堂留下了深刻的印象。林语堂决心把住宅建在阳明山下的仰德大道，他开始自己动手设计住宅。林语堂理想中的住宅是宅中有园，园中有屋，屋中有院，院中有树，树上有天，天上有月，想想就不亦快哉，更别提住在宅中之舒适惬意了！他决定采取中国四合院的架构模式，结合西班牙式的设计取向，兼具东、西方风格，融合现代感与古典美。住宅装修好了，蓝色的琉璃瓦搭配白色的粉墙，其上嵌着深紫色的圆角窗棂，意境典雅精致。从西式拱门走进来，穿过回廊，可见透天中庭，西班牙式螺旋廊柱被和煦的阳光轻轻地拉长了身影，让来客不禁对优雅的主人浮想联翩。

乔迁当天，仰德大道二段一百四十一号高朋满座。林语堂郑重地将自己手书的"有不为斋"悬挂在客厅。而当年梁启超先生赠给他的书法："两脚踏东西文化，一心评宇宙文章。"他一直珍藏着，因为太过珍贵秘不示人。知他者，启超先生也！这幅书法跟随他从北京到美国到新加坡，跟随他走过了很多个地方，他一直随身携带不曾丢失。他曾丢失过很多东西，包括夫人的首饰等，更不用说家具了，家具是常换常新。唯有梁先生的这幅书法，他走到哪里，必定把它带到哪里。

"有不为"者，正代表了林语堂本身不随流俗的处世哲学。挂好"有不为斋"之后，林语堂后退了几步欣赏一番，点头道："很好！很好！"廖翠凤最开心了。漂泊了大半辈子，终于有了属于自己的房子，再也不用从一套陌生的房子走向另一套陌生的房子了！这个家就是她的天地，可以让她自由地经营。这一阶段，她一直处于兴奋的状态，指挥工人从买装修材料到打扫卫生，事无巨细，全身有使不完的劲儿。她拥有一个崭新的、完整的、令人欣悦的世界。墙壁刷得雪白，家具簇新，她带着快乐、惊讶和难以置信抚摸屋里的每一样东西。她也到了70岁了，下厨烹饪已经力不从心，幸好有工人帮助，早上买了两枝刚从山上砍下的还带着露水的竹笋，中午再杀一只鸡炖汤，几十年没有吃到这样的美味了，真解馋！有时他们进城到圆环去吃蚵仔煎、炒米粉，或是去"一条龙"吃饺子；有时他们到统一大饭店的咖啡室去品尝咖啡，配一块奶油蛋糕，打发一个惬意悠闲的下午；

有时他们坐汽车到日月潭兜风游玩。林语堂最喜欢到台南的阿霞小食馆吃海鲜，陈霞的螃蟹是自己养的，肥厚的蟹黄是他从来没有见过的，阿霞的甲鱼鳖裙有两公分之厚，阿霞的明虾肉白且嫩，有龙虾之香而味胜龙虾，品尝着这样的美味，感觉人生真是太美好了！

家里庭院一角是一池小而精巧的清泉，几尾红鱼在水中漫游，自在逍遥。几株翠竹、枫香，临池栽种，一切都是那样恬淡、自然和从容。林语堂常常让廖翠凤将早餐拿到园子里，他就坐在青石板搭建起来的桌前，边用餐，边观赏池中游鱼，看黄竹红枫，微风过处，听枝叶飒飒。

用过早餐，林语堂便到书房写作。书房的东南窗下，书桌上，摆放着二女儿林太乙送给他的台灯及放大镜，另有镇纸、青花笔筒、裁纸刀、书夹及打字机，还有几册书，包括《牛津英语字典》。字典边摆放着零食。廖翠凤常笑他嘴馋，但她知道这些零食带给了丈夫源源不断的灵感。书桌的右方墙上，挂着一幅林语堂与友人张大千先生合影的照片。林语堂叼着烟斗埋首桌前，用手中的一支笔渲染出动人的天地，每当倦意袭来，随意一抬头，便能看见窗外满目花草树木，绿意盈盈。

书桌旁的矮柜上方是林语堂编辑的《汉英字典》的草稿，上面记载了他编纂字典的思路轨迹。矮柜里，陈列着他早年创办的三本杂志《论语》《人间世》《宇宙风》一些珍贵版本。书橱里，存放了他近六十种著作和四千多种藏书，他爱之如命，特别是老朋友的赠书他更是视若珍宝，如杨家骆赠送的《中国文学百科全书》、林世杰赠送的《红楼梦原理》、黎东方赠送的《细说清朝》。很多书上面都有林语堂所作的眉批和圈点。这些赠书上除了题款，还写着赠书的原因，或为景仰，或为祝寿，都是往日友谊珍贵的见证。

毗邻书房的是林语堂的卧室，简朴舒坦。为了照顾廖翠凤的睡眠，又不影响自己晚间读书、写作的需要，林语堂就与夫人分室而居。他的卧室里放着一张单人床、一张书桌，上面放着台灯、镇纸、笔筒、烟灰缸、眼镜、电话机等杂物。还有两张林语堂钟爱的照片，一张是全家人的合影，一张是夫人廖翠凤的侧影照。在这张侧影照上，廖翠凤戴着无框的夹鼻眼镜，小巧的鼻子和挺拔的鼻梁越看越好看。

在这六百平方米的空间中，林语堂最钟爱的地方是书房，尤其喜欢书房里的那幅墨竹。林语堂认为，竹之美在其纤瘦，画竹只需三两根，这幅画就体现了他的这一美学观点。此时已至晚年的林语堂，常以字画自娱自乐，这幅墨竹是他晚年的作品。书房是书生的命根子，林语堂三十多年来每天保持着阅读的习惯，如果某日未阅读报刊，心里便会觉得似乎少些什么。阅读，宛如听一首古曲，品一杯香茗，要的就是那份闲情逸致。走进书房，卸掉生活的枷锁，变得轻松自在。坐到书桌前，感觉就像这个小小王国的国王。或者沉迷书海拍案叫绝，或者抚摸书本追寻往昔；或者奋笔疾书倾吐心中块垒。书斋里铺着红色的地毯，摆着黑色的沙发。两边都是落地书架，架上堆满了各种线装和洋装书，约四千册，有中文、英文、法文、西班牙文、意大利文，还有希伯来文的。林语堂嗜书如命，在他眼里，书比金银财宝更珍贵——正像三十年前，林语堂搬上"胡佛总统号"的那几只大箱里，也没有装什么中国的古董或文物，而是装满了有关宋代大文豪苏东坡的一百多种研究资料。没有这些资料，他就不可能写出《苏东坡传》。

到台北新居不久，林语堂的书架上又增加了许多中文藏书，其中大部头的《四部丛刊》和《四部备要》最为醒目。林语堂自己出版的书籍另有专柜，一字排开。有时林语堂都会惊叹：我当时是怎样写下《京华烟云》的呢？现在叫我写，已经写不出那样充沛的情感了！

每当走进有不为斋这个独属于他的王国，他便会抛开一切世俗尘念，一心一意走进书中人物的悲喜哀乐的生活，领略人生的真谛，且与他们一起欢笑，一起悲哀，一起憧憬，一起梦想。读累了，写累了，林语堂就凝视案桌上的文竹或眺望窗外的苍穹、山野。万千思绪，循着木槿花余香进入悠悠的世外静处，仿佛与陶渊明对坐，俨然是一种"采菊东篱下，悠然见南山"的氛围和情调。感谢上帝让他拥有了有不为斋。一张朴素的案桌，一盏诗意的灯和一盆青葱的文竹。叶落天清，霜染瓦棱，秋风起兮天陨霜，感予意兮多慨慷，林语堂快乐地在有不为斋读书写作，继续着人生的修行。

每次外出回到家中林语堂总是马上脱掉硬领衬衫，舒服惬意地躺在地毯上抽烟，他觉得这样一来才像个人。他对廖翠凤说："有时候，当我翻阅自己的旧作，甚至可以从字里行间，嗅出在哪一篇、哪一段里所含的尼古丁最多！"廖翠凤笑着捶了他一下。平时林语堂与客人说话时，也总是带着烟斗，大部分时间他只是用左手拿着；当他停下话来思考时便叼起烟斗，渐渐地满室弥漫着尼古丁的味道。激动时，他挥起烟斗弯弯的一端，或上或下，或前或后，直到它又回到他的嘴里。烟抽得差不多了，他的思维也停滞了，他拿下烟斗说："我们下次再谈吧！"

林语堂还钟爱小巧的阳台。阳台摆放着亲切简朴的木质小桌与藤椅，是视野极佳的地方。白天，可看朗朗云天；夜晚，可赏月，及月下的华灯夜景。黄昏时分，还可以凭栏远眺，欣赏夕照缓缓沉入观音山。特别是黄昏时候，饭毕吃西瓜，一个人在阳台上独自乘凉，口衔烟斗，若抽烟，若不抽烟。看前山慢慢沉入夜色的朦里，下面天母地区灯光闪烁，清风徐来，若有所思，若无所思，快活似神仙。

林语堂非常感恩，这是上帝对他漂泊大半辈子的犒赏！他非常喜欢坐在阳台上欣赏远处的重峦叠翠，一首小诗涌上心头：短短横墙／矮矮疏窗／嘁喳儿小小池塘／高低叠障／绿水旁边／也有些风／有些月／有些凉／懒散无拘／此等何如／倚阑干临水观鱼／风花雪月／赢得工夫／好炷些香／说些话／读些书——简直是神仙过的日子！这是他奋斗了大半辈子命运女神对他的眷顾。

林语堂回台湾是计划归隐林下继续写作的，可现在一些文化单位、学校经常请他去演讲，有的大学还想请他去执教，声称学生们若能有这样一位教授必定是学生们的荣幸。频繁的应酬使林语堂应接不暇，林语堂灵机一动，对外宣称自己有三怕："怕教书、怕演讲，更怕应酬。"此三怕的声明传开以后，一些人知趣地不再上门搅扰，但仍旧有一些应酬不可避免。

20世纪30年代的学生谢冰莹得悉林语堂从美国回到台湾定居的消息，连忙打电话过去："林老师，我要去看望您！"

"竭诚欢迎！"

林语堂在百忙中和谢冰莹足足聊了一上午。昔日的青春少女，如今皱纹也悄然爬上了额角。看到故人，依稀往事仿佛又回到了眼前。林语堂问："你好吗？还在写吗？"

"我还好，还在写。台湾许多文学前辈慢慢地一个个走了。林老师，看您身体状态精神状态都很好，真为您感到高兴！不知胡适先生如今身体如何？"

"胡适已经过世好几年了！"林语堂感慨。

"过世了？我消息闭塞，都不知道！"谢冰莹惊叫起来，"林老师，您一定要保重身体啊！"

谢冰莹回来后，写了篇《林语堂先生谈语文问题》的访问记，表达了对林语堂的感恩之情。

5日那天，林语堂清晨起来穿戴停当准备出门。廖翠凤有些好奇："你要去见什么人？"

"你猜！"

廖翠凤摇摇头："在台湾你的老朋友太多了，猜不出来。"

林语堂莞尔一笑："回来再告诉你。"

到了一栋别墅门前，林语堂按了门铃走进大厅，钱穆迎了出来："语堂！咱们十几年没见了吧！"

"是啊！"两个人的鬓边都出现了星星点点的白发。语丝土匪、女师大学潮、"三一八惨案"，《论语》《人间世》《宇宙风》，回想起来，往事如烟，前尘若梦，恍若隔世。

待一切迎来送往稍稍消停之后，林语堂接受了相关报纸的邀请，开始了名为《无所不谈》的专栏写作。自他 1936 年赴美国开始英文写作，他已不用中文写作三十年。现在有机会用上中文，真是喜出望外。专栏需要一星期刊发一篇文章，容不得半点偷懒，就仿佛空中有一条随时要落下来的鞭子。写作是一项艰苦的脑力劳动，林语堂过了古稀之年仍然辛勤笔耕，他不以为苦，反而引以为乐。文章由"中央社"以电讯发出，供各报刊登。这样，往往同一天之内会有几家甚至十几家报纸同时刊载他的文章，此种殊荣无人能及，让其他作家羡慕不已。

不知不觉间，林语堂的中文写作越来越纯熟。中文和英文不仅语言不同，思维方式也截然不同。当一个人用另一种不同于母语的语言定义同一个事物的时候，概念的本身就披上了不同的衣服及肤色，因为那些字眼会有不同的含义及不同的联想。有时林语堂尝试着写两篇题目相同、见解相同的文章，一篇用英文写，一篇用中文写，两篇文章自然显示出了差异，因为思想的流向随着不同的意象、叙述及联想自动导入了不同的途径。现在，林语堂很高兴用中文来表达自己的思考。林语堂知道自己在社会科学方面的知识偏弱，他努力扬长避短，尽量写自己熟悉的、擅长的关于儒家和道家的思辨文字。

写文章的时候是林语堂最快乐的时候。要让他心绪宁静，唯有写文章了。林语堂的手稿是清一色的硬皮笔记本，这种本子容易携带，也不易散落。他常带着硬皮笔记本在飞机上、火车上写下他的生活和哲学，或塑造人物，虚构情节。

随着《无所不谈》专栏的进行，林语堂写下了一系列清顺自然的文字。林语堂尤其钟爱孔子，写下了大量关于孔子的文章。以前旅居美国的时候，林语堂就出版了英文的《孔子的智慧》，为他的专栏打下了很好的基础。在林语堂笔下，孔子待人和蔼可亲，又诙谐风趣，还经常和弟子们开玩笑，对门人全无架子，但有时也十分粗野，还要骂人——总之是一个很有人情味的读书人。只有从幽默方面去看孔子，才能真正领略孔子的性格美。林语堂深爱孔子的不敷衍不买账，笔则笔，削则削，门人不能赞一辞，所以吴子惧，天下乱臣贼子皆惧。孔子太令人欣赏了！他是天下第一个张扬个性的读书人！真正的儒家，应该是充满活力的，要会骑马会射箭，六艺应该样样皆通，而不是说话吞吞吐吐，一生不曾大笑的伪君子。林语堂在专栏中畅谈了自己对儒家学说的认识，迫不及待地要纠正众人对儒家的错误看法：在一般人的印象里，孔子是个一本正经的老夫子，其实孔子也是血肉之躯，也有丰富多彩的感情世界。他恭而安，威而不猛，从不道貌岸然，从不冷酷拒人于千里之外。林语堂希望自己能做一个像孔子这样智慧而幽默的知识分子。

有的年轻人看了《无所不谈》大叫起来："怎么林先生写的文字像白开水呢？"林语堂并不辩驳，他认为这清顺自然是中文写作的要领，他喜欢提笔时先抛开做文章的观念，规规矩矩地用自然的语言表达自己。白话是活的言语，是人们天天运用的，这才是真正有力量的文字。在写作中，林语堂获得了巨大的快乐。然而，也有老朋友批评《无所不谈》里的部分文章："反映之事太小，缺乏新意！"时代毕竟在前进，人们的眼界都提高了。

林语堂慨叹："在台湾写文章真不容易，成名难毁名易，今后写文章一定要谨慎！"

（二）荣誉的顶峰：国际笔会副会长

定居台湾后，朋友多次问及林语堂今后的打算。林语堂用他的七十自寿词中的句子作答："从此是，无牵挂，不逾矩，文章泻。是还乡年纪应还乡！"他又幽默地补充了一句："如果让我去当市长，今天上台，必定也在今天下台。我不能忍受小政客的那副尊容，在一个机构里，这种人，我是无法与他们斗下去！我一定先开溜。"

他年事已高，创作灵感渐少，于是准备着手编一部简明的字典，因为字典只需严谨的科学精神和少许的创作精神就够了。早在 20 世纪 30 年代时，林语堂便请三哥林憾庐和张海戈编一部像《牛津简明字典》的中文词典。可惜文稿毁于中日战火，六十册的稿子，只剩下林语堂带到美国的十三册，这一直是一件让他痛心疾首的事。他认为《康熙字典》的部首编排零乱，与现代人的需要相离太远。林语堂说："五十年前我就反对它！"从事编纂工作，既可发挥自己的专长，把扔在一旁多年的语言学重新运用起来，又可经常来往于香港，看望女儿及外孙。自从林太乙生了儿子后，廖翠凤把外孙视若掌上明珠。她对二女儿说："你的肚皮怎么这么厉害，会生儿子？我都不会。我好佩服你。"看到母亲发自内心的一脸钦羡，林太乙笑了："妈，你的肚皮才厉害，生了两个作家一个教授。生男生女不重要，最重要的是有出息。"林太乙竭力安慰着妈妈，因为她知道这是妈妈的心病，母亲一直以没有生下一个儿子为人生憾事。

林太乙带父亲去看香港的山，她觉得香港的太平山好美，山上满是蜿蜒无尽的翠绿林海，密密的塔松像撑开的巨伞，枝丫层层叠叠，远远望去，四周都是一片翠绿，有时还听得一些小动物的叫声，一切都是那样生机勃勃。林太乙想，父亲一定会喜欢的。没想到，林语堂站在太平山顶，在迎面的山风中似乎陷入了沉思。林太乙问："爸爸，你在想什么？"

"你要是看过爸爸家乡坂仔的山，那你就会觉得其他的山都不算什么了，简直就像矮子站在巨人面前。哎，这辈子不知道还能不能回家乡看看？也许没机会了！"

林太乙见父亲的眼角隐约有泪光，不敢再触动父亲的伤心事，连忙说："爸爸，山上有点凉，我们到山下喝杯咖啡吧！"

1965 年年底，林语堂夫妇到香港探亲时，与香港中文大学校长李卓敏谈到他的抱负——编纂一部适应现代需要的汉英词典，因为现有的两部词典只能供外国人使用，而且体例太旧。编一部好词典，一直是林语堂数十年的心愿。三十年前未完成的事，现在终于有时间来完成！

李卓敏当即拍板："中文大学可以赞助这部词典的工作！"

1967年春，林语堂受聘为中文大学的研究教授，主持词典的编纂。编写小组设在台北市双城街，工作量太大了，要收集资料、要核查、要抄写，办公室里摊开着各式各样的资料。这部词典获得了太古轮船有限公司、利希慎置业有限公司和星采报业有限公司各十万元港币的赞助，原计划三年完成的，后来不得不延期为五年。再后来，金山轮船公司和《读者文摘》也加以赞助，这部词典凝聚着无数人的心血。

黄肇珩小姐一直是林语堂的得力助手，很多著作是林语堂口述，由黄肇珩小姐打字，林语堂的著作才得以诞生。黄肇珩小姐天资聪颖，动作敏捷，她听得懂林语堂的闽南腔普通话，也听得懂英语，对林语堂的表述心领神会，林语堂对她打出来的文稿非常满意。她的丈夫马骥伸也是工作组的成员，后来增加了陈石孚、陈守荆和施佩英，负责秘书与抄写工作。林语堂先拟出词典的编辑体例概念，再交给马骥伸、黄肇珩夫妇两人。编纂工作采取分层负责的办法，由马骥伸等工作人员自订进度，自觉执行。在定期交稿的限期之前，林语堂从不探询工作进程，免得给助手造成压力。要知道，慢工才能出细活。

工作量异常浩大的，每天七八个小时，甚至十一二个小时，林语堂从早到晚都在书桌前伏案工作，写出每个字和每个词句的英文意义。助手们帮助他选取中文单字和词语，先用中文作解释，并依汉语注音符号的次序排列起来，然后由他逐一译成英文，稿纸的右边留有空白，以备他起笔之用。他会半夜打电话给马骥伸："Concentrate one's attention on 这个词组除了翻译成聚精会神，还可以翻译成专心致志，这个'on'要不要保留？"

马骥伸从睡梦中惊醒过来："要保留的，先生。"

"哦，年纪大了，记不清楚了，没有什么把握，怕明天忘了，所以今天跟你核实一下。"

他们就是这样不惮烦琐，对于疑问之处反复辩论，一再提出修正意见，最后决定了"大样"。

整个编纂小组在词典的检字方法方面意见是比较一致的，根据林语堂发明的"明快打字机"所用的"上下形检字法"修订而成，并采用他当年参与制定的"改良罗马字拼音"法。但编纂小组在体例方面出现了分歧，在编纂《汉英词典》的体例上，林语堂有明显的恋旧倾向，他深受《牛津简明字典》和汪怡国语辞典的影响，而且对自己早年创意的许多概念有着强烈的情感，非常希望能在这词典中——展现出来。马骥伸则反对："我们之所以重新编纂汉英词典，目的就是要让新词典适应现代人的使用需要，如果编出来的新词典仍然过于老套，不能适应现代人的使用需求，那这部新词典就失去了它的价值。那么，我们做的就是无用功。"

虽然林语堂是长者，是学贯中西大名鼎鼎的大师，但马骥伸还是坚持自己的见解，从实际出发，根据近年来词汇及使用方式等的演变提出一些异议。

听了丈夫的话，黄肇珩有些着急，这个呆子，说话不能委婉一点吗？搞不好伤了林老师的心！林老师一直视他们夫妇俩为大弟子，关照有加。先生甚至有一次幽默地让她的夫君抽烟斗，黄肇珩俏皮地说："千万不可！要是他拿烟斗敲我的头怎么办？"先生哈哈大笑，这是多么可亲可近的先生！

林语堂道："你说得有道理，我会认真考虑考虑。不过，你的见解我并不完全同意，你提出的这五十几条意见中，有十五条需要再讨论斟酌。"林语堂有些不快，马骥伸这小子，胆子直是太大了，他怎么敢反对一个具有渊博的语言学知识和深厚文字学功力的长者？就不怕被解聘吗？要知道，林语堂曾是有名的语言学专家，对中国文字学和音韵学的研究很有心得。留学时，他在德国莱比锡大学主攻语言学，20世纪20年代回国后，在北京的《新青年》《晨报副刊》等报刊上发表过主张汉字改革和有关语言学方面的文章。早在参加"语丝"社之前，他已经是国内知名的语言学家。他撰写的《国语罗马拼音与科学方法》《古有复辅音说》等文章，在语言学界有相当的影响。后来，林语堂在上海编写的英文教科书之所以能风靡全国，除了各种外部原因之外，最重要的原因是以质量取胜——因为他擅长把渊博的语言学知识用之于英文教科书编写的实践活动，这也是他的《开明英文读本》《开明英文文法》比其他编者的高明之处。

林语堂回到家里，又仔细斟酌了一下马骥伸的意见。想着想着，他释然了。年轻人是对的。如果年轻人没有自己的思想，长者说什么他就做什么，那么这部词典还真是前景堪忧。年轻人提出自己的反对意见，是真正对这部词典负责任。

静谧幽雅的"有不为斋"，是笔耕的理想园地。许多文人的工作台常常淹没在堆积如山的书籍、信件和稿纸之中，可林语堂的写字台却整洁有序，干净得一尘不染。桌上放着必备的烟灰缸，还经常摆着香喷喷的花生米，或者几片牛肉干。糖是必不可少的，咖啡也是必备品。一切井井有条，参考书籍用完后顺手送回原处，所有的信件都整整齐齐地分门别类。

林语堂几乎每天清晨 5 点钟就开始工作，一发现草稿中有疑问他绝不轻易放过，总要反复问明出处、用法。偶尔触发灵感，想到佳妙词语，立刻给助手拨电话，询问是否已经采录。译到得意处，林语堂会吩咐司机将文稿立即送到双城街，让大家共赏。所有中英文原稿，他自始至终都一一过目，修改，并且一校再校。有时连续工作十几个小时，当他放下笔来点燃烟斗时，才发现窗外已夜幕沉沉。他把台灯熄灭，伸了伸懒腰。这个台灯附有放大镜，是二女儿送给他的，便于他工作阅读，他非常珍爱，因为这个台灯为他所有的稿费立下了汗马功劳。

廖翠凤抱怨道："你知道吗，菜凉了热，热了凉，来回几次了？"林语堂笑了笑："一个作家一旦来了写作的兴致，他是不会去计算时间的。"

朋友羊汝德给林语堂带来了一个好消息。他知道林语堂热衷于发明中文打字机，并对中文的印刷排字也有过研究，所以特地前来告诉他：现在台湾的《联合报》已经使用中文自动排铸机来代替旧式的人工排字铸字方法，还整理出二千三百多个"常用字"，这大概是受他明快打字机启发的缘故！

林语堂听后，感到非常快慰，他当初的思路是对的！他对中文打字机及中文检字的问题，曾有五十年的思考，并为之倾家荡产，只因打字机生不逢时！他告诉羊汝德：整理汉字应删除重复、繁芜、不通、不经济、不合理、不需要及不适宜于今日的字。拟订"常用字"，是整理汉字的一条途径，但还要顾及文字的"雅"和"便"。

羊汝德回答道："《联合报》整理'常用字'的时候，这些都注意到了。"

林语堂听了，摸着没有胡须的下巴，连声称赞道："好，好……"

《汉英词典》的编纂接近尾声，林语堂刚要坐到书桌前突然吐血不止！林太乙吓坏了，赶紧将父亲送到了医院。医生诊治后严肃地告诉林语堂："您吐血是因为十二指肠脱落，这是疲劳过度的缘故！林先生，您不能太操劳了！"

林太乙也说："爸爸，健康比词典重要得多，你不能当拼命三郎，要悠着点啊！"

林语堂点点头。年纪不饶人啊，以前一天可以工作十几个小时，现在工作七八个小时就很疲劳了。

出院后，林语堂接到了国际大学校长协会第二届大会的会议通知。1968年6月18日至20日，大会在汉城如期举行。五十多个国家和地区的两百多位大学校长暨学术文化界精英云集。林语堂也应邀参加了大会，并作了《趋向于全人类的共同遗产》的演讲。他将演讲稿撇在一旁，滔滔不绝地分析了东西文化的差异及两者调和的途径：

"中国人常以直觉来思考，而西方人崇尚逻辑，直觉的观察力在西洋逻辑系统中是没有地位的。但科学实证往往只见树木不见森林，甚至只见枝叶而未见树木。东方哲学除了研讨知识之外，注重对人生的探究。宇宙的奥妙，人生的美好，不是用三段论法的逻辑所能推演出来的。中国人以感觉作为现实不可分割的一部分；对于事物的看法，不像西洋人专说理由，而多兼顾感觉。例如，两军作战，西方人的观点较重视兵力、装备、补给等因素，中国人除了这些之外，还重视军队的士气。"

众多专家听得入了迷，只听林语堂问道："诸位，你们看病时，要是医生绷着一张脸，仅凭体温计测得你的39摄氏度体温便刷刷刷开了退烧药单，你是不是觉得特别颓丧？你迫切需要医生温和地、详细地询问你的病情，你热切地倾诉着自己不适的感受，医生温和地摸摸你的额头，仿佛魔术一般，你感觉病情减轻了许多，似乎受到佛陀摩顶。这就是科学所不能代替的人的情感的力量，而情感的力量是巨大的。"

林语堂喝了一口水，又开始论道。中国哲学的"道"相当于西洋哲学的"真理"，但含义比"真理"更广阔。西洋的"真理"，仅是指到达正当生活的途径；而中国所谓"道"，平易近人，是指人人应该走，且是人人可能走的途径，是日常生活的一部分。孔子谓"道"不可须臾离开人生，可以离开人生的便不是"道"；但西方所谓"真理"，纵使离开了人生，依然称为"真理"。

林语堂的报告中，不仅提到了东方文化在历史上对西方文化的影响及东方文化受西方文化冲击的情况，而且他还描绘了东西融合、世界大同的远景。科学与人性共存，双方取长补短，这种融合的文化将大大有助于人类建立和平、合理生活方式的社会。他的演讲获得了经久不息的掌声。马星野惊呼："林先生的记忆力太绝了！瞧瞧他那潇洒而从容的态度！他的思辨力太强了！"

转眼间，林语堂和廖翠凤已经结婚五十年了。他们迎来了自己的金婚。林语堂将一枚铸有"金玉缘"字样的胸针献给了廖翠凤。廖翠凤心花怒放。试想，天底下有多少对夫妻能够迎来金婚纪念日？首先要夫妻二人都身体康健，不能有一个人中途被病魔打倒；他们自20世纪30年代的抗战烽火走来，一路经历风风雨雨终究有惊无险。她跟着他享了不少福，也吃了很多苦，他一生东飘西荡足迹踏遍半球，她义无反顾无怨无悔追随……在鲜花和亲朋好友的祝福声中，廖翠凤幸福地笑了。这是一个女人伟大的胜利！

在林语堂金婚的第二年，命运之神再次把林语堂推向荣誉的巅峰。1970年7月，第三十七届国际笔会如期召开，林语堂再一次来到了汉城。看来，汉城是他的福地。

开会之前，很多来宾到处打听："你可不可以介绍我认识一下林语堂？"林语堂跟很多人握了手。开会之后，又有许多来宾说："我真高兴，昨天晚上的酒会上，我终于和林博士进行了交谈。"钦慕之情溢于言表。有位越南代表说："《生活的艺术》处处闪耀着智慧的光芒，读起来令人满心喜悦，这是我们亚洲人的光荣！"

大会的中心议题之一是幽默，这是林语堂的拿手好戏。美国小说家厄普戴克演讲的题目是《小说中的幽默》，法国批评家梅雅演讲了《论机智与幽默的区别》，这些作家有的把幽默分类来分析，有的从世界名著中寻找幽默的例子，也有些人从本国的文学作品或民族艺术中去寻找幽默，虽然学术性很强，但总让人感觉欠缺了些什么。林语堂与诺贝尔文学奖得主川端康成坐在一起听讲，两人时不时交头接耳，窃窃私语，大部分是林语堂在说话，川端康成面带微笑倾听。他们都是亚洲文坛的明星，虽然个性迥然不同，但在愉快的交谈中，两位风格各异的作家成了莫逆之交。

终于轮到幽默大师林语堂登台了。在这个群英荟萃的大会上，林语堂一点也不胆怯："诸位，今天我演讲的题目是《论东西文化的幽默》。大家都知道，所有的动物都会哭，唯有人会笑，幽默乃是人类心灵开出的花朵。"

一番话在情在理，大家纷纷点头。

林语堂继续道："幽默是一种精神，你不能用手指出一本书或一篇文章中的某几行，说这就是幽默。幽默是指不出但你可以体会得到的。我很佩服苏格拉底的幽默。有一次，苏格拉底的妻子与他争吵后一怒之下泼了他一盆洗脚水，谁知苏格拉底只是轻松地抹了抹头发，然后戏谑地说：'我早就知道，雷电过后一定会下场大雨的。'妻子和学生都不由得笑了起来。苏格拉底还说：'大家应该都要结婚，因为结婚实在有着太多的好处。你若娶到贤妻，当然是一大幸福；但若娶到像我太太这样的悍妇，还可以借此成为哲学家。'"

全场大笑。会场洋溢着轻松和快乐的气氛。

好消息接踵而来。历经五年编纂的《汉英词典》于1972年由香港中文大学正式出版，全书正文一千四百五十页，附录及说明二百七十页，共一千七百二十页，简直是巨型词书，单手拿都拿不动。最重要的是，这部词典词条内容非常丰富，除了释义外还补充了成语、典故、构词法等内容。而且附加常识众多，附录部分向读者展示了多项包含大量专有词汇的分类，如元素周期表、二十上节气、朝代、地名、度量衡等八大类学术和专有词汇。廖翠凤笑道："这简直是砖头啊！"这部词典特别有益于中外学者的汉译英工作，林语堂感到很欣慰，这部词典终于完成了他上半辈子的理想！是的，到了回归的时候了。从散文到小说到散文，从中文到英文到中文，从语言学到文学，又以语言学成果到达学术生涯的终点，由文学回归语言学，他画了一个自认为比较满意的圆。林语堂喜形于色："我工作完毕了！从此我可以休息了！"林语堂忘了，别人在77岁之前早就退休了！当他校对完那好几百万字的汉英词典的最后一行时，那最后一行成为他人生走过的一条重要的轨迹。

林语堂已经很知足了，没想到更大的荣誉还在后面等着他。1975年9月，第四十届国际笔会在维也纳召开。此时林语堂已经80岁了，他的长篇小说《京华烟云》在这次大会上被推举为诺贝尔文学奖候选作品，大会还宣布：林语堂当选为本届国际笔会总会副会长！林语堂站起身来致谢。林语堂继蔡元培、张道藩、罗家伦之后任笔会副会长，不是偶然的。因为当时胡适已去世多年，此时林语堂众望所归，成了台湾文坛的当然领袖。

身边的马星野笑容满面向他祝贺，林语堂耳力已经衰退，他不大敢相信自己的耳朵，问马星野："真的吗？我没听错吧？我当选副会长了？"马星野连连点头。此时主持人请林语堂到台上就座，林语堂走到台上，主持人为他献上了一束鲜花。林语堂感慨万千，当年曾有人想要将鲁迅先生的文章提名诺贝尔文学奖，但鲁迅先生觉得自己现在还没有那样的资格去提名，比他出名的文学家太多，人家都不行更何况是自己了，所以鲁迅先生一口拒绝了被提名。鲁迅先生真是太谦虚了。

幸福像潮水一样包围了林语堂。他一辈子埋头写呀写，儿时的美梦成真，被提名诺贝尔文学奖，这是命运对他的垂青！

（三）丧女之痛

也许是林语堂得到的太多了，命运给了年迈的林语堂迎头一击，夺走了他心爱的大女儿。

当年林如斯坚决回国参加抗战工作时，林语堂放心地把女儿托付给了林可胜医师。1945 年，林如斯在昆明认识了汪凯熙医师，打算与他到美国订婚。林语堂夫妇都很赞成大女儿的这门亲事。当这对恋人来到美国后，林语堂夫妇就忙于张罗女儿的订婚仪式，发请柬，订酒席，请司仪，忙得不亦乐乎。向亲朋好友们发出订婚宴会的请帖后，林语堂以为这下子可以坐下来松一口气了。谁知就在亲友们都准备前来参加订婚宴会的前一天，林如斯突然和一个美国青年私奔了。这意外的消息，犹如晴天霹雳，把林语堂夫妇都炸蒙了。

请柬都发出去了，女儿却不见了。汪凯熙手捧鲜花进门来，兴冲冲地问："如斯呢？哪里去了？"

林语堂无言地将纸条拿给年轻人。

汪凯熙眼前一黑，犹如晴天霹雳，喃喃自语："怎么会这样？怎么会这样？"到这一刻他才发现，自己根本不了解未婚妻。在林如斯看似柔弱的身上，一直有一种狂风暴雨般的力量隐藏着。

林语堂喃喃道："凯熙！真对不起，是我教女无方啊！"

汪凯熙大脑一片空白，机械地回答："我也有责任。也许是我对如斯关心不够……"他失败了，败给了一个擅长甜言蜜语的美国青年。

亲戚朋友兴冲冲前来道喜，廖翠凤满面羞惭："请回吧！订婚仪式取消了！"她知道，这下在亲朋好友面前丢脸丢大了。来宾无不惊诧莫名，林如斯私奔的事马上传开了。

林如斯嫁给狄克，林语堂是反对的。跨国婚姻，存在着文化观、生活习惯、饮食习惯等各方面的差异，现在的年轻人被爱情冲昏了头脑，将来生活一段时间，各种矛盾暴露出来，悔之晚矣。这个傻女儿哟！

这天，林如斯回到家中，廖翠凤惊叫起来："女儿，你怎么瘦成这个样子？"林如斯沉默着，无力地摇了摇头。林语堂追问道："女儿，你是不是和狄克闹矛盾了？你说出来，爸爸为你做主。"

一句话戳中林如斯的心窝，林如斯扑到母亲怀里大哭起来："妈，我要和狄克离婚。"说罢号啕大哭，眼泪鼻涕都糊在母亲身上。廖翠凤拍着女儿的后背道："乖女儿，别哭，别哭，到底怎么回事你慢慢说。"

林如斯抽噎得无法说话，好不容易平静下来。林语堂递给女儿一杯茶，林如斯擦干眼泪喝了一口，哽咽道："爸爸，狄克在外面有人了，是个牛高马大的美国女人。狄克说我没有激情，还是他们美国女人好。爸爸，狄克不要我了！"

廖翠凤大怒："这个狄克真是该死！当初对你山盟海誓，如今始乱终弃！"尔后又埋怨道："当初你爸爸就反对你嫁给狄克，谁叫你偏偏不听，现在好了！事情变成这样，怎么办才好？"

林如斯又是伤心又是悔恨，泪如泉涌。自己阅历浅薄，偏偏遇人不淑，她以为神圣自由的爱情最终不过是一场噩梦。懊恼、自责、伤心、遗憾等百般情绪纠缠在心。这阵子，她过的是人间地狱的日子。上个月，狄克几乎天天夜不归宿，凌晨 5 点回家时满身酒气，他跌跌撞撞想找水喝，差点撞到了桌子。林如斯闻声穿着睡衣从卧室出来，赶紧上前扶住他，埋怨道："你怎么又喝得醉醺醺的？"狄克厌恶地甩开她的手："对酒当歌，人生几何，这不是你教我的中国诗吗？人生苦短，须及时行乐，可惜你就是个木头疙瘩！"

林如斯的心如同被狠狠剜了一下：什么时候，她在狄克心中从东方美人变成了木头疙瘩？而又从什么时候起，眼前这个她所爱的人怎么变成了她所厌恶的人？他们两个，似乎都被时间替换过了，现在站在彼此面前的都是彼此所厌恶的人。

昨晚，狄克又醉醺醺地回来了，更可气的是，是一个金发碧眼的性感女郎送狄克回来的。狄克回到房间里扑倒到床上马上鼾声如雷，林如斯送那女人出去，那女人朝林如斯嫣然一笑："狄克太太，你要管好你的丈夫哦，昨晚他睡在我那儿，但早上我女儿要回家了，我不得不将他送回来。"

望着金发女郎的背影，林如斯简直要气晕了过去，一颗心几乎要裂成两半。离婚吧。这日子再也过不下去了。她心目中的爱情是纯洁的、神圣的，绝不容许有半点玷污。往日夫妻之间的争吵尚有回旋的余地，今日的情形是再难挽回了。

林语堂打断了妻子的话："生米已经做成熟饭，说那些有什么用？女儿，你现在准备怎么办？"是啊，女儿如今已经伤痕累累，他怎么舍得再往女儿心头捅上一刀呢？

林如斯呆呆道："我要离婚。"人间荆棘遍地，她不慎误入荆棘丛，她的脚尖她的心都在淌血。

廖翠凤惊叫起来："离婚？没有复合的可能了吗？"在廖翠凤心里，女人是要从一而终的，不到万不得已，最好不要离婚。

林语堂道："女儿，你如果想清楚了，那就离婚。爸爸支持你。在这个世上，有谁会离不开谁呢？没有狄克，你照样可以生活得很好。"

林如斯喃喃道："爸，离开狄克，我的心已经死了，我这辈子再也过不好了。"林如斯两眼发直，失魂落魄，心中一阵阵锥心的疼痛。狄克是她生命的全部，当初她悔掉和汪凯熙医师的婚约与狄克私奔，那时她的心中熊熊燃烧着爱情之火，她在心中立下坚定的誓言，这辈子，她将只爱狄克一个人，当然，她希望狄克这辈子也只爱她一个人，两人都成为彼此的唯一。如今，爱情童话破灭，怎能不让她伤心摧肝？她好羡慕母亲，父亲是那样疼爱母亲，母亲是个有福气的人，不像她，如此命薄。

林语堂很冷静："这样负心的男人，不要也罢。女儿，你离婚时，一定要跟狄克要一笔赡养费。"

林如斯两眼呆滞："狄克说要给我赡养费，我不会要他一分钱的。他的钱让我感到恶心。"

林语堂无言以对。他不忍心再责备女儿了，女儿太善良、太傻了，也许女儿还幻想着狄克能浪子回头呢！情关勘不破，终生是牢笼。林语堂叹了口气，为自己倒了杯咖啡，苦涩的味道让他皱紧了眉头。

夜凉如水。林语堂夫妇和林如斯都辗转反侧难以入睡。林如斯回忆着和狄克一幕幕甜蜜的过往，心如刀割，泪水浸湿了枕头。原以为爱情将一生一世，像父亲母亲这样恩爱一辈子，没想到琉璃易碎，彩云易散，一切都陷入泥淖变得如此不堪！

林语堂对廖翠凤叹道："咱们从小把如斯当宝贝，捧在手里怕碎了，含在嘴里怕化了。大概是以前她享的福太多了，才会遭此劫难。人有福厚福薄，每个人承受福分的体积不一样，但他们都有定额的享受。前面的享受太多了，后来的享受就少了。所以，有的人享受在前面，有的人享受在后面。享受在后面的，小的时候都是苦。享受在前面的，晚年都是难。相比起来，还是后面享受的好，先苦后甜。有的人苦吃多了，越发觉得甜，甜上加甜。

从小就在甜里泡，越发经不得苦，失去了以前的甜，也就只有了苦，苦上加苦。但愿女儿坚强一点，能够挺过这一关！"

廖翠凤忽地披衣起床，林语堂问道："你去做什么？"廖翠凤道："我去祈祷一下，求上帝保佑如斯闯过这一关！"

天亮后，趁着廖翠凤去买菜，林语堂拿自己当年惨痛的失恋给女儿鼓劲："孩子，我知道你现在心里很苦。失去爱人，就像溺水的感觉让人窒息，只觉心上插着尖刀，都无力跳动了。可是，当年我用坚强的意志从失恋的痛苦当中走出来了。失恋没有成为我终生的阴影，没有改变我生活的信念和勇气，我把这段惨痛的经历化成一种动力。当初陈天恩不是觉得我高攀不上他女儿吗？我努力写作，现在名气有了，版税也挣了不少，我要让他后悔，因为他的一己偏见，他错过了当著名文学家的岳父的机会。孩子，你要振作起来，你要活得比以前更好，让狄斯后悔，让他知道他错过了一颗多么宝贵的珍珠。"

林如斯无力地"嗯"了一声，她的天塌下来了，如今她躺在一片废墟之中，尽管父母亲朝她伸出了援救之手，但她的整个身心都被废墟压住了，她也渴望勇敢地站起来，可她觉得自己没有那么大的力气，她觉得，就这样躺着睡着就好了，永远地闭上眼睛，什么悲伤都烟消云散了。父亲身上那种苦中作乐、笑看人生与世界的智慧，她是多么渴盼拥有啊！可她身上天生缺少这种泰山压顶而不变色的从容，婚姻的解体把她整个人都摧毁了。

到了上班的时间，林如斯收拾了东西向父母亲告别，廖翠凤很不放心："你这精神状态怎么上班？干脆请假一段时间，住在家里休养一阵子。"

林如斯道："妈，博物院那边人手紧缺，我不好请假的。"

廖翠凤叮嘱道："你要好好照顾自己啊！"

过了一星期，廖翠凤接到了台北故宫博物院的电话："廖女士您好，我们发现如斯最近精神恍惚，你们是不是先把她接回家修养一段时间？"

林语堂夫妇俩大惊，等他们把女儿接回家的时候，他们发现女儿的病情远比电话里所说的更严重。林如斯一会儿哭一会儿笑，见到谁就会扯着他的袖子喊着"狄克、狄克"，人家告诉她"我不是狄克"，她就会歇斯底里大发脾气。没办法，林语堂夫妇俩把林如斯送进了精神病院。办完住院手续，廖翠凤拉着主治医生的手含泪说："医生，拜托您了，拜托您治好我的女儿吧！"

医生道："女士，我会尽力的。不过，心病还得心药医，只有她忘了伤害她的人，她的病情才会彻底好转。"

忘掉伤害她的人？有可能吗？狄克已经在她心上戳了一个大窟窿了，怎么忘得掉？廖翠凤只能祈求上帝给女儿力量，让她快快走出这段人生的沼泽地了！

林如斯病好的时候，依然是个聪慧美丽的女子，依然有作品问世，可她依旧是父母最担心的人。

那天，廖翠凤从外面回来，手里捏着一张报纸，颤抖着声音喊道："完了！完了！全完了！堂啊，你在哪里，快来啊！"

林语堂应声而出，见到妻子面色苍白，吓了一大跳，连忙上前扶住妻子："怎么啦？发生什么事啦？难道天塌下来了吗？"

廖翠凤一屁股坐到椅子上："日子过不下去了！你自己看吧！"

林语堂接过报纸，一行大字跃入眼帘："互惠基金主持人因舞弊被抓。"林语堂大脑轰的一声，慌忙把新闻详细看了一遍，犹自不信，又看了一遍，跌坐在沙发上："这次真完了，我们上当了，血汗钱打水漂了！"这笔互惠基金是夫妻俩准备用来养老的，这是林语堂绞尽脑汁、费尽心血赚来的版税，现在互惠基金出了丑闻，股票狂跌，变得不值一文了。上帝为什么要这样折磨他呢？20世纪40年代的时候，他们就曾经把美金兑换成银元，结果也是惨遭贬值。上帝怎么会向同一个人开同一个玩笑呢？

尽管受了如此沉重的打击，廖翠凤还是打起精神做了晚饭，喊女儿出来吃饭时，一连喊了三遍，女儿都没答应。直到廖翠凤推开房门喊女儿，林如斯方如同从梦游中惊醒过来，木头人一般跟着母亲走到餐桌旁坐下。廖翠凤见到女儿披头散发、失魂落魄的样子，忍不住道："孩子，你要振作起来。今天有一个很坏的消息。你爸爸一辈子的心血都存在互惠基金里，那互惠基金的主持人因为舞弊被抓起来了，那些钱变成了一张没用的废纸。不单单是爸妈，成千上万的人上了当。孩子啊，现在爸爸妈妈都养不了自己，更养不了你。你一定要振作起来！要是将来我们走了，你这个样子，我怎么放心得下呢？"

林如斯一听事情如此严重，头脑清醒了过来："哦，这件事情真是太糟糕了，爸爸，妈妈，别难过……"

见到憔悴的女儿勉强打起精神安慰自己，林语堂连忙打断廖翠凤的絮叨："凤啊，这些不愉快的事你就不要跟女儿讲了。我还有笔，我还能写，只要能写，就能赚回版税。"其实，林语堂心里也很痛苦。他一直努力让妻子活得快乐，可是大女儿现在正在摧毁她！

"你还能写？你几岁了？你眼睛都快看不见了！"廖翠凤叫起来，她既心疼丈夫，也心疼女儿。她多疼她的大女儿呀！如斯小时候是那么乖，那么听话，像个小大人，帮她做家务，还照顾两个妹妹，带着两个妹妹玩耍。又那么聪明，那么优秀，她应该活得很快乐很幸福才对，上帝为什么要把不幸降临到女儿身上呢？太残忍了！

看着女儿如此糟糕的精神状态，林语堂庆幸自己把如斯从美国叫回来。有父母亲照料尚且如此，要是一直任由她在美国生活真不敢想象会发生什么事？本来，林语堂夫妇到台湾定居以后，林如斯仍然留在美国生活。二女儿林太乙、三女儿林相如在香港工作。眼见林语堂夫妇俩上了年纪，亲戚劝解道："这样下去不行！你们老两口需要有人照顾！如斯在美国一个人孤单单的，应该劝说她回台湾啊！这样，你们老两口有个伴，如斯也有个照应，两全其美！"林语堂摇摇头："你不知道，如斯这孩子固执得很，在抗战的时候，我们全家天天跑防空洞，后来我们到了美国，她硬是回重庆参加医疗工作。别看她外表柔弱，其实如斯很有主见，她身上有着不依赖家庭而自主自立的个性！"

亲戚朋友都劝："再怎么有主见，在父母膝前尽孝是应该的！我们来给她打电话！"

接到电话，林如斯非常矛盾。于情于理，她应该回父母跟前尽孝。可是，她是一个做错了事的孩子，她怕看见父母那哀伤的目光，那目光让她的心滴血。但是，她这样一味逃避确实太不应该，父母需要她！

几经犹豫，林如斯飞回了台湾。这几年，她拼命用工作麻痹自己。年关将近，同事们忙着采购年货，每个人都忙忙碌碌的样子，唯独她啥都不需要准备。她没有孩子，不需要给孩子买新衣裳；她没有爱人，不需要准备可口的饭菜。院里发了一些大米、花生、瓜子等年货，同事拿不动，林如斯帮她拿到门口，便见同事丈夫骑着摩托车来接她，同事丈夫将年货放在摩托车脚踏处，女同事便两手抱着丈夫的腰，两人说说笑笑远去。

林如斯呆呆看着同事夫妻俩的背影。一股许久不曾到来的绝望涌上心头，将她整个人淹没。曾几何时，她与狄克也有过这样幸福快乐的时光？哀莫大于心死，她再也不可能重新拥有爱情，拥有家庭。假如自己当初听父亲的话，嫁给汪凯熙医师，也许她现在也过着平凡幸福的日子吧？当初父亲反对自己上大学，后来她觉得父亲的一切决定都是错的，她的人生要自己做主，结果明珠暗投，遇到了狄克这样的浪荡子。林如斯机械地往宿舍方向走。上台阶，开门，进客厅，开小门，进房间，在梳妆镜前坐了下来。她看到了一张干裂、掉渣的脸，就像干涸的土地，其中有一块，仿佛正慢慢地从脸上掉下来。屋子里越来越冷。外面的夜越来越黑，仿佛笼罩在天地间的一张网越收越紧。她的心已经碎了，缝合不起来了。现在，她连喘气都觉得累，死亡才是最彻底的休息，长眠于地下肯定比活着舒服多了。

真冷啊。在上路之前，给自己泡杯茶暖暖身子吧。她泡一杯茶，喝了半杯，身体稍微暖和了些。她将写给父母的遗书放在桌子上醒目的地方，找出了多年前就已准备好的绳子。就像一只思乡的鹤鸟，飞向它出生时的山林，林如斯的灵魂启程回到了她永久的家乡。

次日，博物院院长蒋复璁请林语堂在故宫吃饭，席间，林语堂对蒋复璁道："蒋院长，我女儿最近精神状态不好，请多关照，拜托了！"

蒋复璁赶紧道："如斯很优秀，做事又很认真，我一定会关照她的。"

话音未落，一个工人上气不接下气闯了进来，神色慌张："蒋院长，不好了，林小姐自杀了！"

林语堂勃然变色，往女儿的宿舍飞奔而去。

林如斯已从窗帘杆上被解了下来，平躺在床上。她面色平静，已经没有了呼吸。三春花谢，再也无法还魂了。桌子上的茶还是温的。要是早一点来看看女儿就好了！林语堂的心裂成了两半。桌子上放着林如斯的遗书："对不起，我实在活不下去了，我心力耗尽了。我非常爱你们。"

看到遗书，林语堂不禁肝肠寸断，老泪纵横。

林如斯被运回家中。林太乙和丈夫黎明、林相如三人闻讯从香港马不停蹄赶往台北，林语堂扑到二女儿身上大哭起来："你姐姐把我的心掏空了！"廖翠凤也扑到三女儿身上大哭起来。

林太乙忍着眼泪哽咽道："爸，妈，别哭了，姐姐看到你们这样会难过的……"林太乙陡然感觉自己肩上担子的沉重，似乎在一瞬间长大了。从前，是父亲扶持她；现在，她变成两位高堂的依靠了！眼见父母都处于崩溃的边缘，林太乙把父母送进了医院。隔床对望，林语堂哭着对廖翠凤说："凤啊，我们不要再哭了，我们不哭了。"廖翠凤哭得喘不过气来，林语堂老泪纵横扶住妻子："如斯也许早就想走这条路了，是我们对她的爱和她对我们的爱让这一天延迟了二十多年以后才到来。女儿先我们一步去了天堂，也许这是上帝的安排吧。"

他们哭得太久太久，以至于全身软绵绵的完全失去了力气。

林如斯选择了这种默默结束自己生命的方式，她彻底地解脱了。犹如飞蛾扑火，在刹那间的极美之后，坠向了万劫不复的深渊。她在爱情里流连太久，终究迷失了自己。

办完了丧事，林语堂在灯下挥笔写下了一首词《念如斯》：

东方西子，饮尽欧风美雨，不忘故乡情，独思归去。关心桑梓，莫说痴儿语，改妆易服效力疆场三寒暑。尘缘误，惜花变成摧花人，乱红抛落飞泥絮。

离人泪，犹可拭，心头事，忘不得。往事堪哀强欢笑，彩笔新题断肠句。夜茫茫何处是归宿，不如化作孤鸿飞去。

写完读了一遍，林语堂把写着词的纸张烧了，这一份父亲的思念与心意，就化作纸灰随着孤鸿飞向那个遥远的看不见的世界吧！三个女儿中，林语堂一直觉得如斯最有文学天赋，在很多方面继承了自己的特长，他非常希望大女儿能继承自己的衣钵。如今事与愿违，白发人送黑发人。坚强如林语堂，也觉得自己像被命运的子弹击中，踉跄倒下了。

如果人的一生有春夏秋冬，女儿如斯就是死在了秋天的季节。四季中林语堂最喜欢的是秋天，因为秋天树叶刚呈嫩黄，气氛比较柔和，色调比较浓艳，可又染有一丝忧愁和死亡的预感。它黄金的瑰丽景色所显现的不是春天的纯真，也不是夏天的威猛，而是垂老的柔顺和慈祥的智慧。它知道生命有涯，但也安命。它既知道生命的种种限制，又有丰富的经验，从而展示了最鲜艳最缤纷的色彩。落日的余晖映照着大树的时候，它仍然会嫣然欢笑。清晨的山风吹过，使大树颤动的树叶飘落地面。你不知道落叶的歌是欢笑的歌唱，还是诀别的哀吟。

啊，这秋天诀别的哀吟！原来秋天不仅是美丽的季节，还是个残忍的季节！

女儿死去后，廖翠凤完全被抽去了精气神，吃得很少，长久地不说一句话。以前她最疼爱外孙，现在见到外孙也像木偶一般。她常常喃喃自语："如斯不在了，我活着干什么？我活着干什么？"她的精神受到了严重的刺激，好像完全变了一个人，似乎有些老年痴呆的症状，整天郁郁不乐，还经常指责林语堂，为每况愈下的家庭经济忧心。廖家人的缺点又渐渐在廖翠凤身上复苏和放大了，她怀念以前经济宽裕的日子，整天絮絮叨叨指责这个指责那个。林语堂默默忍受了这一切，妻子数十年如一日将青春给了他，没有这个贤内助，他林语堂不可能取得这样辉煌的文学成就。当年一个富家女能心甘情愿跟着他一个乡村穷小子远走天涯，如今她被丧女之痛击倒了，他一定不能厌弃妻子，要好好地照顾她。

家庭笼罩在愁云惨雾之中。林太乙心疼不已，姐姐的死掏空了父母亲的心。林太乙安慰父亲："爸爸，你不是常教我们活着要快乐吗？失去了姐姐，我也很难过，可是逝者已矣，活着的人不是要好好继续自己的生活吗？你们这样悲痛，姐姐在天上看了也会难过的！"

坐在一旁的廖翠凤听到"姐姐"，忍不住又难过得号啕大哭起来。一个人怎么会这样说走就走了呢？女儿说没就没了，怎么还老听到她小时候咯咯的笑声？

大女儿永远地离开了。

林相如驾车带着父母到处去散心。在阳光闪光的浅水湾，他们坐下来吃茶，但林语堂的茶杯拿得不稳，茶水滴得满胸。廖翠凤随便坐着，双腿竟然忘记并排，这在从前是绝对不可思议的。夫妻两人望着在沙滩上戏水的孩子，两人都面无表情。遇见朋友，他们都好像不认识。女儿们只好又扶他们踉踉跄跄走回汽车。

过了一阵子，林语堂率先振作起来，走进书斋工作。他好歹有写作这个精神支撑，而廖翠凤被抽走了精气神，最近她没有眼泪了，像一头沉默的猫头鹰睁大眼睛时时刻刻注视着丈夫的一举一动，她面色灰白，闭紧双唇，话很少，时时提防着横祸再次降临。每当电话铃响起来的时候，她的心里就一阵紧缩。

林语堂一直是反对自杀行为的。他觉得，由生物学的观点看起来，人生读来就像一首诗，它有自己的韵律和拍子，也有其生长和腐坏的内在周期。每个人应该能够体验出这种人生的韵律之美，应该能够像欣赏大交响曲那样，欣赏人生的主要题旨，欣赏它的冲突的旋律。可是有些人的人生中不调和的音符声响太大了，弄得音乐不能再继续演奏下去，于是那个人开枪自尽，或跳河自杀了。在这些人的生命里，有时断音或激越之音太多，因为速度错误，所以音乐变得刺耳难听。

为什么女儿没有按照生命正常的节拍走向终点？林语堂设身处地体会女儿的痛苦。人一旦过于痛苦，觉得尘世的痛苦大于尘世的欢乐，他就会选择结束自己的生命。

活在这个世上，人总是要受难的。在人生路上跋涉了几十年，上帝才来打击他，也许已经是很仁慈了。人这一辈子，要挣脱灵肉的虚妄，要直面人性的善恶正邪，要面对贪婪和欲望，要忍受生命不能承受之痛，要忍受肉体和思想的煎熬。与文字为伍，走在文学的路上，注定寂寞、孤独，注定要独自面对思想中的纠缠起落，他太累了。

安葬完女儿，山上的杜鹃花都盛开了。那红艳热烈的花朵，仿佛滴血的心事。

（四）游子停住了流浪的脚步

下个月就是林语堂的八十大寿，当选国际笔会总会的副会长、《京华烟云》被推举为诺贝尔文学奖候选作品是最隆重的寿礼。副会长的荣誉职位，在亚洲作家中只有印度的光诗南、日本的川端康成担任过，林语堂是亚洲作家中荣膺此职位的第三人。女儿女婿准备在台湾和香港两地为他举办两次八十大寿。年近50岁的林太乙特别珍惜父母双全的日子，但愿父亲能够福如东海，寿如南山。有父母在，自己就永远是个孩子。

林语堂回忆起六十几年前，福建漳州龙溪坂仔村的一个幼童，曾天真地对父亲说："我要写一本书，在全世界都闻名……"七十年后，这个幼童的梦想和预言实现了。此时林语堂已步履蹒跚，记忆迟钝，走路要用手杖，健康状况每况愈下。10 月 10 日，林语堂八十大寿，香港利园酒店高朋满座，朋友们纷纷前来为他祝寿。

林语堂坐在主桌主位，此时旋转门推开，一个熟悉的身影映入眼帘。林语堂激动地站起来，大喊："徐讦！你来啦！"他颤巍巍站起来准备前去迎接好友。

那边徐讦也颤巍巍道："语堂，祝你生日快乐！人生七十古来稀，你是胜利者！"

两个老朋友紧紧拥抱在一起，互相拍拍肩膀道："20 世纪 30 年代的诸多朋友，如今只剩下咱们这几个老家伙啦！"两人眼角都湿润了。从战火纷飞中一路走到如今，确实不易！

来宾除了中文大学的许多教授和利荣森、利国伟等，还有 20 世纪 30 年代上海论语派的老"战友"简又文、徐讦，以及钱穆、张国兴等。

10 月 12 日，林语堂夫妇在小女儿林相如的陪同下回到台北，台北文化界的十个文艺学术、新闻团体在大陆餐厅举行盛大的联合茶会，庆祝林语堂的八十华诞。主持人致祝寿词，并高度赞扬了老寿星：

先生集东方和西方的智慧于一身，我们只要稍微诵读他的著述，就会觉得如在一位讲求情理的才智之士之前亲受教益。他有自信、有礼、能容忍、宽大、友善、热情而又明慧。他的笔调和风格像古时的人文主义者描述人生的每一方面都深刻机敏、优美雍容，而且由于顾到大体，所以在估评局部事物时能恰如其分。最足以描绘他的形容词是：有教养。他是最令人赞佩，最罕见的人——一位有教养的人的典型。

林语堂道："谢谢朋友们前来，谢谢。我很高兴。以后聚一次少一次了。这辈子我写了不少东西，我喜欢古人心血来潮时，要说什么就说什么；有时谈论重大的事件，有时抒发自己的感想，说完话就走。我也是这样。我的笔写出我心中的话。我的话基本完了，我也差不多要告别这个世界了。"这辈子，他一直用文字打发时光，这条路他已经走了几十年。如今，白发已经湮没了一生的悲欢离合，似乎要走到尽头了，他已心无挂碍。

全场气氛陡然变得有些伤感起来。主持人忙道："朋友们，让我们共同举杯，一起欢庆林先生八十华诞！"霎时觥筹交错，大家将杯中美酒一饮而尽。

林语堂隐约预感到自己即将走到生命的尽头，就像一头大象预感自己的生命即将结束便默默地走向森林深处。他变得像林黛玉一样多愁善感伤春悲秋——世界太美了，他怎么舍得离开！他翻看自己的老照片，照片中他总是笑得那样自然开朗，仿佛天真烂漫的孩童，没有阴冷、悲苦和漠然，就像一朵自由舒卷的花。

然而，谁也无法抗拒生老病死的自然法则，但他尽量想使优雅的老化含有一份美感。他要在告别这世界之前好好回顾和总结一下自己八十年来的心路历程。

他开始动笔写作《八十自叙》："我本身就是一团矛盾，一团连自己也理不清的矛盾。"是的，连他自己都看不清自己，外人要完全懂他就更不容易了。他没有回忆自己的丰功伟绩，反而把自己的弱点和矛盾坦白地公之于世。他一向是真诚的。20世纪30年代时，他保持不左不右的中间立场，努力不谈政治，似乎超脱得很。可是，只要翻开他的论著，与政治有关的文章比比皆是。《论政治病》《谈言论自由》《如何救国示威》等都与社会政治有关。有时，林语堂又以老庄之徒自诩，宣传"出世"，可是他又加入了民权保障同盟，到法西斯德国驻沪领事馆抗议，入世又是何等之深！他想保持中庸，但身为知识分子，他又本能地为现实的黑暗而感到愤怒。政治现状的混乱使他陷入了深深的迷惘。

那天，他坐在舒适的沙发里，对着客人毫不隐讳地列举着自己性格上的矛盾。他说：

我自认为自己是异教徒，心里却是基督教徒。

我献身文学，一直以没有进理学院为一大错误，我心近科学。

我爱中国人，但批评中国人比谁都诚实、坦白。

我崇拜西方，可是蔑视西方教育心理学家。

我是现实主义的理想家，也是满怀热情的达观者、冷静的观察家。

林语堂用笔赤裸裸地解剖自己的灵魂，遇到众多挑剔的目光，这是裸露灵魂者常遇到的尴尬，他却泰然处之。

时而出世，时而入世，林语堂身上的众多矛盾正是中西文化碰撞过程中的正常感应，由此带来的思考和顿悟让他自觉地架起了东西方文化之间的桥梁。他一直在求新求变，努力在矛盾中探索艺术创造的真谛。而这一点，正是林语堂的老朋友钱穆最为欣赏和钦佩的。

直面他这一生，看似中西结合，却又不中不西，又中又西。他一生就像一幅素描，有光明也有阴影，只好自诩为一团矛盾。其实，每个人都是一个矛盾体，只不过有的人分裂得轻微，有的人分裂得厉害。林语堂最大的矛盾是：空有一肚子学问，可惜不能解答现实中的实际问题！但有一点他做得非常好：他爱中国！希望中国早日强大起来！他有时怯懦有时勇敢，有时锱铢必较有时慷慨大方，有时世人负他有时他负世人，不管如何，他始终热爱着这个尘世，尘世是唯一的天堂。他深深眷恋着这么一个孕育万物的天地，恩怨情仇都是美。真舍不得离开啊！

过了八十大寿，林语堂希望自己尽量保养，让自己至少再活十年，享受儿孙绕膝的天伦之乐。他现在最盼望着二女儿林太乙带着两个外孙到家里来，他和两个外孙一起捉迷藏，一块儿倒在床上，又说又笑，高兴起来干脆两脚朝天乱蹬。他跟着两个外孙喊廖翠凤为"外婆"。做个小孩真快乐呀！从此以后，世人的毁誉毫不相干了。无论如何，人生的任务基本完成，紧张已经解除，精力也消耗得差不多了。

唯一美中不足的是，他近日总感到呼吸困难。在拍出来的 X 光片上，他的肺部损坏了大半了。医生严肃地对他说："林先生，您一定要戒烟。"

林语堂瞪大了眼睛："戒烟？怎么可能？我抽烟将近六十年，六十年的惯性怎么可能一下子就改变？"

医生刷刷地开着药方："林先生，在文学方面，我要听您的；但是，在医学方面，您一定要听我的。情况已经很危急了，若您再继续抽烟，后果不堪设想。"医生转头对廖翠凤说："林夫人，假如您真的关心丈夫的健康，那么请您一定要督促您丈夫戒烟。这不是开玩笑的。"

回到家里，林语堂习惯性地拿起烟斗，廖翠凤上前一把夺了下来："你不要命啦？从今天开始，再也不能抽了！我希望你的寿命比我长，这样我才不会孤孤单单一个人留在这世上！"说着眼泪就掉了下来。

林语堂本想抗议，可是看到妻子的眼泪，他不由得也心酸了。他恋恋不舍地摸了摸与他朝夕相处的烟斗，叹了口气："好吧，那我就听你的。你帮我把烟斗藏起来吧，不然我会情不自禁又抽上的。还有，你帮我拿一颗糖来。嘴里空空的，难受得紧。"

廖翠凤破涕为笑，拿了一颗牛奶糖剥了糖纸，塞进丈夫嘴巴里。

第二天起床后，廖翠凤突然发现丈夫的脸涨得通红，嘴巴有些歪斜，她吓了一大跳，赶紧叫救护车将丈夫送到了医院。医生诊断后说："这是中风的初期征兆，不能太过劳累！"廖翠凤转头对丈夫说："堂啊，听见没有，不能太过劳累！别再工作了，命比钱重要！"

不久，林语堂又发现了初期心脏病的征兆，从卧室到客厅走路都十分困难，只能以轮椅代步了。晚上睡觉时他会从床上掉下来，怎么爬都爬不上床去。他一天天衰弱下去，三天两头感冒痛风。原来那么旺盛充沛的精力，正被时间的巨手一点点地从躯壳里抽走。他对女儿说："我真羡慕你，想去哪里就去哪里。"

林太乙安慰父亲："爸爸，没关系的，坐在轮椅上，你仍然可以想去哪里就去哪里！"

虽然行动不便，林语堂还是时常来往于台湾与香港之间。廖翠凤喜欢住在香港，因为她最信任二女儿，林太乙住在哪里，家就在哪里。公寓在五楼的顶层，而且南边窗外是窄街和几栋欧式建筑的屋顶，晚上可以看见一整排灯光通向维多利亚港。这个画面让人觉得自己拥有万物，身处世间繁华的中心。楼下有一间咖啡厅，时时让廖翠凤觉得自己处在刺激的生活中，充满了活力与希望。

这天，门铃意外地响了起来，原来是圣约翰大学同学陈希庆的夫人！故人相见，林语堂分外高兴。回想在圣约翰读书时是年仅20岁的青春少年，如今五十多年过去了，物是人非，大家都已两鬓斑斑。陈希庆夫人道："如今大家各自飘零天各一方，有的在台湾，有的在美国，有的在香港，只有我小姑如今仍然住在厦门，可惜往来不大方便。"

林语堂一听到陈锦端仍住在厦门，激动地站起来："锦端还住在厦门？我要去厦门看她！"

廖翠凤道："你发神经哟，你腿脚这样不方便，你要怎么去见她？起码要等身体好些吧？"

妻子总是务实的。如果说陈锦端曾经惊艳了他的时光，那么妻子廖翠凤则温柔了他的岁月。林语堂慢慢坐回沙发。这辈子，恐怕再也见不上陈锦端一面了。他知道，五十年过去了，他惦记的只是一个梦。再见锦端，恐怕她也鸡皮鹤发，垂垂老矣了！

陈希庆夫人走后，廖翠凤也去买菜了。林语堂悄悄打开箱子，找出一幅画。画面上的女子长发飘飘，用一个夹子夹着。这就是他心爱的初恋女子。他曾经画了无数幅陈锦端的肖像，就这一幅最为满意。无论他在美国还是在台湾、香港等地，这幅画始终不离他左右。她，永远在他心里占有一个宝贵的位置，只有在夜深人静时，在孤独彷徨时，他才会拿出来细细端详。今生无缘，那就来生再见吧！愿她过得幸福快乐！试问，有多少爱可以重来，有多少爱值得等待？

桌子上放着两卷集的《语堂文集》等着他校对。这是台湾开明书店把他早期散文杂文汇编而成的。林语堂慎重地重新校对了一遍。只不过他没有想到，等书出版的时候，他已经看不到了。

　　1976年3月22日清晨，林语堂突然大口大口地呕吐，捂着头直喊头晕。家人把他紧急送进圣玛丽医院。廖翠凤没日没夜守护在床头。她时不时轻唤一声，堂啊，堂啊。昏迷中的林语堂眼角滚下了一串泪珠。廖翠凤俯下身轻轻地将那眼泪吻去。眼前的这个男人，一直是她的天。丈夫心地纯良，本性不移，待人宽厚，他的性格、爱憎、趣味、心灵、眼界都是她所崇拜仰慕的。她爱了他一辈子。跟着他，荣华富贵也享受过了，她曾经跟随丈夫迎接那些鲜花和掌声，她感恩命运让她作为大文豪的夫人所受到的欢迎与优待。当然，她也跟着他一起受过很多苦，新婚出国的轮船上，她饱受阑尾炎的煎熬；他们曾经一起靠着一罐老人牌麦片度日；他受到指责时她跟着一起受惊吓；他发明打字机以致破产；好几次存款贬值储蓄化为乌有……感谢命运让他们一起同甘共苦。她最感激他的是，作为一个大才子，他没有休掉她这个旧式的妻，放眼看看周围，郁达夫等，离过两三次婚是常事。他始终是她的孩子。她一直把他当作自己的顽童。这辈子，足够了。

　　抚摸着丈夫送给自己的金婚纪念日勋章，廖翠凤热泪盈眶。

　　林语堂躺在病床上似醒非醒。终于快到曲终人散的时候了，舞台越来越空旷，他曾经不知疲倦地舞动，如今快到了谢幕的时候了。人生真是一场梦，人就像一个旅客，乘在船上沿着永恒的时间之河驶去。在某一地方上船，在另一个地方上岸，好让其他河边等候上船的旅客。病床上的林语堂虽然失去了行动能力，但头脑却异常清醒。他现在经常回想起往事，回想往昔战火纷飞、周围的亲朋好友动不动就突然死亡的战乱时刻，再对比一下现在的和平年代，再也不用跑防空洞，再也不用怕突然会有哪一颗子弹落在自己头上，每天可以闲适地喝茶或者喝咖啡，可以快乐地写文章，可以自由地和儿孙嬉戏，真的是恍若隔世。一个人的一生，上半辈子犹如一条河的上游，下半辈子犹如一条河的下游，往往曲折回环，最后百川归海。试看人世间，有多少河流，可以不被岁月无情改道？又有多少河流，可以不被时间污染？浮生若梦，在独属于自己的这条河流中，最快乐的事就是可以我手写我心，他这辈子写过小说、散文、文学批评、文化评论、人物传记，编过英语教材和英文词典，翻译过作品，累加起来达千万字以上。再看看眼前的妻子，她的温柔、牺牲、谅解、操持、忍耐，都是上帝对他的犒赏。

这辈子，共有三十五部中英文著作，他知足了。

生存的意义是什么？生命在大限之期就像火焰一般突然熄灭吗？

一个虔诚的基督教徒，在生命终止之前，往往有负罪的心态，请求上帝宽恕，但林语堂笃定认为自己一定会上天堂。他觉得自己不会比大家差，这辈子他敬天爱物爱国爱家惜人，如果上帝能爱他，就像他的母亲爱他的一半那样，那么上帝一定不会把他送入地狱的。如果他不上天堂，那么世界一定是该灭亡了。在这一点上，他很有信心。不自惭，不自矜，以一种平和的心态走完了自己的人生旅程。蓦然回首蹉跎岁月，最好的青春、热血、激情，如窗外的轻烟缓缓散去。事实上，它们并未真正地风逝烟消云散，而是凝固成永久记忆的片段，并烙印在他的脑海里。一生要感谢的人太多，后悔的事也太多，唯有在缄默中感恩应是最好的方式。

回首前半生，林语堂至今不悔以前提倡的"闲适"。只有心闲了，方能窥见生命中的质朴和美，它是一种笑看红尘的气度。闲适是阅读最好的状态，不喧嚣，不浮躁，不轻狂，不自负，不为功利而读。而林语堂更喜欢把闲适界定为：优雅娴静、从容不迫，是偷得浮生半日闲的愉悦，犹如花溪边倚窗瞭望的女子，又如家乡高山之巅翱翔的大雁，亦如花间舞蹈的蝴蝶，更如廊桥下临波照影的白鹭。

归去来兮，林语堂躺在病床上，恍然觉得微风初来，如淡水一泓，如山水一色。依稀梦里，不忘初心——行走在尘世，因为因缘际会，他得以成为中西文化之间的使者，在中间架起一座沟通的桥梁，让两边的人互相理解和张望。在万丈红尘里缜密思考，孤灯漫笔；忍辱负重，砥砺前行。他跟所有凡人一样，都注定要遭遇死神。在八十年的沉浮中，他看尽了社会动荡人情冷暖。在人生舞台即将闭幕时，他可以心满意足地从座位上站起来，说一声："人生这场戏我演得不错！"然后从容地谢幕。

3月26日，林语堂的心脏多次停止跳动，经过抢救脱险。廖翠凤一直祈祷上帝，听到医生说丈夫脱离了危险时，她破涕为笑在胸口直画十字："感谢上帝！"医生严肃地说："夫人，不能高兴得太早。虽然抢救过来了，但林先生却转为肺炎，还需要密切观察。"林语堂全身插着管子，身体活受罪，心情很坏。

廖翠凤看着医生的眼睛："拜托您了！"

两个女儿的生活都被打乱了，林太乙在医院和办公室之间来回奔波。她不敢想象一旦父亲去了，世界将会变得怎样。那将是一个破碎的世界。她不敢想得太多。生活照旧要过的，即使头上蒙着阴影。几十年了，父亲一直陪伴在她们的身边，不，父亲是不会离开的，她不允许他离开！

"太乙，你快点来！你爸爸心脏病突发，医生说情况很糟！"

林太乙和黎明坐上计程车，心急火燎赶往医院。从车窗望出去，那每天经过的英皇道、轩尼诗道、红棉径、罗便卧道，都好像是陌生的。那碧绿的山景，好像从来没有见过，不知道终点在哪里。一路上林太乙浑身发抖，手脚冰凉。

到了医院，林太乙才知道父亲已被送进加强医护部。她和小妹林相如穿上医院里白色的罩衣，套上杀过菌的罩鞋进到病房，看见医生正在为父亲戴氧气罩。林语堂轻轻地叫了一声："女儿！"

随后她们被医生请出了病房。许多医生神色严肃从病房进进出出，林太乙看见七八个穿白大褂的医生围着父亲的病床在讨论着些什么。

26日晚10点10分，林语堂由于严重的心脏病和并发肺炎抢救无效逝世。临终前，林语堂对夫人和女儿女婿道："我希望用简单的基督教仪式安葬。"

好长一段时间，林太乙昏头昏脑。父亲不在人间了，这怎么可以！一定是弄错了，这不是真的！

29日，全家人护送林语堂的遗体回台北。当天下午4时，在台北市新生南路怀恩堂举行追思礼拜。主持人张群宣布："放《与主接近歌》。"

全场肃穆。

牧师周联华开始讲道："更加与主接近，更加接近！纵使在十字架，高擎我身，我心依然歌咏……"林语堂生前经常到怀恩堂做礼拜，曾两次听周联华讲道，听得泪流满面。廖翠凤也是泪流满面："堂！安息吧！眼前的这一切，都是按照你的生前意愿，都是你喜欢的！"

林语堂的老朋友钱穆亲自题写了墓碑，还写了长文悼念："没有和语堂深交的人，只见到他外面的一套，认为语堂是放浪形骸，纵恣不羁的，常联想到他幽默大师的称号。但语堂另有他内心之拘谨不放松处，那长长的一条烟灰之终于不落地，正是最好的明证。生为中国人，生而为一近代之中国人，世变仓皇，前途渺茫，究不知将何所届止。语堂已矣，但与语堂生值同世之人，回念前尘，岂不一切亦已全成了灰烬，果能仍保此灰烬，不散不落，仍成一烟卷样夹持在两指间者，语堂以外，又复几人……怀念老友，曷胜怅然。"写完悼文，钱穆万分惆怅。斯人已去，要去哪里再找林语堂这样的朋友呢？林语堂的文章著作妙语如珠，自成一体，虽饱经沧桑又天真浪漫如孩童，这是最难能可贵的。他还翻译了大量的作品，其中翻译的古书数量之大超过前辈翻译家。把翻译难度很大的中国古典文学译成英文，是根底不深的翻译家所难以胜任的。如此英才，哪里还可寻？

4月1日，春雨淅沥沥地下着，廖翠凤俯下身去，一把抱住丈夫冰冷的头颅，从额头吻到面颊，再吻到双唇，久久不愿放手。再见了，我最亲爱的人，真舍不得你离开啊。你走了，留下我孤孤单单一个人在这个世界上。廖翠凤眼睛一眨不眨地望着长眠的丈夫，她要把这个最亲爱的人的面容永远地刻在自己的心底。哀乐响起，几个亲朋将林语堂的棺木放进了家中后花园。由于庭园容量有限，廖翠凤不想再次惊动各方，只邀请了几位挚友到场，她只想默默地与自己最亲爱的人告别。众人三鞠躬，春雨缠缠绵绵地下着，廖翠凤再一次泪流满面，两个女儿一左一右扶住了她。

　　林语堂的灵魂张开了翅膀，离开了他深深眷恋的尘世，飞向了天堂。

主要参考书目

1.《林语堂评传》，刘炎生著，百花洲文艺出版社 1994 年版

2.《林语堂自传》，林语堂著，江苏文艺出版社 1995 年版

3.《林语堂》，万平近著，重庆出版社 1996 年版

4.《林家次女》，林太乙著，西苑出版社 1997 年版

5.《林语堂传》，李勇著，团结出版社 1999 年版

6.《林语堂传》，施建伟著，北京十月文艺出版社 1999 年版

7.《林语堂与中国文化》，王兆胜著，社会科学文献出版社 2007 年版